安徽省哲学社会科学成果文库

2015年安徽省哲学社会科学规划后期资助项目
（AHSKHQ2015D06）

RESEARCH ON MOHIST MANAGEMENT THOUGHTS
墨家管理思想研究

金小方 著

中国科学技术大学出版社

内 容 简 介

本书从管理哲学、管理目标、人才管理、管理方法四个方面总结了墨家管理思想的理论体系,揭示了墨家管理思想以兼相爱交相利为价值追求,以尚贤、尚同、节用、节葬、非乐为实现方法,最终实现兴天下之利的目标,揭示了墨家由体达用的理论架构;从社会治理、国家治理和企业管理的角度分析了墨家管理思想的现代价值,对现代管理问题做出墨家式的解答;以墨家管理思想的核心概念为中心建构了墨家管理思想的理论体系,着重分析了墨家思想的理论特质和价值追求,是目前总结墨家管理思想理论体系较为全面的一部著作。

本书适合大学生、企事业单位管理人员、中国传统文化研究者及爱好者等参考阅读。

图书在版编目(CIP)数据

墨家管理思想研究/金小方著. —合肥:中国科学技术大学出版社,2021.12
ISBN 978-7-312-05311-5

Ⅰ.墨… Ⅱ.金… Ⅲ.墨翟(前480—前420)—管理学—思想研究 Ⅳ.①B224.5 ②C93-092

中国版本图书馆CIP数据核字(2021)第178765号

墨家管理思想研究

MOJIA GUANLI SIXIANG YANJIU

出版	中国科学技术大学出版社 安徽省合肥市金寨路96号,230026 http://press.ustc.edu.cn https://zgkxjsdxcbs.tmall.com
印刷	安徽省瑞隆印务有限公司
发行	中国科学技术大学出版社
经销	全国新华书店
开本	710 mm×1000 mm 1/16
印张	13.75
字数	261千
版次	2021年12月第1版
印次	2021年12月第1次印刷
定价	45.00元

前　言

研究现代中国文化必然要追溯中华文化的源头。探寻中华文化的源头,必然要追溯到公元前8世纪至公元前2世纪世界文化的轴心时代。先秦诸子百家争鸣的时代,墨家与儒家并称显学,当时的墨家影响非常大,墨家思想对中国文化的形成和发展产生了深远的影响。先秦诸子思想有一个共同的特征,就是关注国家治理的问题,他们的理论追求都是为改变当时的乱世而提出的对治之策,因此从管理思想角度研究墨家,能够抓住墨家思想最主要的内容和最根本的特征。虽然古今时代发生了巨大变化,但在墨家的管理思维、管理价值观、管理方法中,仍有很多有价值的思想精华,值得我们发掘和继承。

墨家管理的理论体系值得总结。儒墨之争是先秦学术研究中一个无法回避的话题。学术界多由关注儒墨之争而谈及墨家的思想价值,将儒家和墨家进行比较研究,揭示墨家思想区别于儒家的独特价值。但这种比较研究常因比较研究方法的限制,难以勾画出墨家管理思想的全貌。因此,本书有一个基本的目标,就是勾画出墨家管理思想的全貌,系统总结墨家管理思想的理论体系。西方现代管理思想是本研究的参照系,但本书并未用西方的管理话语体系来切割墨家思想,而是寻找墨家管理思想所讨论的话题及其解决方法,系统勾画墨家管理思想的理论体系。

墨家管理思想的独特话语值得发扬。现代世界的竞争不仅是军事领域、经济领域、科技领域的竞争,也是文化领域的竞争。习近平总书记在庆祝中国共产党成立95周年大会上提出"四个自信",其中文化自信处于基础性地位,文化领域的竞争是现代世界竞争的终极领域。中华文化的强大生命力来自于中国文化的独特理论体系和独特的话语体系。如果说近一百多年来,西方文化传入中国,是理论体系和话语体系压倒性胜利,那么现代中国文化崛起则是中国特色的文化理论体系与话语体系的觉醒与构建。墨家的尚贤、尚同、兼爱、非攻、节用、节葬等独特概念都是构建现代中国管理话语体系的源头活水。

虽然墨学一度在历史上成为绝学,但墨家的兼爱思想和道义精神在战国时期产生了广泛的社会影响,墨家思想与现代中国倡导的价值观也有很多契合之处。中华优秀传统文化是中华民族的精神家园,继承和发扬中华优秀传统文化是中国文化走向未来、走向世界的不竭源泉,墨家思想正是我们中华文化走向世界的不竭源泉之一。如果说墨家的平民立场在当时社会不被统治者接纳,那么在现代中国社会,在每一个普通老百姓的利益都得到维护的新时代,墨家思想必然焕发出新的时代光芒。

作 者

2020 年 7 月 10 日

目 录

前言 ……………………………………………………………（ i ）

第一章 绪论 ……………………………………………（001）

 第一节 墨子与墨家 ……………………………………（003）

  一、墨子其人 …………………………………………（003）

  二、墨家显学 …………………………………………（007）

  三、《墨子》其书 ………………………………………（009）

 第二节 墨家管理思想的研究现状 ……………………（012）

  一、墨家管理思想的研究成果 ………………………（013）

  二、墨家管理思想的研究进展 ………………………（017）

 第三节 本书的研究思路与特色 ………………………（020）

第二章 天志明鬼的管理哲学 …………………………（023）

 第一节 尊天事鬼与神道设教 …………………………（025）

  一、尊天事鬼与上古宗教 ……………………………（026）

  二、哲学信仰与神道设教 ……………………………（028）

 第二节 以天为法与以民为本 …………………………（031）

  一、上天之志与兼爱交利 ……………………………（031）

  二、以天为法与是非之度 ……………………………（034）

 第三节 鬼神赏罚与助行天志 …………………………（036）

  一、鬼神论证与治乱之基 ……………………………（036）

  二、鬼神赏罚与惩恶扬善 ……………………………（039）

第三章　兼爱交利的管理目标 (043)

第一节　兼相爱与天下之治 (045)
一、爱人若己与周遍之爱 (046)
二、兼以易别与天下之治 (050)
三、兼爱可行与兼别之辩 (051)

第二节　交相利与以义为利 (056)
一、天下之利与百姓之利 (056)
二、以义为利与任侠轻财 (059)
三、天下之利与仁人之事 (063)

第三节　尚力非命与进取精神 (067)
一、为强必治与赖力而生 (067)
二、非命非儒与安危治乱 (072)
三、三表法与治世标准 (075)

第四章　尚贤尚同的人才管理 (079)

第一节　尚贤使能与用人之道 (081)
一、尚贤使能与政治之本 (082)
二、厚乎德行与博乎道术 (085)
三、量才授官与官无常贵 (088)

第二节　尚同一义与组织管理 (098)
一、上同于天与下同于民 (099)
二、尚同机制与上下通情 (102)
三、化之所致与尚同凝力 (111)

第三节　严明赏罚与人才激励 (116)
一、赏当贤与众贤之术 (117)
二、罚当暴与治国之患 (121)

第五章　法德并用的管理方法 (127)

第一节　刑法正与法治精神 (130)
一、刑法之治与刑深国乱 (130)

二、墨者之法与法令森严 (134)

第二节 以德就列与人性管理 (142)
  一、以行为本与圣王之治 (142)
  二、道义政治与暴力政治 (151)
  三、以德就列与以身殉义 (156)

第三节 节用之法与官员廉洁 (166)
  一、去其无用与自苦为极 (167)
  二、先质后文与适度消费 (181)

第六章 墨家管理思想的现代价值 (185)

第一节 墨家管理思想与社会治理 (188)
  一、墨家的和谐思想与社会治理 (188)
  二、墨家的道德思想与社会治理 (190)
  三、墨家的法律思想与社会治理 (191)
  四、墨家的天下思想与社会治理 (192)

第二节 墨家管理思想与国家治理 (193)
  一、墨家义政与国家治理的价值定位 (194)
  二、墨家的组织思想与国家治理 (196)
  三、墨家的人才思想与国家治理 (197)
  四、墨家的经济思想与国家治理 (199)
  五、墨家的文化思想与国家治理 (200)
  六、墨家以行为本与国家治理能力现代化 (201)

第三节 墨家管理思想与企业管理 (202)
  一、墨家的凝聚力与企业管理 (203)
  二、墨家的实用精神与企业管理 (205)
  三、墨家的尚贤使能与企业管理 (206)
  四、墨家的德法并用与企业管理 (207)
  五、墨家的社会关怀与企业管理 (208)

后记 (210)

第一章 ｜ 绪 论

第一节　墨子与墨家

墨子作为侠客式的哲人,无论是社会活动还是理论创作,都取得了巨大成就。墨家作为先秦与儒家并立的显学,盛极一时,上至朝堂、下至民间都产生了广泛影响。然而,汉朝以后,墨家却逐渐淡出了人们的视野,虽有清代学者对其训诂考证,但墨子至今仍是谜一般的哲人,学者们对其身世众说纷纭,对墨家思想的研究也正是伴随着对这些谜底的追问进行的。本书对墨家管理思想的研究便是以清代以来学术界对墨子与墨家之谜的探索为起点的。

一、墨子其人

《史记》对墨子的记载很简略,只在《孟子荀卿列传》中用了 24 个字来说明:"盖墨翟,宋之大夫,善守御,为节用。或曰并孔子时,或曰在其后。"①"盖"字表明司马迁对墨子的情况很不确定,只是认为大概是这样。后人对墨子的姓氏、生卒年、里籍进行了考证。

历代关于墨子的姓氏问题,主要有三种说法。

第一种认为墨子姓墨名翟。《墨子》一书中,墨子弟子称他为"子墨子",墨子自称也皆曰"翟"。汉代司马迁在《史记》中为墨子所作的附记、王充的《论衡》以及《汉书·艺文志》均明言为"墨翟"。唐代林宝所撰《元和姓纂》指出:"墨:孤竹君之后,本墨台氏,后改为墨氏,望出梁郡,战国时宋人墨翟,著书号《墨子》。"②

第二种认为墨子姓翟名乌。元代伊世珍在《琅嬛记》中引《贾子说林》指出:"墨

---

① 司马迁.史记:第七册[M].北京:中华书局,1959:2350.
② 林宝.元和姓纂:卷十[M].孙星衍,洪莹同,校.南京:金陵书局,1802:43.

子姓翟名乌,其母梦日中赤乌飞入室中,光辉照耀,目不能正视,惊觉生乌,遂名之。"①

第三种认为墨子不姓墨。江瑔(1888~1917)《读子卮言》第十四章论述"墨子非姓墨"。②

笔者认为,《史记》《汉书》中所载墨子姓墨名翟应较接近史实,因为在唐代之前的史书和典籍都认为墨子姓墨名翟,异说是自元代以后才出现的,而如伊世珍的《琅嬛记》只不过是神话式的推测之辞,不足为据。

人们不但对墨子的姓氏有多种观点,而且关于"墨"字的内涵也有多种观点。

第一种认为"墨"为刑徒。钱穆先生在《先秦诸子系年考辨》认同"墨翟非姓墨"的基础上,又做了"墨为刑徒之称"的考证,他认为:"盖墨者,古刑名也。《白虎通》五刑,'墨者,墨其额也'。"③五刑即"墨、劓、剕、宫、大辟",墨刑即在额头上刻字涂墨。"夫墨尚劳作,近于刑徒"④,墨子崇尚辛勤劳动,过着近乎刑徒般的生活。

第二种认为"墨"是形容墨子面貌肤色较黑。《墨子·贵义》⑤载:"子墨子北之齐,遇日者。日者曰:'帝以今日杀黑龙于北方,而先生之色黑,不可以北。'"通过占卜吉凶者之口道出了墨子面色很黑。

第三种认为"墨"指木匠用来画线的绳墨。《淮南子·齐俗训》记载:鲁班、墨子以木为鸢,在天上飞了三天都没有停下来。墨子的木匠手艺可跟鲁班较量,他用绳墨的技术自然很高。

第四种认为"墨"作为姓氏,古已有之,与墨翟本人的相貌、出身或学术并无关联。因为墨翟姓墨,所以人们称其为"墨子"或"子墨子",将其著作称为《墨子》,其学说称为"墨学",其创立的学派称为"墨家",凡学墨子之学者称为"墨者",这是很自然的事情。⑥

以上四种观点都有一定道理,但证据都不太充分。相对而言,笔者认同第四种观点,即"墨"应是墨子之前已有的一种姓氏。

人们对于墨子生卒年也存在争议。通常认为,墨子生于孔子之后。东汉史学

---

① 董斯张.广博物志:卷四十五[M].长沙:岳麓书社,1991:977.
② 江瑔.读子卮言[M].上海:华东师范大学出版社,2012.
③ 钱穆.先秦诸子系年考辨[M].上海:上海书店,1992:84.
④ 钱穆.先秦诸子系年考辨[M].上海:上海书店,1992:85.
⑤ 本书引用《墨子》原文皆以孙诒让《墨子间诂》中华书局2001年版为底本,后文引用《墨子》原文,皆只注篇名。
⑥ 史向前,陆建华.墨子外传 墨子百问[M].合肥:安徽人民出版社,2001:13.

家班固在《汉书·艺文志》中指出墨子"名翟",其生活时间"在孔子后"。① 南朝史学家范晔《后汉书·张衡传》指出"公输班与墨翟,事见战国,非春秋时也"②,并在注释中引用《衡集》解释说:"'班与墨翟并当子思时,出仲尼后'也。"③根据《墨子》书中的记载和先秦各家的传说,墨子和公输般同时,但年纪比公输般小一些。公输般生于公元前489年(孔子去世前10年),与孔子不算并世,则墨子与孔子也不并世,在孔子之后应是合理的。④ 但在推断墨子具体生活年代上,后世研究者主要有三种观点:第一种认为墨子是春秋末年人,在孔子晚年出生;第二种认为墨子是战国末年人,几乎与孟子同时代;第三种认为墨子是战国初年人,生于孔子去世之后,去世于孟子出生之前。近代梁启超认为孙诒让的《墨子年表》"大段不谬",只是"其据《亲士篇》言吴起之死,则谓墨子至周安王二十一年(西纪前381)犹存,此亦不确"。⑤ 梁氏以墨子曾交接之人——公输般、鲁阳文君、楚惠王、宋子罕、齐太王田和、告子为根据,参考他们的生活年代,考证出"墨子生于周定王初年(元年至十年之间)(西纪前468至459)约当孔子卒后十余年(孔子卒于前479);墨子卒于周安王中叶(十二年至二十年之间)(西纪前390至382)约当孟子生前十余年(孟子生于前372)"⑥。孙诒让、梁启超的观点较折中,更符合《墨子》一书的相关史实,是现代大多数学者认同的观点。

后人对墨子的籍贯争议最多,代表性的有宋人、楚人、鲁人、齐国人和外国人等几种观点。多数认定墨子为鲁国人。《吕氏春秋·当染》高诱注指出:"墨子,名翟,鲁人,作书七十一篇。"⑦《吕氏春秋·慎大》高诱注指出:"墨子,名翟,鲁人也,著书七十篇,以墨道闻也。"⑧孙诒让在《墨子间诂·墨子传略》中认为墨子"似当以鲁人为是",他提出的证据有:"《贵义》篇云:'墨子自鲁即齐。'又《鲁问》篇云:'越王为公尚过束车五十乘以迎子墨子于鲁。《吕氏春秋·爱类》篇云:'公输般为云梯欲以攻宋,墨子闻之,自鲁往,见荆王曰:臣北方之鄙人也。'《淮南子·修务训》亦云:'自鲁

---

① 班固.汉书:卷三十[M].北京:中华书局,1962:1738.
② 范晔.后汉书[M].李贤,等注.北京:中华书局,1965:1912.
③ 范晔.后汉书[M].李贤等,注.北京:中华书局,1965:1913.
④ 史向前,陆建华.墨子外传 墨子百问[M].合肥:安徽人民出版社,2001:14.
⑤ 张品兴.梁启超全集:第六册[M].北京:北京出版社,1999:3300.
⑥ 张品兴.梁启超全集[M].北京:北京出版社,1999:3301.
⑦ 许维遹.吕氏春秋集释[M].梁运华,整理.北京:中华书局,2009:47.
⑧ 许维遹.吕氏春秋集释[M].梁运华,整理.北京:中华书局,2009:363.

趋而往,十日十夜至于郢.'并墨子为鲁人之确证。"① 近代梁启超在《墨子学案》中指出:"墨子,名翟,鲁人,与孔子同国。"② 目前学术界的主流观点也认为墨子是鲁国人,如孙以楷先生在《墨子生平考述》中指出:"墨子的里籍问题是学术界争论很久而未决的问题。客观地综合争论各方的观点,可以对墨子的出生、成长,墨学的兴衰过程以及墨子的晚年,得出一个较全面的认识。墨子生于鲁,长于鲁,学于鲁,其学说学派成于鲁,兴于鲁,中老年时曾仕于宋,晚年居鲁阳。"③

墨子是不是墨家第一任巨子呢?对此胡适、梁启超等学者主张墨子去世之后才产生巨子制度,如胡适指出:"吴起死时,墨学久已成了一种宗教。那时'墨者钜子'传授的法子,也已经成为定制了。……到吴起死时,墨子已死了差不多四十年了。"④ 梁启超虽然同意胡适据《吕氏春秋》记载墨家巨子孟胜为阳城君守城一事,表明当时已有巨子,而推论墨子当时已死,但其反对胡适推论吴起之死距墨子之死有四十年,他指出:"墨子死后一二年,'钜子'便可发生。"⑤ 郑杰文的《中国墨学通史》从墨徒对墨子的态度来考察其地位与威望,揭示了墨子时代与巨子时代墨家领导者身份的变化:《墨子》书中提到墨子时皆称"子墨子",有时也称禽滑厘为"子禽子",但自墨子临终前所托墨家首领孟胜起,却转称"巨子"。墨子曾受到弟子们的埋怨和质问,如不仕者可"责仕于子墨子",向墨子学习很久而没有获得幸福的学生可以怀疑"先生之言有不善乎",墨子的著名弟子跌鼻也因墨子有疾而"意者先生之言有不善乎",他们仅仅把墨子当作一位导师,当作一个凡人,因而埋怨,因而责问。但到了"巨子"时代,不但以"巨子为圣人",而且"皆愿为之尸,冀得为其后世",这就不单单是思想学术上的崇尚,而是有些宗教崇拜的意味了。由墨子时代墨家成员仅把墨子当作一位导师,到巨子时代墨家成员以"巨子为圣人",这样的转变表现出的是墨家集团内部管理体制的变化,表明巨子制度产生于墨子去世之后。因此,巨子制度产生于墨子去世之后的观点得到了学术界的广泛认同。

---

① 孙诒让.墨子间诂[M].孙启治,点校.北京:中华书局,2001:681.
② 张品兴.梁启超全集:第六册[M].北京:北京出版社,1999:3159.
③ 孙以楷.墨子生平考述[J].唐都学刊,2001(4):56-59.
④ 胡适.中国哲学史大纲[M].上海:上海古籍出版社,1997:105.
⑤ 梁启超.墨子学案[M].上海:商务印书馆,1923:173.

二、墨家显学

墨家在战国时期与儒家并称显学。《韩非子·显学》载:"世之显学,儒、墨也。儒之所至,孔丘也。墨之所至,墨翟也。"①战国时期是一个诸子百家并起的时代,各家竞相传播自己的学说以救世之乱,其中影响最大的当属儒学和墨学,孔子是儒家的至圣,墨子是墨家的至圣。《韩非子·外储说左上》:"楚王谓田鸠曰:'墨子者,显学也。'"②由此可见,不仅是当时学者们认为墨家是显学,连当时的楚国国君也认为墨子是声名显赫的学者。

墨家成为显学,儒家便面临了挑战。孟子曰:"逃墨必归于杨,逃杨必归于儒。归,斯受之而已矣。今之与杨、墨辩者,如追放豚,既入其苙,又从而招之。"③从孟子的话可以看出,当时儒家和墨家之间有争夺弟子的问题,说明墨家作为当时的显学是名副其实的。

由于当时墨家在社会上的影响力很大,严重影响了儒学的传播,为此,孟子、荀子挺身而出,对墨家学说进行了严厉的批判。

孟子主要批判了墨家的兼爱思想,认为其忽视了亲疏之别,是无父。孟子曰:"杨氏为我,是无君也;墨氏兼爱,是无父也。无父无君,是禽兽也。"④孟子批判墨子的学说违背了圣人之道。墨子提出兼爱天下所有人,这就无视亲疏,否定了对父母尽孝,是目无父母。目无君上,目无父母,那就成禽兽了。

荀子批判了墨家的节用与尚同思想,认为墨家过于节俭而忽视了尊卑差别。《荀子·非十二子》一文对当时天下的思想进行了总结性批判,其中对墨子思想评价道:"不知壹天下、建国家之权称,上功用、大俭约而僈差等,曾不足以容辨异、县君臣;然而其持之有故,其言之成理,足以欺惑愚众,是墨翟、宋钘也。"⑤荀子认为墨子宣扬的节用、尚同思想,虽然看起来有一定道理,但是重视节俭而忽视了等级差别,与贤圣之道相去甚远,只是欺骗群众罢了。而《荀子·乐论》实际上可以看作

---

① 王先慎.韩非子集解[M].钟哲,点校.北京:中华书局,1998:456.
② 王先慎.韩非子集解[M].钟哲,点校.北京:中华书局,1998:266.
③ 杨伯峻.孟子译注[M].北京:中华书局,2005:335.
④ 杨伯峻.孟子译注[M].北京:中华书局,2005:155.
⑤ 王天海.荀子校释[M].上海:上海古籍出版社,2005:200.

是对《墨子·非乐》进行批驳的专文。

儒墨二家的争辩产生了广泛的影响。《庄子》中有"儒墨之是非"①"儒墨相与辩"②"儒墨者师……以是非相赍"③等说法,这表明儒家和墨家在当时争辩得很激烈。《庄子·天下》对战国时期学术进行了综合评价,他评价墨家道:"不侈于后世,不靡于万物,不晖于数度,以绳墨自矫而备世之急,古之道术有在于是者。墨翟禽滑厘闻其风而说之。"④这段话指出了墨家崇尚节俭、重视个人修养的特征,指出了墨家的代表人物为墨翟、禽滑厘。《庄子·天下》对战国时期具有广泛影响的思想派别进行评述,墨家居其一,也说明墨家思想在当时社会上产生了广泛的影响。

秦国丞相吕不韦主编的《吕氏春秋》对墨家在战国时期的显赫社会地位有细致描述。《吕氏春秋·当染》指出:孔子和墨子皆"无爵位以显人,无赏禄以利人,举天下之显荣者必称此二士也。皆死久矣,从属弥众,弟子弥丰,充满天下,王公大人从而显之,有爱子弟者随而学焉,无时乏绝"。⑤ 这里将墨子和孔子称为没有爵位的显赫荣耀之人,天下人都知道他们,虽然他们去世很久了,但是接受他们思想的人越来越多,天下到处都是他们的弟子,他们的弟子中显荣尊荣的人非常多。《吕氏春秋·有度》载:"孔、墨之弟子徒属充满天下。"⑥从这两则文字看,墨家弟子在战国时期人数众多,与儒家弟子同样遍布天下,这反映了墨家与儒家同为显学的盛况。

从上述资料看,墨家作为先秦时期的显学,主要表现在三方面:第一,弟子徒众甚多。墨家弟子和儒家弟子一样,遍布天下,在墨子去世之后,弟子群体仍在不断发展壮大;第二,思想理论影响很广泛。上自国君,下至百姓,都广泛接受了墨子思想。而且《吕氏春秋》将墨家思想对天下的影响归于"所染当"一类,用今日流行语来说,墨家思想给当时社会带去了正能量;第三,墨子思想对儒、道、法等各家的发展构成了严峻挑战,因此孟子、荀子、庄子、韩非子等都对墨子思想进行了批判。

然而,墨学经过战国的兴盛之后,从秦朝便开始衰落,至汉代成为绝学。孙诒让认为:"墨氏之学亡于秦季,故墨子遗事在西汉时已莫得其详,"⑦"圹秦隐儒,墨

---

① 郭庆藩.庄子集释[M].王孝鱼,点校.北京:中华书局,1961:63.
② 郭庆藩.庄子集释[M].王孝鱼,点校.北京:中华书局,1961:1042.
③ 郭庆藩.庄子集释[M].王孝鱼,点校.北京:中华书局,1961:765.
④ 郭庆藩.庄子集释[M].王孝鱼,点校.北京:中华书局,1961:1072.
⑤ 许维遹.吕氏春秋集释[M].梁运华,整理.北京:中华书局,2009:52-53.
⑥ 许维遹.吕氏春秋集释[M].梁运华,整理.北京:中华书局,2009:665.
⑦ 孙诒让.墨子间诂[M].孙启治,点校.北京:中华书局,2001:680.

学亦微。至西汉儒复兴,而墨竟绝。"①秦始皇焚书坑儒应是造成墨学衰微的重要原因。汉武帝"罢黜百家,独尊儒术"是墨学成为绝学的直接导火索,方授楚指出:"汉武用董仲舒之言,罢黜百家,表章六艺,其传授始绝也。"②学术界对于墨学由盛而衰亡的原因多有研究,如胡适在《中国哲学史大纲》中提出了由于儒家的反对、墨家学说遭政客猜忌、墨家后进的诡辩太微妙而不合时务等三点原因③,方授楚则进一步指出了墨学自身的矛盾、理想过高、学派组织分化、拥秦而不革命等四点原因,由于"秦之治为阳法而阴儒,汉之治乃阳儒而阴法,墨学于是遂亡矣"④,不仅没有传承墨学者,使墨家团体散失,而且研究《墨子》一书的章句者也极少见。

清代学者为现代墨学研究提供了不少可读的文本,迎来了现代墨学的复兴。郑杰文指出,自秦汉至清初的一千多年间学者研究、整理《墨子》的很少,《墨子》一直没有得到系统整理而终至错讹而不可读,"经过清儒的整理,特别是毕沅、张惠言、孙诒让等人的校释,校正了大部分错简,提出了《墨经》'旁行读法',破解了诸多科技、逻辑论说,才使得《墨子》成为可读、可解之作"⑤。清代学者运用中西比较的方法研究墨学,尤其是对《墨辩》的研究,延至20世纪20年代掀起了《墨辩》大讨论,梁启超、胡适、栾调甫、伍非百、章士钊等人都参与其中,迎来了墨学研究的复兴。

三、《墨子》其书

墨学在先秦是显学,但到了汉代司马迁时,世人对墨子及墨家学派的情况却知之甚少,自此以后,墨学几成绝学。墨家资料流传下来的很少,这给研究带来了很大难度。现在研究墨家思想的主要资料有以下几类:一为《墨子》,现存较好的版本为明正统十年刊行的《道藏》五十三篇本;二为清代毕沅所辑《墨子佚文》⑥,主要是从《荀子》《孔丛》《史记》《史记集解》《说苑》《文选》等辑中获得的《墨子》文句;三为

---

① 孙诒让.墨子间诂[M].孙启治,点校.北京:中华书局,2001:707.
② 方授楚.墨学源流[M].北京:中华书局,1989:202.
③ 胡适.中国哲学史大纲[M].上海:上海古籍出版社,1997:180-181.
④ 方授楚.墨学源流[M].北京:中华书局,1989:209.
⑤ 郑杰文.中国墨学通史:上册[M].北京:人民出版社,2006:352.
⑥ 毕沅.墨子佚文[M]//孙诒让.墨子间诂.孙启治,点校.北京:中华书局,2001:652-659.

孙诒让所辑秦汉旧籍如《晏子春秋》《艺文类聚》《战国策》《吕氏春秋》《淮南子》《渚宫旧事》《列子》《神仙传》等所记墨子言论与行事；四为孙诒让所作《墨家诸子钩沉》①，对墨家弟子的著作有所辑录。从文字数量上看，墨子及其弟子辑佚文的数量很少，因此研究墨家思想的主要资料还是《墨子》一书。

《墨子》一书是记录墨子及其后学言行的著作总集。方授楚指出："墨子未尝自著书也，今所传《墨子》书，乃墨翟弟子及其后学所记述，缀辑而成者。"②《汉书·艺文志》著录"《墨子》七十一篇"，今存《墨子》为明正统十年刊行的《道藏》五十三篇本。明清以来的《墨子》校注家均以《道藏》本为蓝本，如唐尧臣、毕沅、孙诒让均以《道藏》本为底本进行校注。孙诒让的《墨子间诂》是清代墨学校勘、考证、训诂的集大成之作，可以说"孙氏积三十余年之功，集散见各家书的毕沅后一百余年间日益完善的墨学研究成果于一书，为书最称详备。"③本研究在《墨子》文本方面以《墨子间诂》为基本资料，在《墨子》译文理解方面主要参考了孙以楷先生的《墨子全译》和谭家健、孙中原先生的《墨子今注今译》。

胡适在《中国哲学史大纲》中将《墨子》分为五组，对各篇的真伪进行了说明。④胡适划分的第一组自《亲士》到《三辩》，共七篇，概述墨家思想的多个方面。胡适认为此七篇都是后人假造的，前三篇全无墨家口气，后四篇乃根据墨家的余论所作。毕沅早就因《亲士》《修身》无"子墨子云"而"疑翟自著"⑤。孙诒让指出："惟《修身》《亲士》诸篇，谊正而文靡，校之它篇殊不类。《当染》篇（笔者注：应为《所染》篇）又颇涉晚周之事，非墨子所得闻，疑皆后人以儒言缘饰之，非其本书也。"⑥梁启超认为《亲士》《修身》《所染》三篇"非墨家言，纯出伪托"，《法仪》《七患》《辞过》《三辩》为"墨家记墨学概要"⑦。也有学者认为此七篇是墨子思想，于墨家后学论述而成，如陈柱认为《亲士》《修身》二篇"盖墨子之说，而墨学者论述之也"，《所染》为"墨子本固有此等之言，或此等之文，而后之学者展转传述，各有增加。……《法仪》《七患》《辞过》《三辩》诸篇亦大略如此"⑧。

---

① 孙诒让. 墨子间诂[M]. 孙启治，点校. 北京：中华书局，2001：750-760.
② 方授楚. 墨学源流[M]. 北京：中华书局，1989：39.
③ 杨俊光. 墨子新论[M]. 南京：江苏教育出版社，1992：324.
④ 胡适. 中国哲学史大纲[M]. 上海：上海古籍出版社，1997：108-109.
⑤ 毕沅. 墨子注[M]. 扫叶山房，1925：3.
⑥ 孙诒让. 墨子间诂：自序[M]. 孙启治，点校. 北京：中华书局，2001：1.
⑦ 张品兴. 梁启超全集：第六册[M]. 北京：北京出版社，1999：3264.
⑧ 陈柱. 墨学十论[M]. 上海：商务印书馆，1928：23.

第二组包括《尚贤》三篇,《尚同》三篇,《兼爱》三篇,《非攻》三篇,《节用》两篇,《节葬》一篇,《天志》三篇,《明鬼》一篇,《非乐》一篇,《非命》三篇,《非儒》一篇,共二十四篇,是墨家早期思想,充分阐述了墨家治国理论。胡适认为第二组大多是墨者演墨子的学说所作的,其中也有许多后人加入的材料,《非乐》《非儒》两篇尤其可疑。因《非儒》中没有"子墨子曰",梁启超断其"不是记墨子之言"①,栾调甫直接断为"后世墨者自作之书"②。

第三组包括《经》上下,《经说》上下,《大取》《小取》六篇,记述古代逻辑学和科学知识,还涉及墨家人生哲学、经济学等内容。胡适认为这六篇不是墨子的书,也不是墨者记墨子学说的书,而是《庄子·天下》中所说的惠施、公孙龙时代的"别墨"做的。孙诒让、钱穆、方授楚、杜国庠均持相近观点,认为六篇全是"名家或别墨(后期墨家)所作"③。也有学者认为"六篇或《经》《说》四篇至少《经》上、下两篇是墨子自作"④,如毕沅、栾调甫、陈柱、伍非百等皆持此观点。当前学界主流的看法是"六篇中的《经上》(并《经说上》)是墨子自作,其他则作于墨家后学"⑤。

第四组包括《耕柱》《贵义》《公孟》《鲁问》《公输》五篇,记载墨子与门徒、时人的对话和行事,可谓墨子言行录。胡适认为这五篇是墨家后人将墨子一生的言行辑聚来做的,其中有许多材料比第二组还更为重要。

第五组包括《备城门》以下到《杂守》共十一篇,所记都是墨家守城备敌的战术、技巧、方法。一般认为此十一篇是"禽滑厘所受墨子守城之法或墨者记述墨子备守之术"⑥,学者们较少怀疑是伪作。

总的来说,《墨子》一书是研究墨家思想最基本、最可靠的资料,虽然其中错讹很多,以至难读难懂。本书在前人考据研究的基础上,以墨家管理思想研究为重点,结合西方管理学的相关理论,以期全面总结墨家管理思想的理论体系,着力揭示其现代价值。虽然墨家思想可以划分为早期墨家与后期墨家,如郑杰文的《中国墨学通史》就对前后期墨学的变化有很深入的研究,但其中考证工作较为复杂,学术争议较多。本书不纠缠于文本的考证,而是在前辈学者的考证基础上,直接进入

---

① 张品兴. 梁启超全集:第六册[M]. 北京:北京出版社,1999:3264.
② 栾调甫. 墨子研究论文集[M]. 北京:人民出版社,1957:115.
③ 杨俊光. 墨子新论[M]. 南京:江苏教育出版社,1992:42.
④ 杨俊光. 墨子新论[M]. 南京:江苏教育出版社,1992:43.
⑤ 杨俊光. 墨子新论[M]. 南京:江苏教育出版社,1992:45.
⑥ 杨俊光. 墨子新论[M]. 南京:江苏教育出版社,1992:45-46.

墨家思想本身,将《墨子》一书作为墨家思想来分析和研究,重点总结墨家管理思想体系,揭示墨家管理思想的现代价值。

第二节 墨家管理思想的研究现状

司马谈在《论六家要旨》中指出:"夫阴阳、儒、墨、名、法、道德,此务为治者也。"[1]这表明,墨家思想的主旨是讨论社会治理的问题,也就是管理问题。清代俞樾(1821~1907)在给孙诒让的《墨子间诂》所作的《序》中指出:"窃尝推而论之,墨子惟兼爱是以尚同,惟尚同是以非攻,惟非攻是以讲求备御之法。近世西学中光学、重学,或言皆出于《墨子》,然则其备梯、备突、备穴诸法,或即泰西机器之权舆乎?嗟乎!今天下一大战国也,以孟子反本一言为主,而以墨子之书辅之,倘足以安内而攘外乎。"[2]在战国时期,墨子以救世者心态四处奔走;在近代,中国遭受列强欺凌时,《墨子》又被人们以救世之书而记起,墨子的防御理论被看成是"安内而攘外"的重要武器,而墨子也被看成是"一位以救世为己任的思想家"[3]。

20世纪以来,以梁启超、胡适为代表的墨学研究,突破了历来考证研究的传统,采用现代学术方法,尤其是中西比较的方法研究墨家思想,开辟了墨学研究的新境界。我国学术界真正从现代管理学角度研究墨家思想是20世纪80年代开始的,直至90年代掀起了墨子研究热,涌现了一批专著和论文,研究的深度和广度都超越前代,为发掘墨学现代价值开辟了广阔的前景。正如有学者指出:"墨家是先秦诸子百家中内部管理最为严密的一个学派。……墨子的管理思想包括'十论':尚贤、尚同、节葬、节用、非乐、非命、尊天、事鬼、兼爱和非攻。这是一个比较全面和系统的管理理论体系。"[4]

---

[1] 司马迁. 史记:第十册[M]. 北京:中华书局,1959:3288-3289.
[2] 孙诒让. 墨子间诂[M]. 孙启治,点校. 北京:中华书局,2001:2.
[3] 杨俊光. 墨子新论[M]. 南京:江苏教育出版社,1992:56.
[4] 黎红雷. 中国管理智慧教程[M]. 北京:人民出版社,2006:149.

一、墨家管理思想的研究成果

（一）研究墨家管理思想的著作

第一部为1999年熊礼汇、熊江华编著《墨子与现代管理》。该书是"开发中华元典中的经营管理智慧资源"的"经营管理智慧丛书"中的一部。全书分为十章：第一章介绍墨子其人其事；第二章分析墨子生活的时代背景；第三章概述墨子的宗教观念、伦理学说和经济思想；第四章论述墨家的修身理论和领导人人格魅力的形成；第五章论述墨家的人才理论以及中层管理干部队伍的组建问题；第六章论述墨家人才的培养与教育理论以及人才考核理论；第七章论述君人南面之术，分析墨家提出的领导者治理天下的方略；第八章分析墨家开源节流与注重务实的经营策略；第九章分析墨家的防守理论；第十章分析墨家的论辩艺术，总结了墨家的谈判逻辑。该书的特色是揭示了墨家思想对现代企业管理的借鉴意义，熊礼汇在"丛书"序言中指出："墨家主张君臣上下高度一致，主张启用贤才、节约开支，主张在物资功利基础上建立彼此相爱的人际关系，对现代企业经营哲学的建构也应有借鉴作用。"[①]

第二部为2006年陈转青著《墨家管理思想研究》。全书共八章：第一章引论；第二章分析墨家管理思想形成的社会文化背景和墨家管理思想的基本内容；第三章探讨墨家的管理观，着重分析了墨家的管理哲学观、组织观和教育观；第四章比较墨家管理思想和西方管理思想的同异；第五章将墨家管理思想与中国儒家、道家和法家的管理思想作一比较；第六章主要论述墨家管理思想中的辩论艺术，揭示了墨家的辩论艺术在现代商务谈判中的借鉴意义；第七章结合时代特点，探讨了墨家管理思想和科学发展观以及与中国和谐社会的构建问题；第八章阐述了墨家管理思想的现代运用，认为墨家思想与市场经济要求有相通之处，值得现代社会和企业借鉴。陈转青在前言中指出："墨家思想与当代市场经济有很强的通约性，如墨

[①] 熊礼汇,熊江华.墨子与现代管理[M].上海:学林出版社,1999:5.

的'尚贤'与当代企业人才机制的建立、墨家的'尚同'与现代企业制度的实施、墨家的'非攻'与处理企业组织关系的原则、墨家的'节用'与企业的科学发展等。总之，墨家的诸多思想，对中国的管理学研究有极强的借鉴意义。"①

第三部是2006年彭双、涂春燕著《墨子管理思想研究》。该书认为"兴天下之利，除天下之害"是墨子思想的核心，将墨子管理思想总结为：第一，利中取大、害中取小的决策思想；第二，尚同的组织思想；第三，尚贤的人力资源管理思想；第四，修身务本的领导艺术；第五，所染的人性假设思想；第六，兼相爱、交相利的人际关系协调思想；第七，上下通情的沟通思想；第八，固本节用的理财思想。该书是20世纪80年代以来学者们对墨家管理思想内容梳理最为系统的著作，其中对墨家管理思想基本内容的总结较细致，对《墨子》文本解读也较全面，书中对墨子思想的总结紧扣墨子原典，言而有据，重视从现代管理的视野审视墨家管理思想，注重揭示墨家管理思想的当代价值。该书《前言》指出："墨子的管理思想，以兼爱、尚同、尚贤为主要特色。挖掘墨子的管理思想对于弘扬东方管理文化、对于促进当今管理科学的发展具有较大的理论价值，对于当今企业管理与行政管理亦具有相当的借鉴作用。"②

这三部著作主要是从墨家十论角度总结墨家管理思想的内容，再分析墨家管理思想对于现代企业管理和行政管理的借鉴意义；都在一定程度上表现了建构中国特色管理学的学术自觉，试图将墨家管理思想的精华与西方现代管理思想相沟通，结合现代企业管理经验，阐释墨家管理思想的现代价值，可谓是墨家管理思想研究方面较系统的成果。

(二) 设专章或节论述墨家管理思想的著作

一些研究墨家思想的著作论述了墨家的政治、经济、教育、军事思想，实质上是对墨家管理思想的研究，如梁启超的《墨子学案》认为墨子的根本观念是兼爱③，在此基础上论述了墨子的实利主义、社会组织思想。方授楚《墨学源流》上卷第五章总结了墨子的学说体系，与墨子管理思想相关的论述有政治思想和经济学说，第

---

① 陈转青.墨家管理思想研究[M].北京：中国农业科学技术出版社，2006.
② 彭双，涂春燕.墨子管理思想研究[M].成都：电子科技大学出版社，2006：1.
③ 张品兴.梁启超全集：第六册[M].北京：北京出版社，1999：3265.

六、七两章论述了墨家的组织与墨学的传授,涉及墨家学团管理和教育管理的内容。① 杨俊光《墨子新论》②论述了墨子的政治思想、伦理思想、经济思想、教育思想,对墨子思想流布的考证十分翔实。孙中原《墨子及其后学》③论述了墨子的生产观、节约观、非乐论、用人之道、国家管理、战争观、军队编制、城防工程等管理思想。孙中原主编《墨学与现代文化》④论述了墨学对现代经济、政治、道德、军事的启示与价值。任继愈《墨子与墨家》⑤对墨子十论"非攻、兼爱、非乐、非命、节用、节葬、尚贤、尚同、天志、明鬼"进行了全面阐述。秦彦士《墨子考论》⑥对墨家伦理观、经济观、军事学、教育学思想都有论述。郑杰文《中国墨学通史》⑦第一章对墨家学团的形成、弟子分类、墨家学团的思想信仰、组织纪律和经济制度进行了研究。舒大刚《墨子的智慧》⑧论述了墨子尚贤的用人之道、尚同的专制统治之术、兼爱的处世哲学、非攻的世界和平思想、节用保守的用财之道等。

此外,还有一些设专章或节论述墨家管理思想的著作,例如高宏德编《中国管理之根:古代优秀管理思想及实例》在"言论篇"论述了"墨子'爱人'及'重义'思想"。⑨ 张再林《治论——中国古代管理思想》一书第五部分是"墨家论"。⑩ 单宝《中国管理思想史》第二章"先秦时期的管理思想"的第四节讨论了"墨家的管理思想"。⑪ 潘承烈、虞祖尧编《振兴中国管理科学——中国管理学引论》第三章"中国古代典籍中的管理思想"的第四点论述了《墨子》中的管理思想。⑫ 李殿仁《墨学与当代军事》第四章论述了"墨家的军事思想与现代军事管理"。⑬ 杨爱国《墨学与当代经济》论述了墨家的社会生产理论、社会财产分配理论、社会交换理论、消费观。⑭ 潘承烈、虞祖尧的《中国古代管理思想之今用》第三章论述了墨子的管理思

---

① 方授楚.墨学源流[M].上海:中华书局,上海书店联合出版,1989.
② 杨俊光.墨子新论[M].南京:江苏教育出版社,1992.
③ 孙中原.墨子及其后学[M].北京:中国国际广播出版社,2011.
④ 孙中原.墨学与现代文化[M].北京:中国广播电视出版社,1998.
⑤ 任继愈.墨子与墨家[M].北京:商务印书馆,1998.
⑥ 秦彦士.墨子考论[M].成都:巴蜀书社,2002.
⑦ 郑杰文.中国墨学通史:上册[M].北京:人民出版社,2006.
⑧ 舒大刚.墨子的智慧[M].北京:中央编译出版社,2008.
⑨ 高宏德.中国管理之根:古代优秀管理思想及实例[M].成都:成都科技大学出版社,1991:77-95.
⑩ 张再林.治论:中国古代管理思想[M].西安:陕西人民教育出版社,1993:218-272.
⑪ 单宝.中国管理思想史[M].上海:立信会计出版社,1997:52-56.
⑫ 潘承烈,虞祖尧.振兴中国管理科学:中国管理学引论[M].北京:清华大学出版社,1997.
⑬ 李殿仁.墨学与当代军事[M].北京:中国书店,1997.
⑭ 杨爱国.墨学与当代经济[M].北京:中国书店,1997.

想及其今用。① 徐希燕《墨学研究:墨子学说的现代诠释》第三编"墨子思想精华"的第六章论述了"墨子的管理思想"。② 黎红雷《中国管理智慧教程》第六章论述了"墨家的管理智慧"。③ 淳林等著《中国管理哲学与现代企业管理》第七章论述了"《墨子》与现代企业管理"。④ 成中英的《C理论:中国管理哲学》第二章"C理论的要素分析"的第九节论述了"墨家的创造哲学"。⑤

(三)墨家管理思想研究的论文和论文集

研究墨家管理思想的论文比较集中的发表在墨子国际研讨会的论文集中。由著名墨学研究专家张知寒等发起的中国墨子学会成立于1992年10月6日,迄今已举办十二届国际墨学研讨会,最近一次为2018年10月在山东省滕州市举办的第十二届国际墨子鲁班学术研讨会。以往会议论文结集为《墨子研究论丛》,至今共出版了12册,其中收录了很多与墨家管理思想相关的论文,在阐释墨家管理思想的现代价值方面较为深入。此外,1997年河南省成立了墨子学会,举办了学术研讨会,会议论文结集为萧鲁阳主编的《中原墨学研究》⑥,收录的与墨子管理思想相关的论文有:陈章发《试论墨子尚同与尚贤思想的民主性》,刘旭明、王荷《墨子经济思想简论》,程有为《墨子尚贤思想简论》等。河南省墨子学会于2004年主办了"墨子与现代社会国际学术研讨会",2008年主办了"墨子与和谐世界国际学术研讨会",2012年协办了"第四届国际墨子学术研讨会",推进了墨家管理思想现代价值的发掘。

此外,中国知网收录的墨家管理思想直接相关论文,也就是直接以"墨家管理思想"或"墨子管理思想"为标题的论文有30余篇,没有直接以"管理"为标题,但实质上讨论的是墨家管理思想的文章还有近百篇。较有代表性的文章如:邱燕翎《墨子管理思想初探》⑦,李少惠《墨子的管理思想及其特征》⑧,徐希燕《墨子的管理思

---

① 潘承烈,虞祖尧.中国古代管理思想之今用[M].北京:中国人民大学出版社,2001:107.
② 徐希燕.墨学研究:墨子学说的现代诠释[M].北京:商务印书馆,2001:329.
③ 黎红雷.中国管理智慧教程[M].北京:人民出版社,2006:149-178.
④ 段淳林,程宇宏,晁罡.中国管理哲学与现代企业管理[M].广州:广东经济出版社,2006:158-171.
⑤ 成中英.C理论:中国管理哲学[M].北京:中国人民大学出版社,2006:88.
⑥ 萧鲁阳.中原墨学研究[M].郑州:中州古籍出版社,2001.
⑦ 邱燕翎.墨子管理思想初探[J].江淮论坛,1992(6):43-47.
⑧ 李少惠.墨子的管理思想及其特征[J].兰州大学学报,1997(2):90-96.

想研究》①,陈延庆《论墨子管理思想的逻辑结构及其基本特征》②,陈建东《从墨子育才看企业的人才管理》③,黄森荣《墨子的"义"及其管理伦理》④,张国胜《利义并重以民为本的墨家管理思想》⑤,李英《论墨家教育管理思想对当代民办高校的借鉴意义》⑥,刘朝晖、杨晓文《墨家"尚同尚贤"思想与现代管理》⑦,解启扬《墨家管理思想的现代意蕴》⑧,夏金华、朱永新《墨家人力资源管理心理思想及其现代意义》⑨,彭蕾、王磊《墨家管理思想对现代团队建设的启示》⑩,韩云峰、王法腾《墨家管理思想与现代团队目标建设》⑪,赵璐《中国古代行政管理思想探析——基于儒家和墨家思想的比较》⑫等,这些论文论题较广,角度多样,都是墨家管理思想的内涵与现代价值研究的重要成果。

二、墨家管理思想的研究进展

从上文墨家管理思想研究成果可见,学术界对墨家管理思想的研究范围十分广泛,几乎涉及了墨家管理思想的方方面面,尤其是20世纪80年代以来的研究都是立足在现代管理科学基础来研究墨家视角思想的现代价值,将墨学研究推向了新的高度。主要进展有以下八个方面:

第一,墨家管理思想的哲学基础研究。墨子管理思想的理论基础有两种代表性的观点,一种认为其理论基础是天,天志与明鬼是其对理论基础的阐释⑬;一种

---

① 徐希燕. 墨子的管理思想研究[J]. 南开管理评论,2000(4):47-51.
② 陈延庆. 论墨子管理思想的逻辑结构及其基本特征[J]. 江西社会科学,2000(9):20-22.
③ 陈建东. 从墨子育才看企业的人才管理[J]. 企业管理,2004(9):68-69.
④ 黄森荣. 墨子的"义"及其管理伦理[J]. 求索,2004(11):164-166.
⑤ 张国胜. 利义并重以民为本的墨家管理思想[J]. 湖北教育学院学报,2006(1):52-54.
⑥ 李英. 论墨家教育管理思想对当代民办高校的借鉴意义[J]. 大众商务:教育版(民办教育研究),2007(6):79-83.
⑦ 刘朝晖,杨晓文. 墨家"尚同尚贤"思想与现代管理[J]. 中共青岛市委党校(青岛行政学院学报),2008(6):75-77.
⑧ 解启扬. 墨家管理思想的现代意蕴[J]. 经济与社会发展,2008(10):70-72,139.
⑨ 夏金华,朱永新. 墨家人力资源管理心理思想及其现代意义[J]. 心理学报,2001(4):379-383.
⑩ 彭蕾,王磊. 墨家管理思想对现代团队建设的启示[J]. 山东商业职业技术学院学报,2009(6):16-19.
⑪ 韩云峰,王法腾. 墨家管理思想与现代团队目标建设[J]. 经济研究导刊,2009(22):88.
⑫ 赵璐. 中国古代行政管理思想探析:基于儒家和墨家思想的比较[J]. 中国-东盟博览,2012(6):42.
⑬ 冈本光生. 墨子思想图解[M]. 黄碧君,译. 台北:商周出版城邦文化事业股份有限公司,2005:43.

认为是兼爱，兼爱是整个墨家思想的核心，也是墨家管理思想的基础。此外，学者们还探讨了墨家的人性论、墨家重利贵义的价值取向、民为政首的管理目的、希望实现天下大同的政治目标等。

第二，墨家学团管理研究。在墨家学团的组织结构与巨子传承、墨子弟子的考证等方面，清代学者孙诒让及民国学者梁启超、方授楚等做了很多开拓性的研究。现代研究者，如詹剑峰指出："墨子在那时候已建立了一个有政纲、有组织、有领导、有纪律的原始政治集团。"[①]郑杰文在《中国墨学通史》中全面分析了墨家学团的形成与演变，分析了墨家学团的思想信仰、组织纪律和经济制度。[②]

第三，墨家的行政管理思想研究。主要从以下四个方面展开：一为尚贤使能的人才管理思想研究。如人才甄选、人才考评、人才作用、人才激励等内容，这是墨家人力资源管理思想的主要内容，也是学者们研究的重点；二为尚同一义的政治组织模式研究、情报信息管理研究等。如徐希燕《墨子的政治思想研究》[③]一文从墨子的国家起源说、政长选举制、贤人治国论、君主集权制等方面探讨墨子的政治思想。有学者认为尚同理论有专制统治倾向[④]，有学者则认为其中含有民主意识[⑤]；三为墨家理想的领导者素质研究、领导者的修养与人格魅力的培养等。如夏金华等在《墨家的领导者心理素质思想》论文中分析了墨家的领导者在知识结构、道德品质、语言能力、工作态度、生活作风、为人原则等方面的素质[⑥]；四为墨家法治思想研究。墨家主张德法兼治，法德并重，这对于现代社会道德与法制结合的治理思想有着重要启示价值，有不少学者从这个角度对墨家法治思想进行了研究。

第四，墨家经济管理思想研究。主要有三方面内容：一为墨家的节用思想研究，在消费观方面墨家主张节用、节葬、非乐，要求限制上层人士过度消费，只能满足人们的基本消费，如有学者指出墨家的节用思想可促进节约型社会的构建[⑦]；二为墨家强力从事的生财思想研究，提出了非命思想，有学者指出墨家"节用"和"强力"思想的实质是"节用强本固国""节用利民顺治"和"赖力而生""强力而行"[⑧]，也

---

① 詹剑峰.墨子的哲学与科学[M].北京：人民出版社，1981：6.
② 郑杰文.中国墨学通史：上册[M].北京：人民出版社，2006：24-75.
③ 徐希燕.墨子的政治思想研究[J].政治学研究，2001(4)：46-56.
④ 蔡尚思.十家论墨·郭沫若论墨子[M].上海：上海人民出版社，2004：166-169.
⑤ 谭风雷.墨子"尚同"思想中的民主意识[M]//张知寒.墨子研究论丛.济南：山东大学出版社，1993.
⑥ 夏金华，朱永新.墨家的领导者心理素质思想[J].心理学报，2000(4)：464-469.
⑦ 许海东.论墨家的"节用"思想与节约型社会之构建[J].传承，2007(5)：89-91.
⑧ 高田钦.墨家的"节用""强力"思想及其现代价值[J].徐州师范大学学报，2005(2)：91-93.

有学者结合当前的和谐社会建设指出,墨家的经济和谐观是以"赖力节用"思想为核心的,劳动力是社会经济和谐发展的基础,劳动是社会和谐的前提,合理消费是社会经济和谐运转的保障①;三为墨家是功利主义还是非功利主义的争论,吴智在《墨家功利主义技术思想述评》②中指出墨家整个思想体系存在功利主义倾向,墨家之"功"实乃为广大平民谋"大功",墨家之"利"实乃为民之"大利""公利"。

第五,墨家的人口管理思想研究。墨子被认为是中国历史上第一个重视人口自然增殖的思想家,是中国第一个系统地分析了人口问题的思想家。墨子重视人的价值,强调人口的生殖和繁衍的重要性,提出了非攻、节葬等人口增加方法,墨子的人口思想充满了人道主义关怀精神。③

第六,墨家教育思想研究。主要从教育目标、教育方法、教育内容等方面展开研究。例如秦彦士指出,墨子教育的首要目标是培养兼士;墨子教育方法有言传身教、典型事例教学,并提出要主动施教于人;墨子教育内容包含政事、德行、言行、文学、科学技术、军事工程等,不仅有知识灌输,还有能力的锻炼。④

第七,墨家军事管理思想研究。主要从非攻与积极防御思想、军事法规思想、军事人才管理思想、军事物资管理思想、外交思想和安全观等方面展开研究。如李殿仁的《墨学与当代军事》一书第四章论述了"墨家的军事思想与现代军事管理"。

第八,墨家辩论与信息沟通思想研究。墨家的丰富辩论术建立在系统的逻辑思想基础上,清代以来的学者加强了对墨家逻辑思想和辩论术的研究。例如陈转青《墨家管理思想研究》一书分析墨家管理思想中的辩论艺术,分析了墨家的语言特色和辩论技巧,还探讨了墨家辩论思想对现代谈判的启示。

尽管研究成果丰富,墨家管理思想仍有许多可深化研究之处:第一,建构墨家管理思想理论体系。当前的墨家管理思想研究多受现代西方管理思维方式的限制,将墨家思想与现代西方管理思想进行比较的较多,在比较中容易忽视墨家管理思想的内在逻辑,墨家管理思想系统的建构工作仍待加强,在中国特色的管理思想理论体系、话语体系建设方面仍待加强;第二,墨家管理思想现代价值的分析可进一步深化。学术界十分重视墨家管理思想现代价值的阐释,阐释方法通常为墨家

---

① 郑奕.墨家和谐观探析[J].理论界,2011(7):135-137.
② 吴智.墨家功利主义技术思想述评[J].自然辩证法研究,2008(8):31-35.
③ 吴爱邦,赖志玲.论墨子的人口道德观[J].社科纵横,2005(1):114-115.
④ 秦彦士.墨子与墨家学派[M].济南:山东文艺出版社,2004:62-77.

管理思想与现代管理思想比较,从而揭示墨家管理思想中的现代性元素。鉴于当前国家在推进社会治理、政府治理和企业管理理论创新的研究,可以结合这些新论题阐发墨家管理思想的现代价值,这是继承中国优秀传统文化资源的重要路径;第三,墨家管理思想的话语体系研究仍待加强。墨家作为先秦显学,不仅有丰富的管理思想,而且提出了很多独具特色的管理话语,加强这些话语的阐释研究,尤其在现代管理语境下阐释墨家管理话语的内涵及其时代价值是当前墨家管理思想研究的重要内容,这也是建设中国特色的管理学话语体系的重要途径。

第三节　本书的研究思路与特色

墨学作为诸子之中一度与儒学并立的显学,在中国文化史上产生了深远的影响。本书的研究思路是首先分析墨家管理思想本身的论题,以墨家十论为中心揭示墨家管理思想的丰富内涵。其次利用现代管理学的基本理论分析墨家管理思想的特质,现代管理学一般认为管理有五种职能,分别为计划、组织、指挥、协调、控制,墨家管理思想在人才管理、组织协调、赏罚激励等方面与现代管理学职能有契合之处,同时又具有鲜明的中国特色。本书研究墨家管理思想正是在分析墨家管理思想的内在体系的基础上,紧密结合现代管理实际,挖掘中国传统管理思想的当代价值,为现代社会治理、国家治理和企业管理提供中国传统智慧的借鉴。本书的特色如下:

首先,系统总结墨家管理思想的理论体系。墨家管理思想以治国为中心构建了较完整的理论体系,通过与西方管理思想的有效沟通,进行概念、语言与观念的有效转换,可以更好地发挥其现代价值。以现代逻辑构建墨家管理思想理论体系有利于构建当代具有中国特色的管理思想体系。发掘墨家管理思想的现代价值,推进传统管理思想的现代转型,是当代中国文化建设的重要内容。墨家管理思想就其本质而言,是一套社会治理思想,其理论归宿是改变当时社会的混乱局面,塑造一种理想的社会结构。在此目标的基础上,墨家形成了包括以"天志明鬼"为主体的哲学形上学基础,以尚贤、尚同、节用、非攻为主要内容的管理实践智慧,形成由体达用、理论与实践紧密结合的管理思想体系。

其次,发掘墨家管理思想的核心概念,构建墨家管理思想的话语体系。葛荣晋先生指出:"建构中国管理哲学思想体系,既是寻找中国传统文化与现代管理相结合的途径的急切需要,也是当代市场经济和管理学界的强烈呼唤。"[①]在当代中国管理学界,西方话语仍然占有明显的主导地位,中国管理思想体系仍待整理,中国管理思想的话语仍待传播。当下中国正在走向繁荣富强的道路上,争夺中国在世界上的话语权是哲学社会科学建设的重要任务。研究墨家管理思想,利用墨家思想中尚贤、尚同、兼爱、节用、非乐等特色话语,是形成具有中国特色的管理话语体系的重要路径。

最后,深入探讨墨家管理思想对于现代社会治理、国家治理和企业管理的借鉴价值。墨家治国理论将道德与法律相结合、将天志与人欲相统一,其尚贤使能的人才管理思想、尚同一义的组织管理思想、修身为本的领导理论、强本节用的行为理论不仅在先秦诸子中个性鲜明,成为显学,也是当代中国治国理论的重要思想资源。墨家管理思想虽然充满理想性与传统特色,但是其以巨子为核心、以墨者之法为纲纪、以墨徒出仕为导向、以兴天之利为目标的管理思想在墨家组织内部产生了强大的凝聚力,其中的管理思想对于现代社会治理有重要的借鉴意义。墨家管理思想高度重视普遍的人性关怀,将实用理性运用于经济管理之中,重视经济发展的社会价值,这都有利于企业管理形成更人性化的理论,有利于企业形成高远的社会价值目标。墨家的团结意识、尚贤使能、德法并用等思想,都为现代企业管理提供了一定的管理理念上的借鉴,有利于现代企业形成更具社会责任感和奉献精神的企业文化。

中国文化的现代转型自然离不开丰厚的传统文化资源,这就要追溯中国文化的源头。儒道二家作为中国文化的主干自然受到特殊的重视,但是墨家作为一度与儒家并立的显学,其地位同样举足轻重。只有充分发扬墨家思想的现代价值,才能实现墨家思想的现代转型,从而确立其在现代中国文化中的地位。墨家的平等性、民主性、自强精神和节俭品格,都可为现代中国文化建设提供丰富参考,无论是对于社会治理、国家治理,还是对于企业管理,都有直接的借鉴意义,墨家的强大凝聚力是值得我们不断反思总结的管理学范型。

---

① 葛荣晋.中国管理哲学导论[M].北京:中国人民大学出版社,2007:1.

第二章 | 天志明鬼的管理哲学

通常说的管理哲学是对管理的世界观与方法论的总称。本章所讲的管理哲学主要从本体论角度探讨墨家管理的依据和管理规则的根源问题。通常认为,"'天人合一'的本体论也是中国管理哲学特别是儒家管理哲学的基础"[1]。孔子曰:"唯天唯大,唯尧则之。"(《论语·泰伯》)"唯人则天"正是孔子提出的儒家管理哲学的本体论。老子说:"道大,天大,地大,人亦大","人法地,地法天,天法道,道法自然"(《老子·二十五章》)。这表明,天在老子思想中也同样占有本源性地位,他在天之上还设了一个至高无上的道作为本源。墨子同样尊崇天,天的意志可以赏善罚暴,比较特别的是在天之外,墨子还崇信鬼神的力量,上天和鬼神同时成为了管理原则的根源。墨家管理哲学解决了管理规范产生的根源问题,树立了管理中至高无上的权威,从根本上保证了管理原则的正当性和有效性。同时,君主在古代社会中享有至高无上的权力,其权力缺乏有效的监督,墨家试图让天与鬼神来实现对君主权力的监督,这在战国时期人们崇信上天和鬼神的社会环境中能起到一定作用。从马克思主义的唯物主义世界观看,墨家的鬼神观念显然是人们对客观世界的虚幻反映,墨家的天志明鬼观念虽然在一定程度上对君主的绝对权力有所制约,但根本上是无力的,最终也难以产生现实的影响。

第一节　尊天事鬼与神道设教

近代以来,以基督教为代表的西方文化传入中国,他们对中国传统文化所讲的上帝和古代儒家尊天敬神的思想十分排斥,甚至认为中国文化中无神、无上帝、无宗教。他们以西方彼岸世界的上帝信仰为标准来审视中国宗教文化,这显然是西方话语的不当应用。例如德国学者马克斯·韦伯认为中国儒家的天人合一观念是一种"关于世界内在联系的一种粗陋混乱"[2]的观念,充满了对中国传统内在超越思维方式的误解。牟宗三指出:"中国上古已有'天道''天命'的'天'之观念,此

---

[1] 黎红雷.儒家管理哲学[M].广州:广东高等教育出版社,2010:39.
[2] 马克斯·韦伯.儒教与道教[M].洪天富,译.南京:江苏人民出版社,2003:181.

'天'虽似西方的上帝,为宇宙之最高主宰,但天的降命则由人的道德决定,此与西方宗教意识中的上帝大异。"[1]墨家正是先秦诸子中对于天与鬼神信仰色彩最浓厚的派别。

一、尊天事鬼与上古宗教

与孔子"不语怪,力,乱,神"[2]不同,墨家则重视上天和鬼神的力量。陈来先生指出:"从春秋思想文化的发展来看,有如下渐进的发展:承继着西周文化的发展趋向,充满实证精神的、理性的、世俗的对世界的解释越来越重要,而逐渐忽视宗教的信仰、各种神力及传统的神圣叙事。"[3]如果说儒家代表了春秋时代思想发展的理性趋势,墨家则保存了上古宗教信仰的元素,代表了原始先民对天地世界的神圣叙事。

墨家提出了法天思想。《法仪》载:"奚以为治法而可？故曰莫若法天。天之行广而无私,其施厚而不德,其明久而不衰,故圣王法之。"因为上天的行为广大而无私心,它施恩丰厚而不夸耀自己的功德,它的光明长久不衰竭,因此圣明的君王都以天为法度。天、天帝在夏、商、周三代社会中有崇高的地位,如孔子说:"唯天为大,唯尧则之"[4],"获罪于天,无所祷也"[5]。表明天在儒家思想中居于最崇高的地位,儒家圣人都效法于天,而不敢得罪天。敬天、法天应是先秦社会较流行的思想,这种观点有广泛的社会基础,儒家和墨家都在提倡。

墨家以古代圣王和暴君的例子证明尊天事鬼的必要性。古代的圣王夏禹、商汤、周文王、周武王都兼爱天下百姓,带领百姓敬奉上天和鬼神,给人民带来很多利益,因此上天赐福给他们,让他们做天子,天下诸侯都顺从他们。相反,古代的暴君夏桀、商纣王、周幽王和周厉王都憎恶天下百姓,带领人民辱骂上天和鬼神,残害了很多人,所以上天降灾祸给他们,使他们失去国家,并招来杀身之祸,被后世子孙咒

---

① 牟宗三.中国哲学的特质[M].上海:上海古籍出版社,1997:16.
② 杨伯峻.论语译注[M].北京:中华书局,1980:72.
③ 陈来.古代思想文化的世界:春秋时代的宗教、伦理与社会思想[M].北京:生活・读书・新知三联书店,2002:10.
④ 杨伯峻.论语译注[M].北京:中华书局,1980:83.
⑤ 杨伯峻.论语译注[M].北京:中华书局,1980:27.

骂。由于这些古代圣王因兼爱而得福和暴王因不能兼爱而得祸的故事在当时的社会上流传很广,所以墨家也以此论证了尊天事鬼的必要性。方授楚指出:"西方宗教中人之祷告,曰:予甚软弱,愿上帝给我以勇气!墨子之《天志》《明鬼》,正给贱人以勇气也。"①

资本主义产生的原因有很多,德国思想家马克斯·韦伯的《新教伦理与资本主义精神》一书从宗教伦理角度分析了基督教新教伦理与资本主义经济发展的关系,提出:基督教新教"来世论、禁欲主义和宗教虔诚,与参与资本主义营利活动这两个方面,不仅没有冲突,也许反而倒存在着一种亲密的关系"②,认为新教伦理是资本主义经济发展的内在驱动力。韦伯思考的问题是宗教思想对经济发展的影响,尤其是对经济体制的精神气质的影响问题。韦伯所理解的资本主义精神指以西欧和美国为代表的现代资本主义精神,这种资本主义精神要求遵守合乎伦理道德的明确生活准则,资本主义应以合理而系统的方式追求利润。韦伯引用本杰明·富兰克林之语对资本主义精神进行了描述,如"时间就是金钱","信用就是金钱","金钱具有孳生繁衍性","善付钱者是别人钱袋的主义","影响一个人信用的行为,哪怕是最不足道的琐事,也应注意","不要将你持有的一切视为己有","每天随便花掉四便士的人,一年便要花掉六镑多,这就失去了使用一百镑的信用"。③ 韦伯将资本主义精神归纳为一种理性化、系统化追求财富的精神,将获得财富当作责任和义务,将赢利当作终极目的,主张节约,反对纵欲和享乐。

新教伦理对资本主义精神的影响主要体现在两方面。一方面,新教伦理的核心"天职观"激发了教徒勤劳工作的热情。天职即上帝安排的任务,"上帝所接受的唯一生活方式,不是用修道禁欲主义超越尘世道德,而是完成每个人在尘世上的地位所赋予他的义务。这就是他的天职"④。这种天职观改变了过去天主教禁欲主义的隐修生活,引导教徒积极参加世俗事务,承担世俗责任,这样才能荣耀上帝,获得上帝的肯定与垂顾。另一方面,新教伦理要求教徒在生活中厉行禁欲主义,这有利于形成节约精神和理性消费的生活态度。为了获得上帝的恩宠,新教中的加尔文派、循道派、虔信派和浸礼派都主张禁欲主义,抵制各种诱惑,反对奢侈浪费,从

---

① 方授楚.墨学源流[M].上海:中华书局,上海书店联合出版,1989:106.
② 马克斯·韦伯.新教伦理与资本主义精神[M].彭强,黄晓京,译.西安:陕西师范大学出版社,2002:11.
③ 马克斯·韦伯.新教伦理与资本主义精神[M].彭强,黄晓京,译.西安:陕西师范大学出版社,2002:19-22.
④ 马克斯·韦伯.新教伦理与资本主义精神[M].彭强,黄晓京,译.西安:陕西师范大学出版社,2002:57.

而形成了理性消费心理。教徒将劳动作为最有效的禁欲手段,"劳动本身被当作上帝规定的生活目的"①。正如韦伯指出的,"现代资本主义精神,以及全部现代文化的一个根本要素,即以天职思想为基础的合理行为,产生于基督教禁欲主义"②,这就是他关于新教伦理与资本主义精神的基本理念。

马克斯·韦伯的《新教伦理与资本主义精神》认为新教伦理为资本主义的产生提供了思想基础。在先秦诸子之中,墨家的信仰特色最为突出,墨家对天与鬼神的信仰,激发了人们兴天下之利的热情、严格纪律的精神、勤俭节约的品格。方授楚说:"天志、明鬼乃借以坚平民之信仰而增其勇气也。盖当时平民久受贵族之压迫,一旦欲使其有所建树,则每易气馁。今有天以助其相爱相利而去其相恶相贼,鬼神又于不知不觉之间,为之赏善罚暴,自易信从其说而无所畏葸矣。"③在人类对世界的认识不够深入时,天志明鬼确能给平民以勇气,给凶暴者以警示,但随着人类对世界科学认识的深入,宗教逐渐褪去其神秘的面纱,尊天事鬼成为其理论体系中最脆弱的一环。

二、哲学信仰与神道设教

梁启超"幼而喜墨",他 1904 年著《子墨子学说》,1920 年著《墨经校释》,主张用墨学来补救当时中国人的思想和行为领域的偏失,他对墨子的信仰特色论述较多。他指出:"中国初民时代迷信之状态,虽不可考,然散见于六经、六纬及百家者言,尚多不可悉数。及孔老倡学,全趋于哲学及社会之实际,举国学者,靡然从风。其宗派虽殊,然其为迷信之敌则一也。墨子者乃逆抗于此风潮,而欲据宗教之基础以立一哲学者也,于是有天志、明鬼、非命诸义。"④梁启超将墨学定位为在宗教的基础上建立一种哲学,墨学有其信仰的内容,但不是纯粹的宗教信仰,而是一套以宗教信仰为基础建立的哲学。墨家这种保留上古宗教信仰的做法,与儒家不语怪力乱神的理性化倾向有明显的区别。墨学可谓是宗教信仰与哲学信仰的结合体,

---

① 马克斯·韦伯.新教伦理与资本主义精神[M].彭强,黄晓京,译.西安:陕西师范大学出版社,2002:149.
② 马克斯·韦伯.新教伦理与资本主义精神[M].彭强,黄晓京,译.西安:陕西师范大学出版社,2002:174.
③ 方授楚.墨学源流[M].上海:中华书局,上海书店联合出版,1989:106.
④ 张品兴.梁启超全集:第六册[M].北京:北京出版社,1999:3159.

既不能以纯粹的宗教信仰来审视墨学,也不能用纯粹的哲学信仰来看待墨学。

如果以宗教信仰的标准来审视墨家,通常的观点认为墨家不能被称为是真正意义上的宗教,如梁启超先生指出:"古代思想只有墨家略带宗教性,讲天志,讲明鬼,稍有超现实的倾向,但仍是现实的应用。墨家并未讲死后可以到天堂,亦未讲死后可以做许多事业,不过讲在现实的几十年中,好好的敬天,做好事,天自然会赐以幸福,所以墨家仍不能认为宗教。"①梁启超所讲的纯粹的宗教有两个条件,一为教义要涉及超现实世界的天堂或灵魂,二为有教会组织。他以这两条标准审视中国古代思想派别,认为儒家和道家都不能称为宗教。因为儒家既不关注超现实的存在,也没有教会;道家是立足于现实现在的应用,也没有教会。中国古代思想只有墨家"略带宗教性",从超越性一面看,墨家的天志、明鬼具有一定超现实的倾向。不过墨家主要关注天志、明鬼的现实应用,敬天鬼而尽人事才是墨家的追求,墨家不考虑人死后是否能升入天堂的问题,甚至没有考虑人死后的问题。从教会组织方面看,墨家的巨子有点像罗马教皇,墨家产生后的上百年间可能存在教会组织,但是墨家巨子制度的相关史料极少,当时的情形后人无从知晓。

在梁启超看来,墨家不是纯粹的宗教,只能说"带有一定的宗教性",他从尊天之教、鬼神教、天命三方面论述了墨家宗教思想的内容与特征,这一思路影响了后人对墨家信仰特征的研究。如方授楚在论墨家的宗教信仰时指出:"墨子以贱人出身而欲于政治、社会有所改造,且以贱人为标准而行之,则欲鼓动当时之贱人,于其传统之精神信仰不能不有所破坏,以别图建立,此势所必然也。墨子于此方面,所以摧陷廓清旧信仰者,则有非命;代之而起者,则为天志、明鬼。"②"天志""明鬼"和"非命"三义构成墨家宗教信仰的主要内容。也有学者对此提出了质疑:"提到墨家的宗教品格,人们往往会想到尊天事鬼,以及天能赏罚、鬼能报应等,或者以墨家团体之纪律严明来理解。实际上,前者属于原始宗教的遗留,几乎与迷信无异,对墨家来说,其作用也仅仅在于恐吓;后者则只是宗教的外在形式。"③此文认为从天志、明鬼的角度分析墨家的宗教性是不全面的,墨家宗教品格的实质在于其对形上追求的直接形下实体化,使现实生活同时打上了天国的印记。以上分歧只是在墨家宗教性具体内容上的分歧,而在认可墨家的信仰倾向方面则是一致的。

---

① 梁启超.中国历史研究法补编[M].上海:上海书店,1989,197-199.
② 方授楚.墨学源流[M].上海:中华书局,上海书店联合出版,1989:97.
③ 孙萌.墨家的形上依托与宗教特色[J].人文杂志,1998(3):34-39.

墨家把天作为衡量人间是非的标准,把天志作为兼相爱、交相利的最后根源,是践行这一理念的最终裁判者监督者,顺从天的意志则得赏,违反天的意志则得罚。墨家论证了"鬼神"的存在,而且认为鬼神具有赏善罚恶的功能。需要注意的是墨家的天与鬼神不是原始的宗教信仰,而是以鬼神为基础来宣传治国理念,具有明显的理性倾向,正如有学者指出"在封建社会的中国,哲学吸收神学,让神学信仰服务于哲学信仰,造成为一种准哲学信仰"①,"墨子其人,亦政治家、哲学家而非宗教家也"②,这一观点揭示了墨家信仰的哲学转向。

可见,墨家的信仰不同于东西方普通的宗教信仰,东西方普通的宗教信仰有一定信仰对象,有明确的教规、教义及相关仪式的团体性组织。而墨家信仰天和鬼神与这种纯粹的精神信仰有明显的区别,墨家的信仰主要是为了兴天下之利,除天下之害,是为了治国的需要,因此可以将其定位为一种神道设教,"墨子的天、鬼,实际只是他推行自己主义的一种工具"③,墨家的宗教思想是其思想体系的基础和源泉。"神道设教"这一命题出自《周易·观卦·彖》:"观天之神道,而四时不忒。圣人以神道设教,而天下服矣。"④这里明确指出神道即天之神道,因此后世儒者一般以"天道"来解释"神道",神道之神即天道的神妙作用,神脱去了人格的外衣,而是作用之神。

其实,神道并非仅有这种精神性的天道一种内涵。先秦时期,社会普通民众有丰富的对人格之天的信仰,以及对祖先、山川大地等各种鬼神的信仰。因此,神道设教的含义有两层:"一是尊崇神道,祭天地、祀鬼神;二是推行教化,明礼义、善风俗。"⑤墨家对于天和鬼神的信仰,正是继承了原始先民对天和鬼神的信仰,同时将这种信仰力量运用于社会治理,将天与鬼神看成治国理政规则的最终来源,将天与鬼神看成人们对治国理政规则的最高裁判者与监督者,天和鬼神依据人的品德行为的善恶来施行赏罚。从马克思主义的宗教观看,墨家的神道设教显然属于迷信的范畴,神道设教的做法在墨子所处的时代有其说服力,但这一理论在现代社会则显得充满迷信色彩,缺乏理论说服力。

---

① 冯天策.信仰导论[M].南宁:广西人民出版社,1992:12.
② 杨俊光.墨子新论[M].南京:江苏教育出版社,1992:221.
③ 杨俊光.墨子新论[M].南京:江苏教育出版社,1992:217.
④ 郭彧.周易[M].北京:中华书局,2006:107.
⑤ 郑万耕."神道设教"说考释[J].周易研究,2006(2):47-52.

第二节　以天为法与以民为本

中国文化有崇敬天的传统,孔子之前的经典中经常出现天、帝、天帝等用法,可谓是中国文化传统中最深沉的文化基因。到孔子时,敬天成为诸子百家的普遍传统。孔子认为"天"是最大的,只有像尧这样圣明的君王才能做到很好地效法天,把天作为管理规范的来源。孔子认为天是社会管理规范的来源,人间各种管理都是效法天的结果。此时的天是一个相对模糊的概念,到底是人格神之天、心性义理之天还是自然之天,内涵并不像后世学者那样有比较明确的界定。墨家所讲的天即天帝,是"有意志的最高主宰"[1],主要是一种人格意义之天,能够对人间进行赏罚,是人间赏罚的标准。梁启超认为,墨家之天纯然是一个"人格神",有意欲、有感觉、有情操、有行为,上天"无所不在,无所不知,无所不能"[2],正如西方宗教中的上帝一样。墨家"天志说"有明显的宗教性,"天志说"为其整个思想体系奠定了基石。以敬天法祖为文化传统的古代社会,墨子思想显然有一定的说服力。在以马克思主义为指导的唯物主义世界观的审视下,"天志说"显然已不合时宜,曾经强大的理论基石转变为了其理论体系中受质疑和争议最多的地方。

一、上天之志与兼爱交利

墨家将上天作为其思想的最终来源,将天志作为人间是非的衡量标准,顺天之意成为墨家管理思想的基本逻辑。究其实质,天志实为民意的神圣化,是人民意志的体现。

兼相爱、交相利的思想来自于上天。《法仪》指出:"天何欲何恶者也? 天必欲

---

[1] 杨俊光.墨子新论[M].南京:江苏教育出版社,1992:213.
[2] 张品兴.梁启超全集:第六册[M].北京:北京出版社,1999:3161.

人之相爱相利,而不欲人之相恶相贼也。"墨家为什么知道天是希望人们兼相爱、交相利的呢,是因为上天对天下百姓"兼而爱之、兼而利之",上天对所有的人都给予爱护和帮助。为什么说上天对天下百姓"兼而爱之、兼而利之"呢？因为上天对天下百姓"兼而有之、兼而食之",上天化育和供养所有的人。上天希望人们相互关爱,"欲人之有力相营,有道相教,有财相分也"(《天志中》)。梁启超认为:"墨子讲天志,纯是用来做兼爱主义的后援。质言之,是劝人实行兼爱的一种手段罢了。"①这种后援或手段不同于西方哲学中的理论假设,因为墨家认为鬼神是真实存在的,并且论证了鬼神的真实存在。

道义的最终来源是上天。墨家提倡义政,他所讲的义政即善政,具体表现为天下安定。墨子说:"然则孰为贵？孰为知？曰:天为贵、天为知而已矣。然则义果自天出矣。"(《天志中》)墨家认为上天最尊贵和聪明,是道义的根源。天意要求义政,义政是墨家基本政治主张,墨家提出"顺天意者,义政也。反天意者,力政也"(《天志上》),是否与天意相符合是判断义政和力政的标准,顺从天意就是义政,违反天意就是力政。具体来说,义政就是大国不去攻打小国,大家族不去侵夺小家族,强大的不打压弱小的,显贵的不傲视低贱的,狡诈的不欺辱愚钝的。施行义政有利上天、鬼神和百姓,人们称施行义政者为圣王；凭借武力进行各种欺压与掠夺就是力政,力政对上天、鬼神和人民都不利,人们称施行力政者为暴君。

天意主张非攻。墨家认为,上天反对人们相互争斗和倾轧,不希望国家之间、家族之间相互攻打,如果大国去攻打小国,大家族去侵扰小家族,不仅得不到国君诸侯的称赞和奖励,而且会招来诛杀和惩罚。同样,上天拥有天下,如果大国攻打小国,大城攻打小城,这样不但最终得不到福禄,而且必定会招来灾祸。如果人们做上天不喜欢的事情,上天一定会惩罚他。古代的圣王知道如何获得上天、鬼神的福佑而避免上天、鬼神的憎恶,因此上天让天下四季调和、雨露适时、五谷丰登、牲畜兴旺。墨家所讲的天意其实是人民希望社会安定、风调雨顺、安居乐业的神圣化表达,体现了墨家作为小生产者的思想特色。

上天爱护天下的百姓。墨家认为,自古到今所有的百姓都饲养牛羊猪狗,准备洁净的食品和美酒祭祀上帝、山川、鬼神,这表明上天享用天下所有人的祭品。因为上天享用天下所有人的祭品,所以上天会兼爱天下所有人。上天供给人民食物,

---

① 张品兴.梁启超全集:第六册[M].北京:北京出版社,1999:3272.

表明人民为上天所有;上天拥有人民,因此它爱护天下人民。墨子指出:"天兼天下而爱之,撽遂万物以利之,若豪之末,非天之所为也,而民得而利之,则可谓否矣。"(《天志中》)清代俞樾认为"否"字对于文意是说不通的,应是"后"之误,"后"读为"厚",孙诒让赞同俞樾的观点。墨子的意思是上天兼爱天下人民,育成万物而使人民得利,天下所有的东西都是上天创造的,人民从上天那里获得了丰厚的利益。具体来说,上天兼爱天下人民表现为:上天分列日月星辰给人民带来光明,制定春夏秋冬四季作为人们生活的纲纪,降下雪霜雨露促进五谷丝麻的生长而使人民得到衣食财物,广设百官以监察人民的善恶,封设王公侯伯来赏善罚暴,引导种植五谷丝麻供给百姓的衣食之财。可以说,人民生存的自然环境、物质生活和社会生活都是上天的赐予。

上天希望人们尚力而非命。上天希望人们努力从事工作,"欲上之强听治也,下之强从事也"(《天志中》),希望在上位的执政者努力管理政务,这样国家就治理得好,居下位的百姓努力从事劳动,这样国家的财用就充足。如果国家政治和谐,财用充足,那么对内能够准备洁净的酒食祭祀上天鬼神,对外能够用珠玉环璧去结交四方邻国,诸侯之间不会产生矛盾,边境上不会发生战争。如果国家财用充足了,就能让饥饿者得到食物,劳累者得到休息,有助于实现君惠臣忠、父慈子孝。总之,上天希望官员和百姓都努力做好自己的本职工作,这样社会就能治理好,人民生活就富足,社会关系就和谐。

总的来说,天志的内容一方面是实现国家刑政治理,人际关系和谐,另一方面是实现国家财用充足,百姓都能吃饱穿暖,生活安宁。墨子面对当时列国纷争、战祸迭起、民不聊生的社会状况而提出天志说,目的是希望在当时统治者之上树立一个至高无上的权威,使统治者按天意行事,约束自己的行为,希望统治者爱民利民,以义服人,希望建立一个刑政治、万民和、国家富、财用足、百姓皆得暖衣饱食没有忧愁的社会。可见,墨子所讲的天志实际上是人民意志在天道中的反应,将人民的意志与愿望披上了天志的外衣,天志是墨子推行其学说的策略。孙以楷先生说:"墨子的天志实质是强调规矩、秩序,并把它升华为天志,是一种天人合一的工具理性的天道观。这种天道观可以克服道家偏执自然无为容易导致非人文的失落,也可以补儒家偏执伦理人文而导致的非科学的缺失。"[①]这一定位,既揭示了墨家天

---

① 孙以楷.新墨家漫议[M]//孙以楷.披云集.合肥:安徽大学出版社,2010:132.

志说的形上学意义,又揭示了其区别于儒道二家天道观的特质。

二、以天为法与是非之度

墨家鲜明地以天志作为衡量天下是非的标准。天志可以衡量天下士君子的仁与不仁。墨子指出,天的意志对上可以用来衡量天下的王公大人管理政事的情况,对下可以用来衡量天下的人民写文章和发表言论的情况。这里的衡量主要从行为、言谈和政事三方面考察:从行为看,顺从天意的就是好的意识行为;从言论看,顺从天意的就是好的言论;从政事看,顺从天意的刑法政令就叫做好的刑法政令。反之,违反天意的则是不好的行为、言论和刑法政令。以天志为标准来判断天下王公大人的仁与不仁就像分别黑与白一样清楚。墨子批评当时的士君子所著的书多得用车载不完,所讲的话多得难以计算,他们对上游说诸侯,对下游说列士,但根据天志来看,他们距离仁义差得很远。

上天对天下百姓有普遍的监督作用。天下士君子们得罪了家长、国君都知道相互告诫,而获罪于天却不知道告诫,这是明白小的道理而不明白大道理。墨子认为:如果一个人在家族中得罪了家长,他可以到逃到相邻家族;如果一个人在国家中得罪了国君,他可以逃到邻国。虽然这两种情况下人们都有地方躲避,但是父母、兄弟及相识的人都会相互告诫,提醒人们在家族中不能得罪家长,在国家中不能得罪国君。然而,天下的士君子们对于得罪上天不知道相互警戒,墨子引俗语指出:"'焉而晏日,焉而得罪,将恶避逃之?'曰:无所避逃之。夫天不可为林谷幽门无人,明必见之。"(《天志上》)得罪了上天就没有地方可以逃避,因为即使在山林深谷、幽僻无人的地方,上天都能看得很清楚。

墨家在关于以天为法的论述中,重点谈到了上天对天子的监督与赏罚。墨家认为上天比天子尊贵聪明。因为"天子为善,天能赏之;天子为暴,天能罚之;天子有疾病祸祟,必斋戒沐浴,洁为酒醴粢盛,以祭祀天鬼,则天能除去之。然吾未知天之祈福于天子也,此吾所以知天之贵且知于天子者"(《天志中》)。上天能够对天子的善恶行为进行赏罚,天子如果有疾病灾祸,通过斋戒沐浴、祭祀上天鬼神就能去除灾祸,然而从来没有听说过上天向天子祈福的情况,可见上天比天子更加尊贵和智慧。墨子认为,只能是在上位者来匡正在下位者,而在下位者不能匡正在上位者。天子匡正三公、诸侯、士、庶人是天下的士君子都明白的道理,然而天下的百姓对于上天匡正天子这一点却不知道。墨子指出,从前三代的圣王夏禹、商汤、周文王、周武王等都把上天监管天子的道理明白地告诉天下百姓,天子与百姓一样,也需要虔敬地祭祀上帝,向上天祈福,可见上天比天子更高贵。

天子顺从天意而爱人利人会得到上天的赏赐。古代圣王夏禹、商汤、周文王、周武王是顺天意而得赏的典型,他们对上尊崇天帝,对中敬奉鬼神,对下兼爱人民。上天对他们进行赏赐,"使贵为天子,富有天下,业万世子孙,传称其善,方施天下,至今称之,谓之圣王"(《天志上》)。三代圣王的行事对上天、鬼神和人民都有利,符合了上天所要求的兼爱德性,因此获得了奖赏,获得了仁义的美名。他们的事迹会被写在简帛、金石、盘盂上,让后代子孙知道爱人利人、顺从天意是会得到上天的奖赏的。墨子引用《诗经·皇矣》说:天帝告诉文王,我怀念那些有明德的人,他不说大话吹嘘自己,不因做了君王就改变先王的法则,他好像不识不知,只知道遵从天帝的法则。天帝欣赏周文王遵从他的法则行事,所以把商朝的天下赏给他,使他贵至天子,富有天下,美名一直流传至今。这就是顺从天意而得赏的例子。

天子违反天意而憎人害人会得到上天的惩罚。从前三代暴王夏桀、商纣王、周幽王和周厉王是违反天意而受罚的典型,他们辱骂上天和鬼神,残害人民。上天对他们进行惩罚,"使不得终其寿,不殁其世,至今毁之,谓之暴王"(《天志上》)。三代暴君遭到骂名的根本原因是没有实行兼相爱,而实行别相恶。所谓别相恶,就是"处大国则攻小国,处大家则乱小家,强劫弱,众暴寡,诈谋愚,贵傲贱"(《天志中》),这些行为不利于上天、鬼神和人民,是上天所讲的别相恶的行为。施行别相恶的行为者都获得了不仁不义的恶名,他们的劣迹被写在布帛、金石、盘盂上告诫后代子孙,让子孙知道违反天意害人会遭到上天的惩罚。墨子引用《尚书·泰誓》说:商纣王实行暴政,不肯侍奉上帝,不祭祀祖先与天地神灵,竟然说"我有天命",上天因此抛弃纣而不保佑他。这就是违反天意而受罚的例子。可见,天志可以对上自天子、下至百姓的善恶进行监督和赏罚,天志不仅是人间正义原则的来源,也是人间正义原则实践的监督者。从价值追求和理论功能角度看,天志说为墨家学说提供了信仰支撑。马克思主义主张无产阶级通过革命的方式争取自身的解放,而不是祈求上天的救赎。从马克思主义的角度看,墨家的天志说是小生产者愿望的朴素表达,显得软弱无力。

第三节　鬼神赏罚与助行天志

墨子曰："古之今之为鬼，非他也，有天鬼，亦有山水鬼神者，亦有人死而为鬼者。"（《明鬼下》）墨子所讲的"鬼神"包括天上的鬼神、山水的鬼神和人死后变为鬼神几种，其中没有一个至上神，也没有神灵体系。墨家全面论证了"鬼神"的存在，说明了鬼神具有赏善罚暴的功能，而鬼神又是天志的重要补充，是用来宣扬墨家思想的工具。墨家眼中的"鬼神二灵，皆能作祸福于人间，而助天行志，有威权，能监察，亦公直，明于人，尊于民，与天德较，可谓具体而微"[1]。墨子所讲的明鬼，不像上古时期那样的原始信仰，"不过借以为检束人心改良社会之一法门耳"[2]，这正是墨家明鬼思想的实质。鬼神是中国先民对世界的歪曲虚幻的认识，鬼神并非真实存在。鬼神信仰不是因为有鬼神存在而信仰，而是信仰鬼神之后相信鬼神存在。墨家的鬼神信仰是其思想学说的理想化表达，如果说在鬼神信仰盛行的古代社会有其说服力，在现代科学和唯物主义盛行的今天，墨家的鬼神学说面临着巨大挑战。

一、鬼神论证与治乱之基

墨子所处的时代，有许多人主张无鬼神论，这些人不断向人们宣传"鬼神者，固无有"（《明鬼下》），墨子对此进行了批判，认为无鬼神论者迷惑天下人民，让人们对鬼神是否存在产生疑惑，导致了天下混乱。墨子指出，为了兴天下之利，除天下之害，必须考察清楚鬼神是否存在的问题。他从众人耳目之实、圣王之务和文献根据等方面证明了鬼神的存在，这是墨家三表法的集中运用。

---

[1] 伍非百. 墨子大义述[M]. 上海：上海书店，1992：151.
[2] 张品兴. 梁启超全集：第六册[M]. 北京：北京出版社，1999：3164.

第一，以众人耳目之实证明鬼神存在，举出周宣王、秦穆公、燕简公、宋文公、齐庄公都曾白天见鬼来证明。墨子曰："是与天下之所以察知有与无之道者，必以众之耳目之实知有与亡为仪者也。请惑闻之见之，则必以为有；莫闻莫见，则必以为无。"(《明鬼下》)这是以众人耳闻目见的实际情况为依据来判断事物是否存在，是墨家以经验事实作为判断标准的典型体现。

(1) 周宣王杀死了臣子杜伯，而杜伯实属无罪。杜伯临死前说："君王无辜杀死我，如果人死而无知就算了，如果死后有知，那么不出三年我一定要让君王知道鬼神的惩罚。"到了第三年，周宣王会见诸侯，在围场打猎，当时随从有几千人。到了中午，杜伯乘着白马素车，穿着红色衣帽，拿着红色的弓箭，追赶周宣王，周宣王被射中心窝而死在车上，当时随从的人都看见了此事，远处的人都听说了此事，周王室的史书上也记载了此事。

(2) 有一天中午，秦穆公在祖庙里，看见人面鸟身的神人进来，穿着素色衣服，系着深色带子，脸形方正。秦穆公见了想要逃跑，神人说："不要怕，上帝欣赏你的品德，派我来赏赐给你十九年寿命，让你的国家繁荣昌盛，子孙兴旺。"秦穆公又叩拜问道："请问尊神大名？"神人说："我就是句芒。"(方授楚疑此则故事为后人掺入，因为"周宣王、燕简公四人，皆言受罚，此独受福……其他四人之事，皆说明出处，著在周燕宋齐之《春秋》，此独不言"[①]。)

(3) 从前，燕简公杀死了实际没有罪的臣子庄子仪。庄子仪临死前说："国君无故杀死我，如果人死而无知就算了，如果人死后有知，那么不出三年，我一定要让国君知道鬼神的惩罚。"一年之后，燕国人准备去祭湖，百姓聚会观看。中午，庄子仪出现在燕简公去往祭湖的路上，庄子仪用红色棍棒把燕简公打死在车上。跟随的人都看见了此事，远处的人都听说了此事，燕国的史书上也记载了此事。

(4) 从前，宋文公鲍在位的时候，有个掌管祭祀的臣子叫祐观辜。有一次，附在祝史身上的神对他说："观辜！为什么祭祀用的宝玉不合规格，酒和饭不洁净，牲畜不肥壮，四季的供品不及时，这是你干的还是鲍做的呢？"观辜说："鲍年龄还小，不懂这些，是专管此事的臣子观辜这样做的。"祝史用木杖将观辜打死在祭坛上，这事在场的宋国随从都看见了，远处的人都听说了，这件事记载在宋国的史书上。

(5) 从前，齐庄公有两个臣子叫王里国和中里徼，两人打了三年官司，法官还

[①] 方授楚.墨学源流[M].北京:中华书局,1989:208.

不能判定谁有罪。齐庄公既怕错杀无辜,又怕放过罪人,于是让他们两人共牵一只羊去齐国的神社立誓,两人都答应了,于是开始以羊歃血为誓。先是王里国立誓,他读完誓词后,中里徼立誓,中里徼的誓词才读到一半,祭祀用的已被杀死的羊突然跳起来用头撞他,折断了他的脚。祝史认为是鬼神显灵了,将中里徼打死在立誓的地方。这件事齐国的随从都看见了,远处的人都听说了,齐国的史书上也有记载。

以上五个事例表明,杀死无辜的人、不恭敬对待祭祀的人、盟誓不真诚的人都会遭到鬼神的惩罚,而且惩罚到来得很快,鬼神对人们的行为有全面的监督作用,由此论证了鬼神的存在。

第二,以三代圣王敬鬼祭神为例,说明鬼神的存在。墨子指出,如果以普通人的耳闻目见判断鬼神存在的可信度不够高,不足以说服人,因此他进一步以夏商周三代圣王的事迹为判断准则。

(1) 从前周武王攻打殷商,诛杀商纣王,分封诸侯分别掌管祭祀:"使亲者受内祀,疏者受外祀。"(《明鬼下》)让同姓诸侯祭祀先祖庙宇,让异姓诸侯祭祀山川四望。可见,周武王认为有鬼神,所以伐纣成功之后即诸侯分别掌管祭祀,如果认为没有鬼神,他就没有必要分封诸侯分掌祭祀了。

(2) 古代圣王赏赐功臣都在祖庙里进行,惩罚罪人都在神祠里进行:"赏于祖者何也?告分之均也;僇于社者何也?告听之中也。"(《明鬼下》)这既是告诉祖先和神灵人间赏罚的公平公正,也是让祖先来监督人间奖赏的公平,让神灵来监督人间断案的公正。

(3) 从前夏商周三代圣王在建立国都时,会在国都的中心设立宗庙,在草木茂盛的地方设立神祠,选择慈孝善良的父兄担任太祝、宗伯,精心准备牲畜、珪璧琮璜、酒醴粢盛等各种祭祀用品。古代圣王之所以这样做,是因为他们"必以鬼神为(有),其务鬼神厚矣"(《明鬼下》)。

第三,古代圣王重视通过文献传承敬事鬼神的思想。古代圣王不仅自身慎重地祭祀鬼神,而且为了让后代子孙了解祭祀鬼神的重要性,他们将这些祭祀的事迹写在竹帛上传给后代子孙。圣王担心竹帛容易腐烂,还将文字雕刻在器皿、金石之上,可见他们极其重视此事。

(1)《周诗》记载了周朝的鬼神故事。《周诗·大雅》曰:"文王在上,于昭于天。周虽旧邦,其命维新。有周不显,帝命不时。文王陟降,在帝左右。亹亹文王,令闻不已。"(《明鬼下》)这是《诗经》关于周文王去世之后,他的神灵配享上帝的记载。墨子在此指出:"若鬼神无有,则文王既死,彼岂能在帝之左右哉?"(《明鬼下》)

(2)《商书》记载了夏朝的鬼神故事。《商书》曰:"呜呼!古者有夏,方未有祸之时,百兽贞虫,允及飞鸟,莫不比方,矧佳人面,胡敢异心?山川鬼神,亦莫敢不宁。若能共允,佳天下之合,下土之葆。"(《明鬼下》)此处讲到夏朝没有发生灾祸时,山川鬼神都很安宁。墨子指出:山川鬼神之所以安宁,是为了辅佐大禹,墨子视此为《商书》关于鬼神的记载。

(3)《夏书》记载了夏朝的鬼神故事。《夏书·禹誓》曰:"大战于甘,王乃命左右六人,下听誓于中军,曰:有扈氏威侮五行,怠弃三正,天用剿绝其命。有曰:日中,今予与有扈氏争一日之命,且尔卿、大夫、庶人,予非尔田野葆士之欲也,予共行天之罚也。左不共于左,右不共于右,若不共命;御非尔马之政,若不共命。是以赏于祖而僇于社。"(《明鬼下》)这段文字提到在祖庙里行赏就是为了向祖先表明分配公平,在神祠里惩罚是为了向鬼神表明处罚公正,让祖先和神灵来监督人间赏罚的公平公正,说明鬼神是存在的。

墨家为论证鬼神存在采用了三表法,从众人耳闻目见的经验事实、圣王的经验与言论、古代文献记载等内容来证明鬼神是存在的。经验事实以其直接现实性的特点,在论证方面非常有说服力。当时社会有崇敬古代圣王之风,正如儒家思想家更是言必称尧舜,所以墨家引用古代圣王的言论和经验来说明鬼神的存在,在当时也是非常有说服力的。然而,墨家对于众人经验和圣王言论与经验本身的真实性却没有进行检验,对经验材料本身缺乏一个分析与鉴别的过程,因此墨家对于鬼神存在的论证相对于现代逻辑论证和科学论证来说,有其主观性和形而上学性。

二、鬼神赏罚与惩恶扬善

墨家认为,天下混乱是由于人们不了解鬼神存在和鬼神赏贤罚恶的功能。夏商周三代圣王去世之后,天下出现了各种不讲道义的行为,例如,君主不施恩于臣子,臣子不忠诚于君主,父亲不慈爱儿子,儿子不孝顺父亲,兄长不关爱弟弟,弟弟不敬事兄长,官员不认真处理政务,百姓不能努力劳动生产,社会上淫乱、抢劫、偷盗事件不断。《明鬼下》分析天下混乱的原因时指出:"此其故何以然也?则皆以疑惑鬼神之有与无之别,不明乎鬼神之能赏贤而罚暴也。今若使天下之人偕若信鬼神之能赏贤而罚暴也,则夫天下岂乱哉。"出现这些不义行为的原因是人们对鬼神是否存在心存疑惑,对于鬼神赏善罚恶的功能不了解。

墨子认为,如果认识到了鬼神能够"赏贤罚暴",用这种观念来治理国家和人民,就能使国家得到治理,人民得到利益。他指出:"若以为不然,是以吏治官府之不絜廉,男女之为无别者,鬼神见之;民之为淫暴寇乱盗贼,以兵刃毒药水火退无罪人乎道路,夺人车马衣裘以自利者,有鬼神见之。是以吏治官府不敢不絜廉,见善不敢不赏,见暴不敢不罪。民之为淫暴寇乱盗贼,以兵刃毒药水火退无罪人乎道路,夺车马衣裘以自利者,由此止。"(《明鬼下》)因为鬼神能看见官员是否廉洁、百姓淫邪暴乱、偷盗抢劫等情况,所以官员办公不敢不廉洁,看见善行不敢不奖赏,看见恶行不敢不惩罚,社会由此得到治理。

鬼神赏善罚暴的能力很广大。首先,从空间范围看,鬼神对于人间万象能够明察秋毫。墨子说:"虽有深溪博林、幽涧毋人之所,施行不可以不董,见有鬼神视之。"(《明鬼下》)无论是幽深的林涧、广阔的沼泽、茂密的山林还是空旷的山谷,任何地方的行为都无法逃脱鬼神的视域,鬼神无所不在的视域对人间不正当行为具有强大的威慑力。其次,从对象上看,鬼神的惩罚能战胜各种强权和武力。墨子指出:"鬼神之罚,不可为富贵众强、勇力强武、坚甲利兵,鬼神之罚必胜之。"(《明鬼下》)墨子以夏王桀和殷王纣为例说明了鬼神的惩罚不畏强权和武力,以鬼神的力量来制约人间强权是墨家明鬼说的核心内容。夏王桀作为天子,富拥天下,拥有强大的军队,然而他对上咒骂天帝鬼神,对下祸害天下百姓。他的行为激怒了天帝,天帝派商汤带领兵士攻入夏朝的都城,擒获夏朝的大将。殷王纣对上辱骂天帝鬼神,对下祸害天下百姓,天下百姓苦不堪言。天帝于是派周武王去给予惩罚,武王带领士兵攻打商朝的军队,商朝军队溃败而逃。夏王桀和殷王纣作为天子,都无法抵挡鬼神的惩罚,这表明鬼神的惩罚不畏强权和武力。最后,从内容看,鬼神赏罚严明,从无遗漏。墨子说:"《禽艾》之道之曰:'得玑无小,灭宗无大。'则此言鬼神之所赏,无小必赏之;鬼神之所罚,无大必罚之。"(《明鬼下》)鬼神不论善多么微小或恶多么强大,都会进行赏罚,这就告诫人们勿以恶小而为之,勿以善小而不为。

总之,墨家所讲的上天和鬼神鲜明的具有人格神的特征,不仅是人间道德和法律原则的来源,而且具有维护人间道德法则和监督法律施行的力量,能够维护社会的公平正义。这一宗教信仰特征确是墨家在先秦诸子中最鲜明的体现,与儒家孔子不语怪力乱神、道家崇尚自然有很大区别。如果说儒家、道家有一种理性化的转向,墨家则仍为人们的愿望披上了宗教的外衣。从形式上看,墨家似乎更显复古,但是从天志明鬼的价值追求看,墨家又突出地强调了人民的利益和社会的正义,墨家思想的实质则是追求革新的。由于墨家天志明鬼思想是中华民族的原始朴素的敬天法祖思想的反映,这种宗教信仰无法接受现代科学的验证,具有典型的迷信色彩。虽然说在墨子所处的先秦时期可以成为墨家思想的理论基石,但在现今社会,这一理论基石已变得不再可靠,这应是墨家思想难以产生更大的社会影响的主要原因。

第三章 | 兼爱交利的管理目标

管理价值问题是管理研究的核心问题。现代企业管理所讲的管理的任务就是"创立一个供集体努力生产的环境,并能以最少数量的财力、时间、劳动和物质的投入,使每个人为实现集体目标做出贡献"①。简单说来,现代商业组织的管理价值目标就是赚取最大利润。中国传统管理哲学在价值方面主要思考仁义与利益的关系问题。如果说儒家谈利益是很羞涩的,对于仁与义强调的十分突出,那么墨家则是先秦诸子中鲜明的大谈利益的一个思想派别。虽然墨家关于管理的主要内容和儒家一样是治国,但墨家的核心价值观是"兴天下之利,除天下之害"(《尚同中》),墨家认为这是古代圣王的兼爱天下之道,墨家希望天下的王公大人、士君子能够实行此道。墨家管理价值观主要表现在两方面:一是仁爱天下之人,这是管理的道德价值;二是利于天下人,这是管理的物质价值。墨家虽大讲利益,但它所讲的利益是天下之大利,不同于现代企业管理对于集团和个人经济利益的追求。墨家试图通过兼相爱、交相利而实现天下和谐。

第一节　兼相爱与天下之治

儒家以"仁者爱人"而著称,此处的"人"后人多释为"众",这表明仁者爱人即是广泛的关爱众人。墨家则提出了更为广泛的兼爱思想,认为"兼即仁矣,义矣"(《兼爱下》),"义,利也"(《经上》),兼爱就算得上仁和义,义就是利人的意思,因此墨家的兼爱包含了利人的内容。伍非百指出:"墨子曰,'兼相爱,交相利'。又曰,'交相爱,兼相利'。又曰,'兼而爱之,兼而利之'。大抵墨子之言兼也,含有'交'义。言爱也,包有'利'言。其曰'兼爱交利'者,详言之,即'兼交的爱利'也。"②总而言之,墨家的兼爱思想,其内涵是要求"每一个人要爱、利所有的人,所有的人又都要互施爱、利于对方"③。墨家试图让天下执政者都能以兼爱精神施政,士君子都能以兼

---

① 杨伍栓.管理哲学新论[M].北京:北京大学出版社,2011:209.
② 伍非百.墨子大义述[M].上海:上海书店,1992:28.
③ 杨俊光.墨子新论[M].南京:江苏教育出版社,1992:106.

爱态度处世,由此避免战争祸乱,从而达到兴天下之利的目的。

一、爱人若己与周遍之爱

战国时期诸侯纷争,各派思想家都提出了他们治理天下的方略,墨家的兼爱思想正是在这样的背景下提出的。墨子指出,仁义之人处理政事的宗旨,是一定要"兴下天之利,除天下之害"(《兼爱下》)。墨子分析了当时天下祸害的主要表现,将当时天下最大的祸害分为三类:一为大范围的打斗矛盾,表现为大国攻打小国,大家侵犯小家,强大者抢夺弱小者,人多的欺负人少的;二为社会伦理失调,表现为国君不恩惠、臣子不忠诚、父亲不慈爱、儿子不孝顺等;三为小范围的社会动乱,表现为天下的贱民拿着刀枪毒药,放水纵火,相互残害。墨子还从君臣、父子、兄弟关系的角度指出了当时天下混乱的表现:"臣子之不孝君父,所谓乱也。子自爱不爱父,故亏父而自利;弟自爱不爱兄,故亏兄而自利;臣自爱不爱君,故亏君而自利,此所谓乱也。虽父之不慈子,兄之不慈弟,君之不慈臣,此亦天下之所谓乱也。"(《兼爱上》)简单地说,当时的状况是君臣、父子、兄弟之间的尊卑之序、长幼之节全被颠覆,相互之间没有相互关爱而代之以各种倾轧斗争,局面十分混乱。

春秋时期可谓一个礼崩乐坏、争斗杀戮盛行的乱世,弑君、亡国事件不断。孔子著《春秋》,记载的是240多年的春秋时期的各国大事,将自己对是非的褒贬寓于历史之中,贬斥无道的天子,斥责无礼的诸侯,声讨乱政的大夫,从而实现理想的王道政治。司马迁指出:"《春秋》之中,弑君三十六,亡国五十二,诸侯奔走不得保其社稷者不可胜数。"①齐景公向孔子问政治,孔子答道:"君君,臣臣,父父,子子。"②意为君要像个君,臣要像个臣,父亲要像父亲,儿子要像儿子。这表明,孔子认为当时社会混乱的根本原因是"礼"遭到了破坏,他试图通过重建社会礼仪秩序来改变社会的混乱局面。墨子所处的时代是战国初期,在时间上与孔子《春秋》记述的时间仅差十多年。墨子与孔子同样面临乱世,墨子对当时社会中君臣、父子、兄弟混乱关系的批判与孔子的观点有一定的相似性,他也和孔子一样积极寻找产生混乱的原因。墨子指出:"圣人以治天下为事者也,必知乱之所自起,焉能治之;不知乱

---

① 司马迁.史记:第十册[M].北京:中华书局,1959:3297.
② 杨伯峻.论语译注[M].北京:中华书局,1980:128.

之所自起,则不能治。"(《兼爱上》)

墨子分析了人与人之间产生矛盾的根源是人们之间"不相爱",他指出三种情况证明人们不相爱会导致混乱。一为君臣、父子、兄弟不相爱而致乱。君臣、父子、兄弟都只爱自己而不爱对方,所以会损对方以自利。二为盗贼、匪徒不相爱而为乱。天下的盗贼和匪徒只爱自己和自己的家,不爱别人和别人的家,所以会盗窃和侵害别人以利自己。三为大夫、诸侯不相爱而致乱。大夫各爱自己的家族不爱别人的家族,诸侯各爱自己的国家不爱别人的国家,所以大夫、诸侯之间会互相攻伐和侵犯。因此,天下混乱是因为不相爱引起的,天下的人们都不相爱,强者必然要压制弱者,富人必然要欺辱穷人,显贵者必然要鄙视低贱者,狡诈者必然要欺骗忠厚者。天下出现祸乱、抢夺和仇恨都是因为人们不相爱。不相爱是天下祸乱的根源,这是墨家提出兼爱思想的直接原因。

墨家主张普遍的爱人利人,批判儒家执着于亲人之爱。儒家按照伦理关系的序列来决定爱的先后,主张"老吾老以及人之老,幼吾幼以及人之幼",关爱人是从与自己关系最亲近的人开始的,然后一步步推广到其他人,最终实现"推恩足以保四海",实现对天下所有人的关爱。但是在推恩的过程中,越往外推给予的关爱自然越稀薄,因此儒家按照伦理关系的远近来关爱人,现实中就会出现对于老人长辈、血缘关系近的人都给予厚爱,对于小孩晚辈、血缘关系远的人都给予薄爱的事实。墨家提出,厚待父母是每个人的本分,但同时要求兼爱天下人以兴天下之利,反对一切以自我为中心的自私自利行为。墨家所讲的兼爱抛开了宗法血缘关系的束缚,强调一种对所有人平等的关爱,正如蒋维乔所说:"墨子主张的兼爱,是整个社会互相团结的爱,并不是爱无差等的爱。"[1]墨家强调的是爱的普遍性的一面,没有分析爱的厚薄问题。

墨家强调爱人的普遍性,认为只有普遍地爱所有人才可说是爱人,只要没有做到普遍地爱所有的人,就可以说是不爱人。墨家所讲的爱利范围,应是除"残害天下的'暴乱之人'以外的社会全体成员"[2]。墨家既处处为君主、王公大人考虑如何永保他们的领地,讲"长生保国"(《亲士》)、"修保而勿失"(《尚贤中》)其社稷国家;又处处关心下层百姓,讲"爱利万民"(《尚贤中》)、"爱利百姓"(《鲁问》)、"为万民兴利除害"(《尚同中》)。墨家试图统一国家的利益与百姓的利益,提出了"国家百姓

---

[1] 杨俊光.墨子新论[M].南京:江苏教育出版社,1992:111.
[2] 杨俊光.墨子新论[M].南京:江苏教育出版社,1992:106.

之利"(《尚贤下》)、"国家百姓人民之利"(《非命上》)、"天下之利"(《尚同中》)的说法。墨家的兼爱是"一种不分国界、家别、人我的普遍的爱"①,强调对所有的人都要爱的泛爱思想。孙以楷先生指出:"兼爱论的提出,很快就以它的普遍性、彻底性、平等性,取得了社会的广泛认同,以致出现杨墨之言充盈天下,天下不归杨则归墨的局面。"②

墨家的兼爱思想强调爱的普遍性和各种爱在实质上的相同性,其特征如下。

一是爱的时间长短不同,爱的实质相同。墨家还指出:"圣人也,为天下也,其类在于追迷。或寿或卒,其利天下也指若。"(《大取》)圣人为天下人民而努力工作的时间有长有短,但都是在尽力地谋利于天下人,在尽心尽力的爱人这一点上是相同的。墨家还指出:"爱尚世与爱后世,一若今之世人也。"(《大取》)爱过去、现在和未来世代的人们,虽然时间上不同,但爱心都是一样的。

二是爱的大小不同,爱的实质相同。墨家指出:"小仁与大仁,行厚相若,其类在申。"(《大取》)在小事情上的仁爱和大事情上的仁爱,虽然给人们带来的现实利益不一样,但德行的淳厚是相同的。墨家还指出:"爱众众世,与爱寡世相若。"(《大取》)虽然爱的人口多少不同,但爱人的实质是相同的。

三是爱的对象不同,爱的实质相同。墨家指出:"爱人之亲,若爱其亲,其类在官苟。"(《大取》)墨家提倡兼爱所有人,尤其强调同时爱自己的和他人的父母,认为爱别人的父母和爱自己的父母的实质是一样的。墨家又说:"而爱臧之爱人也,乃爱获之爱人也。去其爱而天下利,弗能去也。"(《大取》)不论爱什么样的人,其爱是相同的,都能使人获利。墨家兼爱思想抛弃了宗法等级观念,不论是天子、诸侯、大夫还是庶民,都给予相同的爱,确有民主的意味。然而,由于当时社会依然存在宗法血缘制度,亲亲之别更符合人们的自然情感,墨家的兼爱思想陈义过高而难以实现。不过,从现代公民社会强调人人之间平等互爱,墨家兼爱思想比儒家仁爱思想更具有现代价值,有利于实现人与人之间互相关心、互相帮助,墨家兼爱思想可谓是孙中山先生提倡的博爱思想的远源。

四是世人千差万别,我们的爱一视同仁。墨家指出,虽然知道世上有强盗,但是仍要爱世上所有的人;虽然知道房间里有强盗,但不能憎恶房间里所有的人;虽然知道房间里两个人中有一人是强盗,但不能同时憎恶这两个人。这一点有似于

---

① 杨俊光.墨子新论[M].南京:江苏教育出版社,1992:106.
② 孙以楷.朱熹论墨子之兼爱说[J].孔子研究,2003(4):91-97.

基督教所提出的爱仇敌,表现了博爱的胸怀,不同于孔子所讲的"以直报怨,以德报德",也不同于世人所讲的"以牙还牙""冤冤相报"。墨家提倡平等地爱天下的人,不是现象的相等,而是爱的实质相同:"兼爱相若,一爱相若。一爱相若,其类在死也。"(《大取》)广泛地平等地爱天下所有的人是一种理想境界,现实中一个人交往范围有限,实际的施爱对象也有限,但墨家同时强调,爱一个人与普遍地爱很多人,虽有量的差别,但在实质上是相同的,都体现了仁义之道。

墨家兼爱思想主张对所有的人都给予实质相同的爱,这确是墨家思想的一大特色,也是其受到批评最多的地方。墨家只强调普遍的施爱于人,并未谈及施爱的先后问题,确有忽视血缘关系与亲疏远近的问题,因此受到了人们的批评。荀子曰:"墨子有见于齐,无见于畸。……有齐而无畸,则政令不施。"[1]墨子只看到了事物齐同的一面,而没有看到事物差异性的一面,这正是批判墨家兼爱只重平等而无差别的一面。《汉书·艺文志》同样批评墨家道:"推兼爱之意,而不知别亲疏。"[2]孙以楷先生对此分析道:"墨子的兼爱倡导无差等的爱,爱一切人。所谓无差等,主要是指社会地位,特别是出身、身份的无差等,并非所有方面绝对无差等。墨子并没有取消财富的差等、才智的差等。"[3]

《耕柱》中记载了一则巫马子和墨子关于兼爱的辩论。巫马子是《墨子》中的一个辩论人物。巫马子对墨子说出了以自身为中心的关爱他人的序列,即由自身—双亲—家族的其他人—家乡人—鲁国人—邹国人—越国人,逐级向外扩展自己的爱,这个序列与儒家以血缘关系为纽带的亲情伦理序列是一致的。儒家的仁爱思想是以亲亲血缘关系为纽带的,巫马子以此反对墨子的兼爱思想。巫马子的论证方式则是以利的原则展开,最后引申出会杀他人以有利于自己的观点。墨子没有直接反驳巫马子以自己为中心的等差之爱的观点,而是抓住巫马子自利而杀人的观点来反驳,最后得出:不相信巫马子观点的人都将杀掉他以消除不祥,而赞成巫马子观点的人也将杀掉他以自利,这样无论赞同还是反对巫马子的观点的人,都会杀掉巫马子。墨子以这种批驳方式,从反面论证了墨家兼爱思想的合理性,最终证明了理想的爱是超越了血缘和地域的差别、无差等的普遍的兼爱。

墨家以爱利结合反对儒家的爱利分离、有爱而无利。儒家偏于谈仁义,而耻言

---

[1] 王天海.荀子校释[M].上海:上海古籍出版社,2005:695.
[2] 班固.汉书:卷三十[M].北京:中华书局,1962:1738.
[3] 孙以楷.新墨家漫议[M]//孙以楷.披云集.合肥:安徽大学出版社,2010:133.

利,只给予仁爱而不给予利益,或者说,儒家所讲的仁者爱人"强调自我的道德修养,并不关注别人的回报,重在伦理学上的义务"①。墨家认为:"义,利;不义,害。"(《大取》)道义就是能给人带来利益,不义就是损害别人的利益。墨家所讲的利人就是为人考虑,利人不是停留在口头上,而是采取实际的措施使人富有。墨家所讲的兼相爱的结果是交相利,"人人都能够从中得到回报,获取利益"②,因此兼爱原则的实质是一种功利主义原则。

二、兼以易别与天下之治

在墨家看来,天下的祸害不是从爱人利人产生的,而只会从别相恶——憎恶别人、残害别人中产生。既然别相恶是不对的,墨子便提出了"兼以易别"(《兼爱下》)的理论。墨家认为如果看待别人的国家像看待自己的国家,就不会去攻打别的国家;如果看待别人的都城像看待自己的都城,就不会去讨伐别人的都城;如果看待别人的家族像看待自己的家族一样,就不会去侵扰别人的家族。总之,兼以易别就是像对待自己一样对待别人,这样就不会出现国家、都城相互攻伐,个人、家族相互侵扰残害的情况。上述兼以易别的理论实际上也是墨家"兼相爱、交相利"的具体操作方法,即"视人之国若视其国,视人之家若视其家,视人之身若视其身"(《兼爱中》),这一方法的实质是要消除国与国、家与家、人与人之间的差异,尤其是克服宗法血缘关系的等差之别,从而实现真正平等的对待国家、家族和他人。

墨子认为,兼爱的利益主要表现在以下方面。

一为天下人兼相爱就没有不孝不慈、不惠不忠的情况。如果使天下人都相亲相爱,爱别人就像爱自己,人们的道德品质就会提升;如果看待父亲、兄弟和君主如同自己一样,就不会有不孝不忠的人;如果看待弟弟、儿子和臣子像自己一样,就不会出现不慈爱的人;如果天下人都能做到兼相爱,那么君臣、父子、兄弟之间关系就自然能够实现和谐,"君臣相爱则惠忠,父子相爱则慈孝,兄弟相爱则和调"(《兼爱中》)。

二为天下人兼相爱就没有小偷和匪徒。人们偷窃是因为贪于自己的私利,希

---

① 黎红雷.中国管理智慧教程[M].北京:人民出版社,2006:151.
② 黎红雷.中国管理智慧教程[M].北京:人民出版社,2006:151.

望占有别人的东西。如果看待别人的家像自己的家一样,就不会有盗窃行为;如果看待别人像自己一样,就不会有残害别人的行为。因此只要实行兼相爱,就消除了偷盗和抢劫的思想根源。

三为天下人兼相爱就没有国与国、家与家之间的攻伐。社会上之所以出现家与家之间、国与国之间的攻伐,是因为人们贪于自己家和国的私利,而希望抢夺他家、他国的东西。如果看待别人的家族就像自己的家族,看待别人的国家就像自己的国家,就不会有攻伐和侵扰别人的国家、家族的现象了。因此兼相爱能够消除家与家、国与国之间相攻伐的根源。

总之,墨家认为"天下兼相爱则治,交相恶则乱"(《兼爱上》)。如果天下人都相亲相爱,就消除了祸乱的根源,国家之间就不再相互攻伐,家族之间就不再相互侵犯,君臣父子间就能孝敬慈爱,盗贼也没有了,天下就自然治理好了。

三、兼爱可行与兼别之辩

墨子所处的时代是一个诸侯纷争的时代,也是一个诸子并起的时代,各家各派之间的争论十分激烈。虽然以兼爱治理天下的利益很多,但反对兼爱思想的言论仍不断,因此墨子对兼爱理论的可行性进行了全面论证。

第一,只要国君提倡就能推行兼爱思想,以此反驳兼爱难行。天下的士君子说:"然,乃若兼则善矣。虽然,天下之难物于故也。"(《兼爱中》)孙诒让认为"于"是"迂"的假借字,迂故即言迂远难行之事。天下士君子的意思是,兼相爱听起来很不错,但却是天下脱离实际而难以做到的事情。墨子反驳道,天下士君子认为兼爱难以做到,是因为他们不知道兼爱的益处,不懂得兼爱的道理。在墨子看来,即使是难做到的事情,如果国君提倡,百姓就能做到。例如发生战争时牺牲生命以求得名声是天下百姓都认为难以做到的事情,但是因为国君喜欢,人们都会努力做到。兼相爱、交相利不是难以做到的事情,如果国君提倡,士人将它付诸行动就很容易。

对此,墨子举了晋文公、楚灵王、越王勾践三位国君提倡难做的事情,而百姓都努力做到了的例子。《兼爱中》载:晋文公喜欢士人穿粗陋的衣服,文公的臣子的衣服、剑饰、帽子都是当时很普通的,因为国君喜欢这样,所以他们可以这样进宫和上朝。楚灵王喜欢细腰,于是灵王的臣子每天只吃一顿饭,饿得脸色瘦黑,要扶墙才能站起来,但因为国君喜欢,所以臣子都努力做到。越王勾践喜欢勇敢,为了训练臣子的勇敢,他下令焚烧一只船,并说越国的宝贝都在里面,他亲自擂鼓催武士前进,武士听到鼓声都争先冲上去救火,被烧死的有一百多人,直到越王勾践鸣金收兵才退回来。这里穿粗陋的衣服、节制饮食、为了勇敢的名声而牺牲生命都是百姓难以做到的事情,但是因为国君喜欢和提倡,大家都努力去做到。墨子认为,兼相爱交相利是有利而且很容易做到的事情,只是没有君王喜欢兼相爱交相利而已,如果有君王喜欢,用赏誉来勉励和用刑罚来威慑,人们就一定能够做到。

第二,墨子以夏禹、商汤、周文王和周武王践行兼爱的例子,反驳兼爱不可行。天下的士君子指出,兼相爱当然好,但却是不能实现的事情,就像要举起泰山,越过黄河、济水一样,完全不可行。墨子认为天下士君子说明兼爱不可行的比喻是不恰当的,因为举起泰山,越过黄河、济水是从古到今都没有人能做到的事情。墨子以夏禹、文王和武王为例说明兼相爱交相利是古代圣王都曾实行过的事情。

从夏禹的事迹看,他治水兼顾了东、南、西、北各个方向人民的利益。为了燕国和代国等地的少数民族和西河人民的利益,他在西边修筑了西河和渔窦,用来排泄渠、孙、皇等河之水,在北边修筑堤坝让原水与泒水流入邸湖和滹沱河,使黄河水在底柱山分流,开凿龙门山来疏通水路;为了冀州人民的利益,他在东边疏导陆地的积水,修筑孟诸之泽的围堤,把水分为九条河渠,以限制东土的水;为了楚国吴越与南夷人民的利益,他在南边疏通了长江、汉水、淮河和汝水,使它们向东流入五湖地区。大禹治水是从各地人民的利益出发,充分考虑兼顾了各方人民的利益。这正是墨子所推崇的实行兼爱的圣王的典型。夏禹关心天下人民的形象在《史记》①中也有体现,可见,夏禹关爱百姓的事迹在先秦经典中比较流行。

从周文王的事迹看,他治理关中地区,让潼关以西的地方都受益。他不自恃大国去欺负小国,不自恃人多去欺负人少的,不用暴力抢夺农民的粮食和牲畜。上天欣赏文王的仁爱之行,所以让年老无子的人得以善终,让没有兄弟的人能够与百姓共同生活,让年幼失去父母的孩子有所依靠地成长。周文王普遍地关爱其治理范围内的百姓,这是周文王践行兼爱的范例。从武王的事迹看,周武王祭祀泰山,向泰山祷告道:伐纣之事已经成功,仁人出来辅佐拯救夏商的百姓以及四方人民,各方人民的罪过都由我一人承担责任。这是周武王践行兼爱的范例。

---

① 司马迁.史记[M].北京:中华书局,1959:79.

墨子还引证古代文献,说明禹、汤、文、武四位圣王都曾实践过兼爱思想。

《泰誓》提到大禹征讨有苗族,不是为了追求富贵,也不是为了追求福禄,更不是为了追求享乐,而是要兴天下之利,除天下之害,这就是大禹的兼爱。

《汤说》提出商汤在天下大旱时用黑牛祭祀上天,向上天请罪,称不知什么地方得罪了上天而导致大旱,要求自己承担万方百姓的罪过,而自己的罪过不要累及万方百姓。商汤贵为天子,拥有天下,然而不怕以自己为祭品,用祭祀来祈求上帝鬼神,这就是商汤的兼爱。

《周诗》提出文王、武王兼爱天下的广大无私,如同太阳和月亮无私地普照天下一样,周文王、周武王为政公正公平,赏贤罚暴,没有偏心和私党,这就是周文王、周武王的兼爱。

墨家的兼爱思想正是向夏禹、商汤、周文王、周武王学习效法的结果。

第三,墨子为了说明兼爱在实际生活中可以应用,假设了一个兼士和一个别士进行比较与选择,远行者必然托付亲人给兼士。兼士即主张兼相爱的人,别士即主张别相恶的人。

别士说:我不能把朋友的身体视为自己的身体一样,不能视朋友的亲人像自己的亲人一样。别士在言语上这样说,在行为上也这样做。别士看见朋友饥饿时不给饭吃,寒冷时不给衣服穿,生病了不去照顾,死了不去埋葬。

兼士的言行与别士不同,兼士说:听说品德高尚的人视朋友的身体像自己的身体一样,视朋友的亲人像自己的亲人一样。兼士不仅在言语上这样说,而且在行为上也这样做。兼士看见自己的朋友饿了就给饭吃,冷了就给衣服穿,生病了就去照顾,死了就给去埋葬。

墨子以远行者托付亲人为例说明兼士比别士更能让人们接受。墨子假设的情形是:现在有战争要发生,人们披甲系盔将要去参加作战,死生结果不可预料,又有个官员将要出使遥远的巴、越、齐、楚之地,能否返回家乡不可预料。在这种情况下,如果要将父母、妻子、孩子托付给别人,是托付给主张兼相爱的朋友呢,还是托付给主张别相恶的朋友呢?墨子认为,在这种情况下,即使是天下最愚蠢的人,即使是那些反对兼相爱的人,也必然会将亲人托付给主张兼相爱的朋友。

第四,墨子为了说明兼相爱的理论不仅可以用来选择士人君子,而且可以用来选择君王。他假设有兼别二君,兼君即主张兼相爱的君王,别君即主张别相恶的君王。别君说:我不能视万民的身体像自己的身体一样。别君不仅言语上这样说,而且行为上这样做。别君看到人民饥饿不给他们饭吃,寒冷不给他们衣服穿,生病不照顾他们,死亡也不埋葬他们。兼君说:听说做天下的明君,必须先重视万民的身体,然后才重视自己的身体,这样才可以做天下的明君。兼君不仅言语上这样说,而且行为上也这样做。兼君看到百姓饥饿就给他们饭吃,寒冷就给他们衣服穿,生病就照顾他们,死亡了就去安葬他们。墨子以百姓在贫穷饥饿状态下选择君王为例,即使是在言论上否定兼相爱的人,也一定会选择跟从兼君的。

第五,驳兼爱有害于孝道。批评者认为兼爱不符合父母的利益,有害于孝道。墨子认为,孝子一定希望别人爱利自己父母,不想别人残害自己的父母。要实现别人爱利自己的父母,只有自己先爱利别人的父母,然后别人才会报答自己并爱利自己的父母。这种互相作为孝子的行为是墨子提出的天下孝子实现孝道的方式。墨子引用《诗经·大雅》中"无言而不讐,无德而不报。投我以桃,报之以李"(《兼爱下》)为证,投桃报李是日常生活中一种常见的利益交互原则,相应的,墨家认为爱别人的人也会被别人爱,憎恶别人的人也会被别人憎恶。墨家的这种思想显然是一种目的论的道德原则,其中包含功利的内容,不同于儒家主要宣扬义务论的道德思想,以及强调道德原则的无功利性。墨子认为,兼爱不但不影响孝道的实现,反而是实现孝道的重要途径;兼爱不仅有利于孝的实践,也有利于其他道德的实践,君子如果要做仁惠的君王、忠诚的臣子、慈爱的父亲、孝顺的儿子、友爱的兄长、敬顺的弟弟,都一定要践行兼爱。兼爱是圣王的治国之道,符合广大人民的利益。

孟子批驳墨家兼爱思想:"墨氏兼爱,是无父也。无父无君,是禽兽也。"①在孟子看来,墨子主张天下同仁,不分亲疏,像对待普通人一样对待父母,在事实上否定了对父亲的尽孝,就是目无父母,目无父母就成了禽兽。孟子的批判有一个明显的问题,就是将墨家主张的"兼爱"天下人理解为"兼不爱"天下人,这是墨家所不能同意的。伍非百说:"人之所以异于禽兽者,其于类之爱也,不在兼不兼,而在爱不爱。人能爱其父,亦爱他人之父,此'兼爱'也。禽兽不仅不爱他人之父,亦不自爱其父,此'兼不爱'也。兼爱,人也,兼不爱,禽兽也。今日人之'兼爱',同于禽兽之'兼不爱',但问其兼之同,不别其爱之异,此察类不精之过也。"②这正指出了孟子批评的不当之过。孟子对墨子的批评,明显的包含了"偏激的宗派情绪"③,有鲜明的维护

---

① 杨伯峻.孟子译注[M].北京:中华书局,2005:155.
② 伍非百.墨子大义述[M].上海:上海书店,1992:72-73.
③ 孙以楷.孟子对墨子思想的吸收与改造[J].齐鲁学刊,1985(2):43-48.

儒家立场的意图。

孟子指出,墨家兼爱思想认为人有两个本源,而儒家亲亲思想认为人只有一个本源。儒家认为天生万物只有一个根源,对人来说其根源就是父母,所以儒家主张亲亲,老吾老以及人之老。夷子却认为有两个根源,认为我的父母与他人的父母没有分别,主张爱无差等。夷子认为无论谁看到婴儿在地上爬行快要跌到井里去时都会去救,这就是爱无差等。夷子理解儒家仁爱学说的内涵就是人对人的爱并没有亲疏厚薄的区别,只是实行起来从父母开始罢了,因此墨家主张的兼爱与儒家的亲亲思想并不矛盾。在孟子看来,这不是爱无差等,而是人的恻隐之心的表现,而人们爱他的侄子与爱邻居家的孩子是不一样的。从结果上看,"墨子之兼爱,无薄于孝,而有厚于仁。孟子之不兼爱,无厚于仁而有厚于孝。是则墨子仁孝兼厚,孟则一厚一薄"①。

如果说,墨家的兼爱思想在以血缘关系为纽带的封建社会难以实行,人们难以突破血缘亲情关系的藩篱,那么兼爱思想在现代国家中则有了广阔的应用空间。

中国的传统社会,正如费孝通所说:"我们儒家最考究的是人伦,伦是什么呢?我的解释就是从自己推出去的和自己发生社会关系的那一群人里所发生的一轮轮波纹的差序。"②中国传统社会是以自我为中心,不失其伦主要就在于区分父子、远近、亲疏,儒家讲仁者爱人就像水的波纹一样向外推展,推己及人,确立了"从己到家,由家到国,由国到天下"③的一条通路。往外推展的爱,自然是愈推愈远,也愈推愈薄。墨家所讲的兼爱,普遍的爱他人在中国传统社会里遭遇亲情伦理的障碍是不可避免的。

随着中国进入现代社会,现代化使人际关系由熟人社会向陌生人社会转变,人们处理人际关系的准则由社会习俗转向了契约关系。现代社会关系不再以亲情伦理关系为主导,而是转向了人人平等的契约关系,为墨家的兼爱思想提供了应用的空间,正如西方文艺复兴为近代西方社会注入了以自由、平等、博爱为内容的人文精神,墨家的兼爱思想也能够为现代中国社会人际关系的处理注入关爱他人的精神资源。

---

① 伍非百.墨子大义述[M].上海:上海书店,1992:74.
② 费孝通.乡土中国[M].北京:北京大学出版社,2012:44.
③ 费孝通.乡土中国[M].北京:北京大学出版社,2012:45.

第二节 交相利与以义为利

《列子·杨朱》记载了一则墨子著名弟子禽滑厘与杨朱的辩论。禽子问杨朱曰:"去子体之一毛以济一世,汝为之乎?"杨子曰:"世固非一毛之所济。"禽子曰:"假济,为之乎?"杨子弗应。禽子出语孟孙阳。孟孙阳曰:"子不达夫子之心,吾请言之。有侵若肌肤获万金者,若为之乎?"曰:"为之。"孟孙阳曰:"有断若一节得一国。子为之乎?"禽子默然有间。① 辩论中,禽滑厘似乎并未占上风,但墨家兴天下之利的精神境界明显高于杨朱的自利心态,社会发展需要墨家的兼爱精神。梁启超说:"今举中国皆杨也。有儒其言而杨其行者,有杨其言而杨其行者。甚有墨其言而杨其行者,亦有不知儒不知杨、不知墨、而杨其行于无意识之间者。呜呼!杨学遂亡中国!杨学遂亡中国!今欲救之,厥惟墨学。"②梁启超将墨家兼爱之心和兴天下之利的精神,看成挽救民族危亡的重要理论武器。

一、天下之利与百姓之利

墨家提出了利益的权衡问题,《大取》曰:"于所体之中而权轻重,之谓权。"衡量选择利益的轻重大小叫做权,权是衡量利益大小的选择过程。墨家权衡利益的原则是:"利之中取大,害之中取小。……利之中取大,非不可得已也;害之中取小,不得已也。"即在利中选择大的,在害中选择小的,利中选择大的是自己主动争取的,害中选择小的是迫不得已的选择。墨家认为害中取小并不是选择害处,而是选择利益。例如在迫不得已的情况下断掉一根手指而保存手腕,就是害中取小,断掉一个手指是害,而保住生命是利。再例如杀掉一个坏人保存天下,牺牲自己的生命以

---

① 景中译注.列子[M].北京:中华书局,2007:223-224.
② 张品兴.梁启超全集:第六册[M].北京:北京出版社,1999:3158.

保存天下，都是害中取小。"兴天下之利"正是墨家利益权衡的结果。

墨家兼爱的出发点是为了天下之利。墨家所讲的利，主要指天下之公利、他利，而非个人私利。学者们对这一问题也存在不同的看法，这主要由墨子提出兼爱的交互原理而引起，墨家认为："夫爱人者，人必从而爱之；利人者，人必从而利之；恶人者，人必从而恶之；害人者，人必从而害之。"（《兼爱中》）人与人之间的关爱、给予利益是相互的，同样，人与人之间的憎恶和残害也是相互的。墨子将这一原理应用于孝子爱亲，指出孝子都会"为亲度"（《兼爱下》），"欲人之爱利其亲"（《兼爱下》），孝子都会为父母考虑，都希望别人爱利他的父母，因此必然是自己先关爱别人的父母，然后别人会报答我而爱利我的父母。

在墨家思想里，爱利他人之父母是手段，其目的是使得别人报我以爱利自己的父母。蔡尚思先生将儒家的爱人与墨家的爱人进行比较：一是认为儒墨二家爱人的出发之心不同，他引用梁启超的观点道："儒家专从无所为而为的同情心出发，墨子专从计较利害心出发。"二是儒家是推本及末，而墨家专务因人为己。孟子曰"老吾老以及人之老，幼吾幼以及人之幼。"说明欲爱人之父，必先从爱己之父开始。墨子则以为既欲爱己之父，则必爱人之父，换言之，如欲爱己之父，亦必先爱人之父始。儒家主张直接的爱，差等的爱，先固其根本然后推而广之，正如儒家主张由亲至疏，由近而远，推恩足以保四海；墨家主张间接的爱，交换的爱，平等的爱，墨家主张因人为己。因此，蔡尚思指出，墨家"名为爱人者之表面上固甚可嘉，若更进一步而察其内幕，原出于望人之来报己，则其可鄙孰甚。至名为爱己者之表面虽甚可鄙，若更进一步，而观其内容，是不存有人来报己之念，则其可嘉孰大"[①]。这似乎是以公利为条件来获取私利。邢兆良指出，墨家在爱亲方面的对等互报"是现实生活中常见的一种行为方式，是人类固有本性的一种表现，它的基础仍是人类对生存的基本要求，及对自己生存权利和物质利益本能的保护意识"[②]。

笔者认为，如果权定墨家的兼爱是出于爱利交换原则的爱己之私心，那是对墨家兼爱的一种误读。事实上，墨家明确反对这种出于功利之心的爱人，正如《经说上》曰："仁，爱己者非为用己也，不若爱马。"人们爱自己不是为了役使自己，不像人们爱马是为了役使马。墨家主张爱人如己不是为了让他人被自己所利用，不像爱马是为了让马为己所用一样，这说明墨家的兼爱是"非为用"的爱，墨家以道义之心

---

① 蔡尚思.老墨哲学之人生观[M].上海：上海启智书局，1933：65.
② 邢兆良.墨子评传[M].南京：南京大学出版社，1993：204.

关爱天下，不是为了让天下为己所用。而且，墨家提倡士人为天下利益而自我牺牲的精神。《经上》曰："任，士损己而益所为也。"任侠精神即士人愿意损害自己的利益，而有益于自己所努力的事业。孟胜殉城就体现了这种为了道义帮助阳城君守城而自我牺牲的精神，显然，这里没有个人或集团私利的计较。梁启超说："墨子之所以斷斷言利者，其目的固在利人；而所以达此目的之手段，则又因人之利己心而导之。"①这种评价正确揭示了墨子的良苦用心。孟子也说："墨子兼爱，摩顶放踵利天下，为之。"②这表明墨家与当今社会所讲的功利主义是不兼容的，墨家始终追求的是天下之利，是一种"圆满之实利主义"③。因此不能以精致的利己主义来评价墨家，墨家是一种真正意义上的利他主义，只是在方法上循着人们普遍的利己之心，来引导人们走向利他、走向兼爱，这是一种以利己引导利他的策略，而非出于利己之心。

西方现代管理学中，美国管理学家德鲁克首先提出了"目标管理"的概念。墨家管理的最高目标是"兴天下之利，除天下之害"（《兼爱下》），重点关心的不是管理者的个人利益或集团利益，而是天下百姓的利益。"兴天下之利，除天下之害"是墨家政治管理的最终目标，此语在《墨子》书中共出现过12次，表明墨家的价值追求是天下之利，正如梁启超所说："利之一字，实墨子学说全体之纲领也。"④追求天下之利体现了墨家对理想社会的追求。墨子"背周道而用夏政"⑤，表明墨家所追求的理想社会，与儒家有明显的差别。墨家认为周代完善的礼制显得太烦琐，而试图建立像夏朝一样的大同社会，打破尊卑等级制度，实现人人平等，没有相互残害与欺凌，这反映了墨家作为下层百姓的美好愿望。

墨家追求的理想社会，应包括两方面特征。

一方面，社会安定和谐。墨家指出混乱局面产生的根本原因是人们之间"别相恶"，因此墨家提出"兼以易别"（《兼爱下》）的主张，即以兼相爱、交相利的方法来"除天下之害"。让天下之人都相互关爱，相互有利，就能够改变天下的混乱局面，兼爱能够引导人们对待别的国家像对待自己的国家，对待别人的都城像对待自己的都城，对待别的家族像对待自己的家族，这样诸侯国之间、家族之间、人与人之

---

① 张品兴. 梁启超全集：第六册[M]. 北京：北京出版社，1999：3167.
② 杨伯峻. 孟子译注[M]. 北京：中华书局，2005：313.
③ 张品兴. 梁启超全集：第六册[M]. 北京：北京出版社，1999：3167.
④ 张品兴. 梁启超全集：第六册[M]. 北京：北京出版社，1999：3167.
⑤ 刘文典. 淮南鸿烈集解[M]. 冯逸、乔华，点校. 北京：中华书局，1989：710.

间、君臣之间、父子之间、兄弟之间的关系都变得和睦。对于诸侯纷争的战国时期来说,社会和平是天下最大的利益。春秋战国时期是诸侯纷争的乱世,墨家作为下层百姓的代表,自然感受最为深刻,百姓渴望过上安定和谐的生活,因此各种社会关系的和谐是天下百姓的最大利益。如果说孔子主张以恢复周礼来改变当时混乱的社会秩序,那么墨子则主张用兼爱非攻思想来治理当时的混乱局面。

另一方面,人民生活富足,尤其是老人和小孩的基本生活有保障。墨子提出以兼爱为政,就可以实现"老而无妻子者,有所侍养以终其寿;幼弱孤童之无父母者,有所放依以长其身"(《兼爱下》)。无论是孤家老人还是年幼的孤儿,都能得到照顾和养育,这就是兼爱所实现的天下之利。实行兼爱的君主都是重视天下百姓的利益超过重视自己的利益,他们"退睇其万民,饥即食之,寒即衣之,疾病侍养之,死丧葬埋之"(《兼爱下》),让百姓的吃饭、穿衣、生病和去世都能得到相应的照顾,这样的君王才会得到天下百姓的拥护。圣王实行兼爱,天下百姓就可以过上富足的生活;士人实行兼爱,对待朋友就像对待自己,对待朋友的父母就像对待自己的父母,看到朋友饥饿、寒冷、疾病、死丧都努力照顾,这样就会成为受人信赖的高士。墨家所讲的天下之利主要体现在三方面:"天下贫则从事乎富之,人民寡则从事乎众之,众而乱则从事乎治之。"(《节葬下》)简单说来,国家发展、人民富裕、社会和平是墨家的理想社会目标,也正是墨家所讲的天下之利,是下层百姓最朴素的愿望。墨家的愿望放在今天仍然具有重要的现实意义,体现了中国古代思想家对美好社会的向往和追求。

二、以义为利与任侠轻财

中国传统管理思想中的价值论主要表现为义利之辨。中国传统管理哲学皆谈义利问题,其中孟子见梁惠王的故事最具代表性。梁惠王一见到孟子直接说:"叟!不远千里而来,亦将有以利吾国乎?"[1]孟子的回答似乎不领风情,说:"王!何必曰利?亦有仁义而已矣。"[2]儒家在治理国家的价值追求方面大谈仁义,这是儒家义利之辨问题的核心观点。当然,儒家也并非完全抛弃利益,不讲利益,《论语·里

---

[1] 杨伯峻.孟子译注[M].北京:中华书局,2005:1.
[2] 杨伯峻.孟子译注[M].北京:中华书局,2005:1.

仁》载：子曰："君子喻于义，小人喻于利。"①儒家只是强调见利思义，见得思义，义在利先，义是利的取舍标准，不符合义的利是不能取的，反对见利忘义。显然，儒家以道义精神对物质利益的挤压，造成了义与利关系的理论紧张，或者说儒家是在以义为先的前提下来实现义利统一的。

仁与义也是墨家思想的核心概念。孙以楷先生指出："孔子虽然也重视义，但从不仁义并提。把仁义联结起来作为一个复合概念，这是墨子的贡献。"②《经说下》曰："仁，仁爱也。"仁的内涵就是爱人，《经说上》作出了对于"仁"的解释："仁，爱己者非为用己也，不若爱马。"孙诒让、高亨疑"己"应当为"民"，孙以楷先生释"己"为"自己"，总之这里无论是爱人民还是爱自己，都不是为了役使人民或役使自己，也不像爱马是出于用马的目的。墨家批判了当时社会上所讲的"仁内也、义外也"（《经说下》）的观点，他提出的"仁是内在的东西，义是外在的东西"观点将爱的主观方面与利的客观方面相混淆，这种举例是不恰当的。他认为："爱利，此也。所爱所利，彼也。爱利不相为内外，所爱利亦不相为外内。"（《经说下》）爱人利人之心是我的主观意识，所爱所利的对象则是外在的客观对象，爱人利人之心不能分为内在和外在两类，所爱所利的对象也不能区分为内在和外在两类。

墨家以义为利，《经上》曰："义，利也。"道义就是给人利益。《经说上》曰："义，志以天下为芬，而能利之，不必用。"心里将有利于天下作为自己的职责，而且有能力去做到有利于天下，不考虑这么做对自己的用处，这显示了墨家心怀天下的胸襟。《左传》云："义，利之本也。"③道义是利益的根源，这种观点与墨家重视道义的观点相近，墨家认为天下万事没有比道义更重要的。墨家所讲的利即"所得而喜也"（《经上》），害即"所得而恶也"（《经上》）。梁启超指出"利之一字，实墨子学说全体之纲领也"④，不过墨家所言之利的根本目标是利他，墨家利用人的利己之心来引导利他，因此梁启超称墨家为"圆满之实利主义"，墨家实现了义利关系的内在统一，或者说是将义统一于利。墨家所谓的义即是"有力以劳人，有财以分人"（《鲁问》），强调社会的公共利益，重视士人的奉献精神，尤其强调从物质利益上帮助普通百姓。这种道德论"富有功利主义的色彩，这在中国思想史上是首创"⑤，不同于

---

① 杨伯峻. 论语译注[M]. 北京：中华书局，1980：39.
② 孙以楷. 孟子对墨子思想的吸收与改造[J]. 齐鲁学刊，1985(2)：43-48.
③ 杨伯峻. 春秋左传注[M]. 北京：中华书局，1990：1317.
④ 张品兴. 梁启超全集：第六册[M]. 北京：北京出版社，1999：3167.
⑤ 杨俊光. 墨子新论[M]. 南京：江苏教育出版社，1992：100.

儒家"君子喻于义,小人喻于利"①,视道德与物质利益不能共存。当梁惠王问孟子能给他的国家带来什么利益时,孟子却说:"何必曰利?亦有仁义而已矣。"②真是显得"迂远而阔于事情"。

墨家信仰观念的核心是道义精神。墨家三科谈辩、说书、从事的目标都指向"义事",从这三方面努力而义事可成。墨子止楚攻宋和孟胜殉城是墨家道义精神的集中体现。墨子听说公输盘为楚国制造了云梯作为攻城器械,将要攻打宋国,于是赶了十天十夜的路去楚国找公输盘和楚王想要制止这场战争,同时派弟子禽滑厘等三百人帮助宋国守城。然而,墨子回家路过宋国时遇天下大雨,到一座门楼下避雨,守门人不让他进去,这表明墨子未从宋国获得报酬,宋国老百姓甚至不知道墨子的功劳,他止楚攻宋完全是出于道义的行为。在孟胜殉城的案例中,孟胜向弟子徐弱说明殉城的原因时指出:"死之,所以行墨者之义,而继其业者也。"③孟胜在守城的危难之际,考虑的是墨者的道义精神和墨者对他人、社会的承诺。社会尊重墨者,信任墨者,重用墨者,孟胜对此有崇高荣誉感。这种荣誉感也激发了孟胜对墨家团体的高度责任感。孟胜与阳城君的关系便是墨者维护其社会形象的重要事件,孟胜最终以自己的生命去兑现墨者的承诺,鲜明地体现了墨者的道义精神。

墨家将道义精神看成是上天的选择,认为上天喜爱义而憎恶不义。墨子指出:"天下有义则生,无义则死;有义则富,无义则贫;有义则治,无义则乱。然则天欲其生而恶其死,欲其富而恶其贫,欲其治而恶其乱,此我所以知天欲义而恶不义也。"(《天志上》)天下有道义则人民生活安定富足,天下无道义则人民生活贫穷混乱,这表明上天一定希望人们做义事,憎恶人们做不义的事。

墨家认为,人们如果实行仁义,就可以成为品德高尚的贤士。墨子希望天下的王公大人及士君子,都诚心实行仁义,都成为品德高尚的贤士。墨家提出"富则见义"(《修身》)的观点,认为君子在富裕时会表现出疏财仗义的行为,这是君子的处世原则。墨子列举一些不义的行为,例如进入别人家的果园偷窃桃子和李子、偷窃别人的狗猪鸡、到人家的牲口圈牵走牛马、杀害无辜的人且抢夺其衣服和戈剑、攻打别人的国家,他认为这些行为的不义程度是逐渐加深的,攻打别人的国家是最大的不义行为。他指出:"今小为非,则知而非之。大为非攻国,则不知而非,从而誉

---

① 杨伯峻. 论语译注[M]. 北京:中华书局,1980:39.
② 杨伯峻. 孟子译注[M]. 北京:中华书局,2005:1.
③ 许维遹. 吕氏春秋集释[M]. 梁运华,整理. 北京:中华书局,2009:522.

之,谓之义。此可谓知义与不义之辩乎?"(《非攻上》)这是墨家认为当时人们知道反对和谴责很小的过失,却不反对和谴责攻打别国这样大的罪过,反而赞美为义之举,显然是混淆了义与不义的区别。

墨家认为,国家如果实行义政,就可以实现兴天下之利。《论语·乡党》载:孔子家的马厩失火,他退朝回来,只问了伤到人没有,没有问马。这则故事被今人引为以人为本的经典故事。其实,墨家同样重视人的价值,他认为诸侯们所重视的宝物,如和氏璧、隋侯珠、宝鼎等都不能使国家富裕、人口增多、刑政治理、国家安定,也不能让人民得到利益,所以这些不能算是天下的宝物,只有道义才是天下的宝物,施行义政于国家才可以实现人口增多、刑政治理、国家安定,义政可以给人民带来利益,因此道义才是天下的宝物。

墨家的《贵义》篇体现了墨子对道义的高度重视。首先,墨子认为行义是最有利的事情。墨子希望当时的士人都能宣讲道义,因为士人宣讲道义,既没有需要通过关卡的困难,也没有遇上盗贼的危险,获得的利益比商人还要多,所以应该尽力而为之。墨子批评人们对待行义的人不如对待背粮食的人,因为人们会帮助在路边背粮食站不起来的人,而不会帮助传承先王道义的人,还会非难和诋毁他们。其次,墨子自己努力行义,是行义的表率。墨子的朋友劝说墨子别做义事,因为当时天下没有人奉行道义,只有墨子一个人辛苦地做义事。墨子反驳说:现在天下正是缺少做义事的人,所以你应该劝我更加努力地做义事,而不是阻止我做义事。最后,墨子要求弟子努力奉行道义,言论和行为都符合道义的要求,需要有利于上天、鬼神和百姓的利益,要求弟子们即使做义事遇到困难也不能放弃。

墨子主张积极主动的宣传道义,反对儒家主张"来学而不往教"的观点。公孟子谓子墨子曰:"君子共己以待,问焉则言,不问焉则止。譬若钟然,扣则鸣,不扣则不鸣。"(《公孟》)儒家主张弟子来学,而不主张老师往教,《礼记·曲礼》有"礼闻来学,不闻往教"之语,公孟子的观点应属于儒家的观点。墨子提出在三种情况下君子必须主动地宣传道义:一是王公大人在国内荒淫暴虐时必须主动进谏;二是王公大人施政导致国家面临大难发生时必须主动劝谏;三是王公大人率领军队攻打无罪的国家时必须劝谏。墨子认为:"今求善者寡,不强说人,人莫之知也。"(《公孟》)因为当时社会主动追求善的人很少,所以需要主动劝说人们行善。

《鲁问》中记载了鲁国一个叫吴虑的人批评墨子主动劝说别人为义的事情。墨子游说鲁国人吴虑,反驳吴虑认为宣讲道义只是空谈的观点。首先,墨子界定了义的内涵:"有多余的力气努力帮助别人,有多余的财物能够分给别人。"这一点吴虑也赞同,这是二人讨论的前提条件。其次,墨子将宣讲道义与农民耕种、妇女织布、士兵作战相比较,认为一个人耕种不能让天下人吃饱饭,一个人织布不能让天下人穿暖衣,一个士兵打仗不能抵御三军,而用先王之道来教育王公大人和平民百姓,可以让王公大人治理好国家,让平民百姓提升道德修养,这样虽然不亲自耕种和织布,但功劳比亲自耕种和织布大得多。最后,墨子认为教人耕种比独自耕种的功劳大,击鼓使众人作战比独自作战的功劳大,同理,主动向天下人宣讲仁义比一个人奉行道义的功劳大。

墨家的道义精神是中国古代任侠精神的直接来源。有学者否定墨家与中国侠义精神之间的联系,他们多根据《史记·游侠列传》记载:"闾巷之侠,修行砥名,声施于天下,莫不称贤,是为难耳。然儒、墨皆排摈不载。"[①]司马迁的《游侠列传》记载的正是生活在闾巷民间的游侠,他们品德高尚,在民间影响很大,司马迁专为这些被儒墨二家所忽视的平民游侠立传。但我们不能因此否定墨家与任侠精神之间的联系,例如《吕氏春秋》记载:"高何、县子石,齐国之暴者也,指于乡曲,学于子墨子。索卢参,东方之巨狡也,学于禽滑黎。"[②]这里的高何、县子石(硕)和索卢参应是民间游侠,他们拜在墨家门下学有所成,并且都体现了中国的侠士精神。墨家的任侠精神、道义精神后来可能与农民起义相结合,成为封建政权的威胁,导致墨家由此受到统治者压制。蔡尚思指出,两千多年的封建王朝一直实行专制,墨家不得不流为江湖侠客义士,到处为人民与不幸者打抱不平,与统治者对抗,而其他学者只能严遵圣旨,尊圣反墨。农民起义"等贵贱,均贫富"多是受墨家的兼爱提出的有力相劳、有财相分、有道相教的影响,民间秘密结社、侠义小说等也多是受墨家影响,[③]梁启超、王桐龄等人持相近观点。这或是墨家在秦汉之际成为绝学的重要原因。

三、天下之利与仁人之事

墨家主要从上天之志、圣王之道和天下百姓之利等方面论述天下之利的实现

[①] 司马迁.史记:第十册[M].北京:中华书局,1959:3183.
[②] 许维遹.吕氏春秋集释[M].梁运华,整理.北京:中华书局,2009:93-94.
[③] 蔡尚思.十家论墨[M].上海:上海人民出版社,2004:303.

问题。上天是天下之利的最终来源,圣王是天志最有力的执行者,天下百姓则是天下之利的直接追求者。其实,天下之利归根结底是天下百姓愿望的体现,墨家所讲的天下之利正是站在人民群众的立场来论述的。

首先,天下之利指人民的利益,是人民的愿望和追求。君在古代社会拥有崇高的地位,儒家正是在这种君臣尊卑的秩序之下构建其思想体系的,墨家则试图超越君的特权。君民关系上,墨家主张君主应当顺从民意。《经上》曰:"君、臣、萌,通约也。""萌"假借为"氓"①,即民的意思,君是由臣、民约定设置的。墨家提出"君由臣民通约而产生",梁启超据此认为墨家有国家主权在民之义,将这种观点称为"民约论"②。《经说上》曰:"君,以若名者也。"意为君主应当顺从民意,满足人民的意愿,这表明墨家是普通下层劳动者的代表。

墨家所讲的天下之利,主要指人民关心的利益问题,政治的功效就是以有利于人民为标准,正所谓"功,利民也"(《经上》)。因为在墨家看来:"治,吾事治矣,人有治南北。"(《经说上》)高亨认为"南北"应作"向背"③,也就是社会治理应注意人心向背的问题。墨家认为:"忠,以为利而强低也。"(《经上》)孙诒让认为"低"应是"君"之误,忠于国君,即认为是有利于人民的事情,就埋头努力去做。虽然墨家所讲的天下之利中高度重视人民之利,但其实还包含了国家之利、君臣之利,甚至是上天和鬼神之利,墨家所讲的利益对象是多元化的,正如魏义霞教授指出:"墨子利益主体的多元化杜绝了极端的自私自利,同时尽显平民意识。"④

其次,墨家认为"兴天下之利,除天下之害"是上天和鬼神的愿望。墨家将"天下之利"看成"天鬼之所欲",将"天下之害"看成"天鬼之所憎"。上天和鬼神是"兴天下之利,除天下之害"最深厚的力量来源,甚至认为上天爱人比圣人更广博,上天利人比圣人更优厚。上天反对天下诸侯国、家族之间相互侵夺,反对人们相互欺骗与鄙视,而喜欢人们互相帮助、相互教导,喜欢执政者认真管理政事、百姓努力劳作。顺从上天的意志,就是要让国家得到治理、百姓关系和谐,让百姓过上暖衣饱食、和谐安宁的生活。墨家认为,古代圣王遵循上天和鬼神的意志,努力兴天下之利,除天下之害,因此得到了上天和鬼神的赐福,才能够实现国家风调雨顺,百姓生

---

① 高亨.高亨著作集林:第七卷[M].北京:清华大学出版社,2004:87.
② 张品兴.梁启超全集:第六册[M].北京:北京出版社,1999:3275.
③ 谭家健,孙中原.墨子今注今译[M].北京:商务印书馆,2009:241.
④ 魏义霞.墨子思想的功利主义与墨学衰微之原因[J].山东社会科学.2013(8):80-84.

活富足。

上天是"兴天下之利,除天下之害"最有力的监督者。如果天下百姓不能上同于天,上天就会降下灾祸来惩罚:上天就会让气候寒热不均,雪霜雨露在不适宜的季节出现,粮食不能成熟,家畜不能繁衍,各种疾病流行,大风暴雨频繁降临,这就是上天对违背天志的惩罚。墨子以三代圣王尧、舜、禹、汤、文、武作为顺天意、兼爱天下人民而得赏的典型,以三代暴王桀、纣、幽、厉作为别相恶、残害天下人民而得罚的典型,将天志作为判断王公大人施政合理性的最高准则,正所谓"置立天之,以为仪法"(《天志下》),天是监督王公大人行为的最高力量,可以对天子的行为进行赏罚。

鬼神能够赏善罚恶,对人间的各种行为进行监督。战国时期,人们虽然对于上天的意志开始有些动摇,但尊天思想依然为多数思想派别所接受,而很多学术派别否定鬼神的存在。如孔子认为"务民之义,敬鬼神而远之,可谓知矣"[①],对鬼神采取了存而不论的态度。墨家则重视鬼神在人们道德约束方面的作用,通过众人曾看见鬼神、古代圣王祭祀鬼神、文献有关于鬼神的记载、夏桀殷纣的灭亡是鬼神的惩罚等,全面证明了鬼神的存在。墨家突出了鬼神赏善罚恶的功能,周宣王杀死无辜的杜伯、燕简公杀死无辜的庄子仪都受到了鬼神的惩罚。鬼神能够监督人间的赏罚,古代圣王在祖庙里行赏赐和在神祠里处杀罪人,正是借助祖先和神灵的力量监督赏罚的公正性。鬼神能对社会上各种不公正的现象进行监督,因此官吏办事不敢不公正,百姓不敢烧杀抢夺,鬼神是社会公平正义的强大威慑力量。

最后,墨家将"兴天下之利,除天下之害"看成是仁人之事,即仁人的政治目标。仁是儒家孔子提出的核心概念,提示人们道德行为的内在心性根源。墨子早年学习儒家思想,接受了儒家仁的概念。墨家所讲的仁人即"一道术学业"(《非儒下》)者,是能够统一道术和学业的人。墨家认为仁人可以治理人民,担任官职,施恩于百姓,还能够修养身心,所做的事情都符合道义,仁人做事情以天下之利为取舍标准。墨家称这种仁人的行事准则为君子之道。墨家所讲的仁人最典型代表是夏商周三代圣王,如尧、舜、禹、文王、武王、周公等。古代圣王能够了解上天和鬼神的喜好和憎恶,知道如果努力从事上天和鬼神喜欢的事情,就能得到上天和鬼神的赐福,如果努力做对天下百姓有利的事情,就能得到天下百姓的爱戴。因此天下圣王

---

① 杨伯峻.论语译注[M].北京:中华书局,1980:61.

一方面带领天下百姓认真地准备祭祀用品,恭敬地对待祭祀,以求鬼神赐福;另一方面努力管理政事,公正处理刑事,均匀分配财物,以求百姓的爱戴。

墨家提出非攻的思想来"兴天下之利"。因为兴兵出征就会消耗大量武器、战马、士兵,还需要很多粮食,战争会大大干扰百姓的生活。春天出征影响人民耕种庄稼,秋天出征影响人民收获庄稼,而且战争会导致"其居处之不安,食饭之不时,饥饱之不节,百姓之道疾病而死者,不可胜数"(《非攻中》)。兴师出征的结果扰乱了人民的生活,损害了人民的利益,因此古代圣王反对大国的攻伐行为。对于大国而言,以非攻政策治理国家比攻伐政策效果更好,因为发动进攻的军费可用于安抚诸侯国,厚待国家百姓,以公正和信义立足,这样就可以"天下无敌"了。墨子认为:以信义相交是"天下之利,而王公大人不知而用,则此可谓不知利天下之巨务矣"(《非攻下》),只是当时天下的王公大人不懂得这个道理。如果诸侯国之间以信义相交,那么大国就不会攻打小国,反而会帮助小国,这就有利于小国的安全和经济发展,因此反对诸侯国之间相互攻伐,可以兴天下之利。

墨家提出节用的方法来"兴天下之利"。墨子认为圣人的施政目标之一是使国家财富成倍的增长,增加的方法不是通过攻打别的国家实现,而是通过省去没有实用的消费实现。古代圣王以实用的标准施政,使百姓的劳力和财物都有实用之处,通过节用来增加财富,人民也不觉得劳苦。在节用的具体方法上,墨子提出了制作饮食、衣服、宫室、兵器、舟车的方法,饮食足以充饥、增加气力、强健体魄就可以了,衣服只用冬天御寒、夏天防暑就可以了,宫室只要能够防风雨与盗贼、区别男女就可以了,兵器轻便、坚固、锋利就可以了,车和船轻快便利的通行就可以了,因此使用财物不浪费,民众有所得而不觉得劳苦。

墨家提出节葬的方法来"兴天下之利"。墨子指出,如果按照夏制实行厚葬久丧,不能使贫穷的人变富裕,不能使人口增多,不能使社会变乱为治,这不符合仁人施政的目标,厚葬久丧不能"兴天下之利,除天下之害",反而会"令国家百姓之不治也"(《节葬下》)。厚葬久丧对人们的社会生活负面影响非常大。厚葬会埋葬很多财物,会让贫穷的人家用尽所有财富,诸侯之家会耗尽府库的钱财。久丧三年会伤害人们的身体,而且禁止人们从事各种工作,导致王公大人不能管理政事,农民不能耕种庄稼,工匠不能做工,妇女不能纺纱织布。厚葬久丧无法使人们富裕,还会让人们陷入贫穷的境地。因此墨家提出了节葬的思想,认为节葬既符合"圣王之道",又符合"国家百姓之利"(《节葬下》)。

墨家提出非乐的方法来"兴天下之利"。墨子非乐的原因是音乐"上考之不中圣王之事,下度之不中万民之利"(《非乐上》),这是用三表法中的古代圣王的行事和天下百姓的利益两个标准来考察音乐的价值。古代圣王向百姓增收赋税制造车船,使用车船不仅解决了王公大人走路的辛劳,还可以省去百姓负重的辛苦,因此符合人民的利益。而王公大人让人"厚措敛乎万民,以为大钟鸣鼓、琴瑟竽笙之声,以求兴天下之利,除天下之害,而无补也"(《非乐上》),向天下百姓增加赋税来制造钟鼓、琴瑟、竽笙等乐器,既不能解决人民的衣食财用,又不能解决天下的混乱局面,反而会消耗人民的衣食之财,影响王公大人管理政务,干扰百姓从事劳动生产,因此墨子明确反对享受音乐的奢侈行为。

综上所述,墨家提出的非攻、节用、节葬、非乐等观点都是从约束人们奢侈行为、维护社会秩序、节约社会资源等方面入手,力图使社会安定,人民生活富足,这是实现天下之利的消极方法。王公大人努力管理政事,农夫妇女努力耕种织布,这是实现天下之利的积极方法。消极方法即节流,积极方法是开源,二者有机结合,使墨家兴天下之利的理论有很强的可操作性。

第三节　尚力非命与进取精神

一、为强必治与赖力而生

先秦诸子都在为当时的乱世而忧思,其中的墨子正是一位"以救世为己任的政治实行家"[①],并且他拥有强力救世的高度热情。在教育学生方面,墨家主张主动教育,往教;在救世方面,墨家也是积极主动地的阻止战争的发生。墨家希望人们

---

① 杨俊光.墨子新论[M].南京:江苏教育出版社,1992:245.

都成为仁人,努力为天下人考虑,希望人们会竭尽全力去改变天下的贫困、人口稀少和混乱局面,不会隐藏智谋和保留私利,直至力量不够、财力不支和智力不及才会停止。这一点不同于儒家孔子"天下有道则见,无道则隐"①和孟子"穷则独善其身,达则兼善天下"②的心态。墨家则是"摩顶放踵利天下,为之"③的积极心态,学习夏禹之道而"日夜不休"④的劳作,正如蔡尚思说:"唯力非命,异于儒、道等家。在中国思想史上是独一无二的。"⑤墨家相信人们可以依靠自己的劳动改变处境。

墨家从人与动物的能力比较中提出了尚力的必要性。人类与麋鹿、飞鸟、爬虫等动物的不同之处在于,这些动物有羽毛作衣裳,有蹄爪作鞋袜,饮水食草,动物不用耕田制衣,它们的衣食财用本来就具备了。人类与动物不同,"赖其力者生,不赖其力者不生。君子不强听治,即刑政乱;贱人不强从事,即财用不足"(《非乐上》),人类必须依靠自己的力量做事才能生存。行政人员不努力管理政事,刑政就会混乱;百姓不努力从事生产,衣食财用就会缺乏。墨家提出了强力的观点来反对有命论。所谓强力就是努力从事本职工作,充分发挥人的主观能动性,反对将力量花在无用的事情上。

墨家希望从普通百姓到国君天子都能竭力做事,重点从王公大人、卿大夫、农夫、农妇四种人的角度来说明强力的作用。

(1)王公大人。王公大人强力从事的表现是早出晚归,从事审理案件、治理政事等各种工作,丝毫不敢懈怠。因为只有他们努力管理政事才能管理好国家,不努力国家就会混乱;努力治理国家就会安定,不努力国家就很危险。

(2)卿大夫。卿大夫之所以竭尽全力对内治理好官府,对外征收市场、山河湖泊的税收来充实政府的仓库,是因为他们努力做事就能提高自己的社会地位,否则社会地位就会低下。

(3)农夫。农夫之所以早出晚归,努力耕种庄稼,多收粮食,是因为他们努力就能富裕,不努力就会贫穷。墨子尤其重视粮食生产问题,认为"食不可不务也,地不可不力也"(《七患》),因为这关系到国家的粮食安全。

(4)农妇。妇女之所以早起晚睡努力纺纱织布,多制麻丝、葛衣和布帛,是因

---

① 杨伯峻. 论语译注[M]. 北京:中华书局,1980:82.
② 杨伯峻. 孟子译注[M]. 北京:中华书局,2005:304.
③ 杨伯峻. 孟子译注[M]. 北京:中华书局,2005:313.
④ 郭庆藩. 庄子集释[M]. 王孝鱼,点校. 北京:中华书局,2004:1077.
⑤ 蔡尚思. 十家论墨[M]. 上海:上海人民出版社,2004:330.

为她们努力做事,就能有足够的衣服,就能穿得暖,不努力就穿不暖,所以她们不敢懈怠。

墨家尚力非命思想强调财富源于人们的劳动创造,社会秩序来自于精心治理,这种自强有为的进取精神值得提倡。

从个人看,体魄强健是对个人身体的要求,意志坚强和努力工作是对个人行为的要求。墨子指出,古代人民做食物吃,是为了满足补充身体元气的需要,能够吃饱肚子、增加体力就可以了。墨子批评了当时人们办丧事时节制饮食的行为,居丧时限制吃东西而挨饿,少穿衣服而受冻,导致面目消瘦,脸色黄黑,耳聋眼花,四肢无力,严重伤害了身体健康。例如士人实行居丧三年,最后要别人搀扶着才能站起来,拄着拐杖才能行走。墨子认为各行各业都需要强健的体魄才能胜任,而久丧之法对人们身体的影响很大,不利于人们从事本职工作,因此提出了节葬思想。

墨家希望君子、贤人意志坚强,努力工作并且帮助他人。墨子重视君子的自我修养,希望君子通过身体力行来实现自我完善,表现出鲜明的实践品格。君子通过不断提高自己的修养,就能够"力事日彊,愿欲日逾,设壮日盛"(《修身》),君子承担事情的能力就日益强劲,理想就变得日益远大,事业就变得日益兴盛。墨子认为:"贤人唯毋得明君而事之,竭四肢之力以任君之事,终身不倦。"(《尚贤中》)贤人遇到贤明的君主,能够竭尽全力努力工作,终生都不厌倦。墨子提出,作为贤人应该"有力者疾以助人"(《尚贤下》),有力气的赶快帮助别人,而不是"垂其股肱之力,而不相劳来也"(《尚贤下》),闲置体力而不相互帮助。

从国家看,武力强大、防守坚固是国家的追求。墨家认为国家的较好状态是"入守则固,出诛则彊"(《尚贤中》),国家的防守很坚固,出征打仗很强大。三代圣王尧、舜、禹、汤、文、武之所以能够统一天下、成为诸侯之长,就是通过尚贤保持了国家武力的强盛。政事让贤人参与,俸禄和贤人分享,天下的贤人就会聚集到王公大人身边。贤人守城不会叛变,城池防守必然坚固,君主有难时贤人也会挺身而出,而贤人出兵打仗必然威强。墨子总结出了治国的七种祸患,第五种祸患是"自以为安彊而无守备,四邻谋之不知戒"(《七患》),如果国家自以为防守坚固,邻国在阴谋侵略自己的国家却不知道戒备,这样会造成非常严重的祸患。

墨家对国家军事防守有深入研究,主要体现在以下几方面:第一,防守战略战术。禽滑厘向墨子询问"临、钩、冲、梯、堙、水、穴、突、空洞、蚁傅、轒辒、轩车"(《备城门》)等十二种敌人进攻的防守方法,墨子做了全面解答。墨子总结了防守围城的方法,如城墙宽而高、护城河宽而深、城楼坚固、武器精良、柴火粮食充足、人员训练有素、官民关系和谐、君臣守信义、军属关系和谐、物资储备丰富、地形易守难攻、士兵忠诚、赏罚严明等;第二,武器装备。墨子提出的武器有引机发梁、转射机、掷车等,这些在当时是比较先进的武器①;第三,军事人员管理。墨家的军事法规严明,各种人员安排细致,号令完备。可以说,墨家军事防守理论,能够在大敌入侵时,利用国家的人力、物力组织有效的防守,尤其是充分调动人民的力量从事军事防守,这种寓军于民的理念在今日仍有一定的借鉴价值。

墨子虽然希望国家武力强大,但是他反对当时的王公大人靠威力和强权取得天下的攻伐行为。在墨子看来,得到天下只能依靠道德与仁义,当时的王公大人试图以威力和强权得到天下,成为诸侯之长的做法是行不通的,他们最终将会失败于无法生活的人民之手。墨家提倡尚力,其基本出发点是为了人民能够生存,春秋战国时期的人民挣扎在饥饿和死亡的边缘,因此墨家主张满足人民的基本生活欲求。虽然墨子主张个人体魄强壮,国家武力强大,但他反对当时社会"天下失义,诸侯力征"(《节葬下》)的局面,反对"大国之攻小国也,大家之乱小家也"(《兼爱下》),认为社会上出现以强凌弱的情形是因为人们不相爱,如果人们都兼相爱,就可以实现强不执弱,并以强壮有力的手足相互帮助。由此,墨子提倡仁义政治,而反对暴力政治。

"强从事"即努力办事,是墨家提倡的兴天下之利、除天下之害的重要途径。墨子指出,人们努力祭祀天帝鬼神,就会得到天帝鬼神的赐福。官员努力为民办事,给予人民便利,就可以赢得人民的亲善。古代圣王是"强从事"的典范,他们了解鬼神的喜好,所以他们一方面率领天下百姓按春秋两季准时祭祀天帝鬼神,祭祀前都斋戒沐浴,祭祀用的酒饭都洁净而丰盛,牛羊牲畜都很肥壮;另一方面积极为百姓办事,审理狱讼很公正,分配财物很均匀,待人处世十分认真,这样就获得了人民的爱戴。墨家所讲的"强从事",对于行政官员来说就是努力处理政务,对于普通百姓来说就是努力从事生产。墨子认为:如果居上位的官员努力处理政务,国家就能治理好;如果居下位的百姓努力从事生产,国家的财富就会充足。墨家希望执政者做努力劳动的表率,推崇大禹的辛勤劳动之道。荀子对此提出了批评,认为王公大人带头劳动,就失去了威严。但墨家恰恰认为官员在努力劳动中树立了威严。墨家

---

① 关于墨家武器方面的研究,参见孙中原《墨子及其后学》第五章战争观和军事学。

认为,"强从事"的结果就是国家得到治理,财用充足。强力从事不仅可以满足人们的基本生活需求,而且让人们的各项工作都具备了经济基础。

墨家重视物质生产,尤其是粮食生产和储备。首先,墨家将农夫耕种上升到国家安全的高度,重视粮食的种植和储备,将"畜种菽粟,不足以食之"(《七患》)作为治国的七种危险之一。《七患》曰:"凡五谷者,民之所仰也,君之所以为养也。故民无仰则君无养,民无食则不可事。"五谷是上至国君、下至百姓赖以生存的基本物质条件,墨家要求加强粮食生产。其次,墨家要求农民努力耕种土地,多生产粮食,还要求多开垦土地从而增加粮食。农民懒惰,则田地荒芜,就会缺少粮食,因此要使国家安定必须充分的开发利用土地,"安国之道,道任地始,地得其任则功成,地不得其任则劳而无功"(《号令》)。最后,要加强粮食储备和节约。如果仓库里没有储备粮食,就不能应付饥荒之年,《七患》引用《周书》曰:"国无三年之食者,国非其国也;家无三年之食者,子非其子也。"无论是一个国家还是一个家庭,都应该储备粮食,否则就会陷入危险之中。

墨家重视人口生产,将"人民之众"作为国家治理的重要目标。战国时期的生产力水平十分低下,发展生产必然要增加劳动力。墨家注重增加人口,其实是间接地增加生产。对于一个国家来说,劳动力可以承担各种工作,可以增加赋税,也是国家军事力量的重要来源。墨子认为,早婚可以实现人口倍增。他分析了古代圣王制定的法则:"丈夫年二十,毋敢不处家。女子年十五,毋敢不事人。"(《节用上》)也就是男子年龄到了二十岁必须成家,女子年龄到了十五岁必须嫁人,这是古代圣王制定的法规。但是圣王去世之后,结婚年龄由百姓自由安排,想早点成家的二十岁就结婚了,想晚点成家的四十岁才结婚。这样人们结婚的平均年龄是三十岁,比圣王制定的法规晚了十年。如果结婚以后三年生一个孩子,十年就可以生两三个孩子了。因此,如果执行圣王的规定而早成家,就可以实现人口倍增。

总之,墨家的尚力思想体现了自强不息的进取精神,从政治官员到普通百姓,从个人到国家都要求积极努力作为,才能做好各项工作,从而实现国家治、人民富,社会才会充满活力,国家才会繁荣富强。墨家十论都是为改变当时社会混乱局面而提出的积极有为的主张。

二、非命非儒与安危治乱

墨家批判了当时的有命论观点。持有命论者认为:"命富则富,命贫则贫,命众则众,命寡则寡,命治则治,命乱则乱,命寿则寿,命夭则夭。"(《非命上》)有命论是一种消极的人生观,它认定生死由命,富贵在天,而否定了人的主观能动性,导致人生的消极无为。墨家非命论直接批判了儒家之徒。《公孟》载:公孟子曰:"贫富寿夭,齰然在天,不可损益。"又曰:"君子必学。"子墨子曰:"教人学而执有命,是犹命人葆而去亓冠也。"公孟子认为人的贫穷、富贵、长寿、夭折都是上天注定的,个人不能改变,同时,他又说君子一定要学习。墨子认为公孟子教人学习又坚持有命论,就像让人裹头发帽子却又拿走他的帽子一样,是自相矛盾的。

《非儒》载:"有强执有命以说议曰:'寿夭贫富,安危治乱,固有天命,不可损益。穷达赏罚,幸否有极,人之知力,不能为焉。'群吏信之,则怠于分职;庶人信之,则怠于从事。吏不治则乱,农事缓则贫,贫且乱政之本,而儒者以为道教,是贼天下之人者也。"这段文字直接批判了儒家的有命论。其实,这里所讲的有命论与《论语》《孟子》关于命运的看法存在区别,如《论语》中有"五十而知天命"[①]"死生有命,富贵在天"[②]"不知命,无以为君子"[③]"道之将行也与,命也;道之将废也与,命也"[④]等语。儒家所讲的命并不是消极的等待命运的安排,而是"知其不可而为之"[⑤],孟子说:"莫非命也,顺受其正。"[⑥]儒家是提倡"自强不息"精神的,这里的命运是一种努力之后对于结果的坦然接受,并不是将人的吉凶祸福、富贵寿夭都看成是命运的安排,而人力完全无可奈何,这否定了个人努力的价值。因此有学者提出墨子本人是"非儒而不非孔"[⑦]的,这种说法有一定道理。

首先,从古代圣王的事迹反驳有命论。古代的有功之士和杰出的士人都否定命定论,墨子指出:"初之列士桀大夫,慎言知行,此上有以规谏其君长,下有以教顺

---

① 杨伯峻.论语译注[M].北京:中华书局,1980:12.
② 杨伯峻.论语译注[M].北京:中华书局,1980:125.
③ 杨伯峻.论语译注[M].北京:中华书局,1980:211.
④ 杨伯峻.论语译注[M].北京:中华书局,1980:157.
⑤ 杨伯峻.论语译注[M].北京:中华书局,1980:157.
⑥ 杨伯峻.孟子译注[M].北京:中华书局,2005:301.
⑦ 谭家健,孙中原.墨子今注今译[M].北京:商务印书馆,2009:215.

其百姓,故上得其君长之赏,下得其百姓之誉。列士桀大夫声闻不废,流传至今,而天下皆曰其力也,必不能曰我见命焉。"(《非命中》)有功之士和杰出的士人能得到君主和上级的奖赏,能得到百姓的赞扬,他们的美名一直流传到今天,是他们努力的结果,而不是因为有好命。古代圣王"举孝子而劝之事亲,尊贤良而劝之为善,发宪布令以教诲,明赏罚以劝沮"(《非命中》),因为圣王努力管理政务,教育人民,所以天下得到治理,社会和谐安宁。治理好国家是圣王努力工作的结果,而不是命运的安排。

墨家认为,有命论是从前的暴君制造出来的说法,穷极无聊的人进一步宣扬有命论,欺骗忠厚老实的百姓。墨子指出,上古三代的暴君,没有克服内心的邪念,贪于声色享乐,在外驱车打猎,在内沉迷于饮酒作乐,完全不管国家和人民的事情,对百姓很粗暴,下级不尊重上级,最终导致国库空虚,招来杀身之祸。他们还辩驳说不是因为自己懒惰无能没有管理好政事,而是因为自己命中本来就要灭亡。上古三代的穷人对内不孝敬父母兄长,对外不能好好对待君主和上级,做事轻率懒惰,厌恶勤劳节俭,贪于饮食。他们衣食财物不充足,有饥饿受冻之忧,他们认识不到因为自己好吃懒做的原因,而说自己命中本来就贫穷。有命论是凶暴的君王和穷困潦倒之人编造出来哄骗天下人的。

墨子指出,古代夏桀乱国,商汤接替政权就治理好了;商纣王乱国,周武王接替政权就治理好了。社会和人民都没有变化,夏桀和商纣王统治则天下混乱,商汤和武王统治则天下得到治理。因此"安危治乱,在上之发政也,则岂可谓有命哉"(《非命中》),国家的安定、危险、治理、混乱等都是君主所发布的政令所导致的,与命运没有关系。墨子举了商汤和周文王的例子来证明道义之人在上位的益处。古代商汤和周文王都凭借着面积不大的封地,能够与百姓兼相爱、交相利,向上尊天事鬼,向下关爱百姓,这样天帝鬼神都护佑他们,让他们富裕,诸侯归附他们,百姓亲近他们,贤士依附他们,他们成为了天下的君王和诸侯之长。可见,他们被尊为圣王且治理好天下,并非命运的安排。

其次,从百姓的耳闻目见和古代圣王的言论反驳有命论。从考察百姓和诸侯的耳闻目见的事实看,"自古以及今,生民以来者,亦尝见命之物,闻命之声者乎?则未尝有也"(《非命中》)。这是用三表法中的察于百姓耳目之实来考察有命论。因为从古至今,无论是普通百姓还是王公诸侯,都没人见过命的样子、听过命的声音,所以命运是不存在的。古代圣王的经典中有很多反对三代暴君有命论的记载。

禹之《总德》指出,如果不恭顺天,那么上天的子民也得不到保护;如果放纵凶暴之心,上天就会惩罚他。不重视自己的德性修养,天命也无法保佑。商汤反对夏桀假托有天命来统治天下,并作《仲虺之告》来反对他。《仲虺之告》载:商汤听说夏王伪托天命,并向天下发布命令,上帝因此恼怒,使他的军队覆灭。周武王反对商纣王的有命论,《太誓》即《尚书》中的《泰誓》篇,便是武王伐纣的宣言。《太誓》载:商纣王实行残酷的夷灭之法,不肯侍奉上帝鬼神,不祭祀先祖和神祇,还说他拥有天命,天帝因此抛弃他。墨子引用召公的《执令》曰:"敬哉!无天命,惟予二人,而无造言,不自降天之哉得之。"(《非命中》)召公告诫人们没有天命的存在,好运不是自天而降的,而是自我努力的结果。墨子认为,夏禹、商汤、周武王、召公作为仁德之人,他们的告诫应是真实可靠的。

最后,将有命论运用于政治实践,不符合国家和人民的利益。墨子指出:主张有命论者认为,上司的赏罚都是命中注定的,不是因为贤才而得赏,不是因为凶暴才受罚。因此有命论者在家里对父母不孝顺,在乡里不尊敬长辈,行为举止没有节度和规矩,混淆男女之别,如果让这样的人来管理官府就会盗窃,让他们守城就会叛乱,君主有难他们不会殉职,君主逃亡他们不会护送,这些人都是上司所惩罚且百姓所指责的。让有命论者来做国君就会不仁义,做臣子就会不忠诚,做父亲就会不慈爱,做兄长则会不善良,做弟弟就会不敬爱兄长。墨家认为,将有命论用于政治实践,会影响官员管理政事而导致刑政混乱,影响百姓从事生产而导致财用不足,以至于对上没有酒食供奉鬼神,对下没有财物来安抚贤良之士、接待宾客和保障百姓的生活,因此有命论是强暴者的道理,会使国家陷入混乱和穷困。

墨家主张用强力从事来替代有命论。杨俊光指出:"综观《非命》上、中、下三篇,墨子的思想十分明确:不是用'天志'来取代'天命',而是用'强''力''强劲''从事'来代替'命'即'怠惰'"[①]。非命正是墨家自强不息精神的体现,不屈从于命运的安排,希望人们努力改造现实的处境和社会状况,而不是安于现状。墨家非命论有利于激起人们的进取精神,能鼓舞普通百姓奋进而改变命运,给日夜不休的劳作者以希望,也表明了墨家像儒家一样充满了自强不息的进取精神。

---

① 杨俊光.墨子新论[M].南京:江苏教育出版社,1992:208.

三、三表法与治世标准

墨家作为小生产者的代表，他们判断社会治理合理性的标准是从小生产者的立场出发的。墨家弟子长期从事生产实践，掌握到了生产技术和科学技术，形成了以经验判断为特征的三表法来判断社会治理的合理性，尤其强调耳闻目见的经验事实在是非判断中的基础性作用。

墨家不仅用三表法来论证鬼神的存在，而且运用三表法批判有命论。其实，三表法是墨家广泛运用于逻辑论证中的核心方法，是墨家判断管理合理性的重要标准。《非命上》指出："有本之者，有原之者，有用之者。于何本之？上本之于古者圣王之事。于何原之？下原察百姓耳目之实。于何用之？废以为刑政，观其中国家百姓人民之利。此所谓言有三表也。"《非命中》指出："三法者何也？有本之者，有原之者，有用之者。于其本之也，考之天鬼之志、圣王之事；于其原之也，征以先王之书；用之奈何？发而为刑。"《非命下》指出："何谓三法？曰：有考之者，有原之者，有用之者。恶乎考之？考先圣大王之事。恶乎原之？察众之耳目之请？恶乎用之？发而为政乎国，察万民而观之。"综合墨子以上关于三表法的论述，其内容主要有三方面：一是向上溯源于古代圣王的事迹和天帝、鬼神的意志；二是向下考察百姓耳闻目见的事实和验证于先王之书；三是分析运用于政治实践的效果，看它是否符合国家和百姓的利益。

首先，墨家在思想论证中十分重视先王之道的教育作用，重视先王事迹的典范作用。《淮南子·主术训》载："孔丘、墨翟修先圣之术，通六艺之论。"①这表明墨子和孔子一样，十分重视往圣先贤的学说，精通六艺的理论。六艺是中国古代传统文化教育基本内容，《周礼·保氏》指出六艺为礼、乐、射、御、书、数，还有一种说法认为六艺即六经，指《诗》《书》《礼》《乐》《易》《春秋》。《庄子·天下》指出墨子"好学而博"②，他以传承先王之道为己任，不断努力学习先王之书，最终成为了知识渊博的学者。《贵义》记载："子墨子南游使卫，关中载书甚多。"表明墨子重视书本知识的学习，出游时带着很多书。墨子曾说书不过是用来衡量是非曲直的工具，而自己出

---

① 刘文典.淮南鸿烈集解[M].冯逸、乔华,点校.北京:中华书局,1989:302-303.
② 郭庆藩.庄子集释[M].王孝鱼,点校.北京:中华书局,2004:1072.

游却带着很多书,弦唐子便问墨子带书有什么用。墨子指出,以前周公旦早晨读书百篇以辅佐天子,因而政绩斐然,墨子既没有承担国家的任务,也不用从事农业耕作,所以要全面学习先王之书,传承先王之道。

墨家重视古代典籍的学习,经常提到的"先王之书"有《尚书》《诗经》《逸周书》《乐》《官刑》和各国的《春秋》,还有一些逸书如《子亦》《总德》。墨子认为他传承先王之道、圣人之言,其价值是大于去从事耕种、织布、作战的。《鲁问》载:鲁国南边有一个人叫做吴虑,他冬天制陶夏天耕作,自比为舜。吴虑认为墨子所宣传的仁义只是空洞的说教,没有实际价值,不如切实的行动。墨子反问吴虑教人耕作与不教人耕作而独自耕作、击鼓使大家作战与不击鼓使大家作战而独自作战两种情况,哪一种人的功劳多,吴虑认为教他人耕种和鼓舞众人作战的人功劳多。然后,墨子又比较了教导天下人一起推行仁义与独自践行仁义,显然鼓动大家一起实践仁义的功劳多。墨子以耕种、织布、作战、传道四事作比较,说明作为一位学者传诵先王之道、圣人之言具有重要价值,认为传承先王之道、圣人之言的功劳大于耕田织布。士人研究学习先王之道,考察理解圣人的话,向上可以游说王公大人,向下可以教育百姓。如果王公大人采纳先王之道、圣人之言,国家一定能治理好;如果平民百姓采纳先王之道、圣人之言,德行一定美好。因此士人虽然不去耕种和织布,但是效果比耕种让人吃饭、织布让人穿衣好得多。

如果说孔子、孟子的理论述说言必称尧舜,墨子则同样不离尧舜之事迹,尤其称道夏禹之事,他们都以传承先王之道为己任,将前人的经验作为社会治理思想的重要来源。孔子主张"述而不作,信而好古",具有鲜明的复古色彩。但通常认为,孔子仁学是对周公礼乐文化的发展,他并非完全没有发展前人的思想。墨家则主张既述且作,主张在继承前人基础上的创新。墨子明确反对儒家的述而不作,《耕柱》载:"公孟子曰:'君子不作,术而已。'子墨子曰:'不然,人之其不君子者,古之善者不诛,今也善者不作。其次不君子者,古之善者不遂,己有善则作之,欲善之自己出也。今诛而不作,是无所异于不好遂而作者矣。吾以为古之善者则诛之,今之善者则作之,欲善之益多也。'"墨子主张述古之善,作今之善,述而且作,反对公孟子的述而不作的思想,这种在传承古代文化基础上的创新具有鲜明的合理性。

其次,墨家以人们耳闻目见的经验事实作为检验标准。墨家以经验事实作为检验标准确有其合理之处,无论证明鬼神的存在还是命运的不存在,墨家都以人们的耳闻目见作为标准,大量引用了百姓耳闻目见的事实,尤其是诸侯国君耳闻目见的经验作为标准。但是,墨家没有辨析真相与假象,对于事物的本质缺乏深入的辩证分析,其经验论证有明显的不足。墨家用大量经验事实证明了鬼神的存在,显然,这是被大量假象迷惑而得出的错误结论。例如墨子以各诸侯国的史书都记载了周宣王、秦穆公、燕简公、宋文公、齐庄公曾白日见鬼之事,来证明鬼神的存在,而对于史书记载本身的真实性却没有论证,没有对其真实性提出质疑。墨子还引用经典记载了古代圣王祭祀上帝、鬼神的事迹来论证鬼神的存在,他不了解这是一种神道设教的做法,并非说明鬼神真实的存在。因此墨家引用经验事实来证明其思想合理性有重要的价值,但其验证方法却并不科学。

最后,墨家管理思想的核心检验标准是兴天下之利,而从具体的利益对象看,是包括上天、鬼神和人民三个层次的利益。这一点是墨家实用精神的体现,类似于邓小平提出的三个有利于的标准,强调实际应用价值。墨子曰:"凡言凡动,利于天鬼百姓者为之;凡言凡动,害于天鬼百姓者舍之;凡言凡动,合于三代圣王尧舜禹汤文武者为之;凡言凡动,合于三代暴王桀纣幽厉者舍之。"(《贵义》)凡是言论和行动,有利于上天、鬼神和百姓的就去做,不利于上天、鬼神和百姓的就不做;凡是言论和行动,符合夏商周三代圣王尧、舜、禹、商汤王、周文王、周武王的道理就做,符合夏商周三代暴王夏桀、商纣王、周幽王、周厉王的就不做。上天、鬼神和百姓是墨家管理思想的对象,有利于这三个层次的对象是墨子管理思想的决策准则。其实,上天和鬼神之利又是百姓之利的神圣化,是人民利益的体现,所以说墨家兴天下之利虽然讲了三个层次,最根本的利益是百姓之利。

从上天和鬼神希望的利益看,鬼神的利益主要体现在需要"粢盛酒醴"来祭祀,即能够得到酒食祭品。鬼神反对暴君,因为暴君不能长久的进行祭祀,例如商纣王认为自己有天命护佑,不肯侍奉上帝和鬼神,毁弃他的先祖和神祇不祭祀,最终导致天帝抛弃他而不保佑他。不过,鬼神并不仅希望有人祭祀,据《鲁问》记载:曹公子以自己的经历向墨子请教鬼神赐福的问题。曹公子在墨子门下学习的时候,穿的是粗布短衣,吃的是野菜,总是吃了上顿没下顿,没有东西拿来祭祀鬼神。曹公子学成之后,墨子推荐他到宋国去做官,做官三年回来看望墨子,讲述了自己的情况:家境比原来富裕,在家里设了祭祀的地方,恭敬地祭祀鬼神。然而家里的人死得很多,牲畜也不兴旺,曹公子自己也生了病。曹公子因此怀疑墨子所讲的鬼神可以赐福。墨子在这里全面总结了鬼神的希望与利益:一是希望人们恭敬的祭祀鬼神;二是希望人们爵位高的时候能够让贤;三是希望人们钱财多的时候能够分给穷人。墨子强调的是鬼神不是仅仅拿取祭品的,而曹公子只做到了第一点认真祭祀鬼神,而第二点让贤和第三点分财都没有做到,因此他没有得到鬼神的保佑和赐福。

墨家的检验标准还提到要合乎古代圣王的利益。古代圣王是做到上利于天、中利于鬼、下利于人的直接推动者,圣王的利益与上天、鬼神和人民的利益是统一的。古代圣王是墨家思想的重要来源,也是墨家效法的榜样。墨子认为"上中天之利,而中中鬼之利,而下中人之利"(《非攻下》)是圣王的法则。圣王的法则具体来说是:"古之仁人有天下者,必反大国之说,一天下之和,总四海之内,焉率天下之百姓,以农臣事上帝山川鬼神。利人多,功故又大,是以天赏之,鬼富之,人誉之,使贵为天子,富有天下,名参乎天地,至今不废。"(《非攻下》)圣王希望国家之间和睦相处,反对大国之间相攻战,率领天下百姓务农和祭祀上帝、山川、鬼神,因此有利于上天、鬼神和百姓。因为圣王的统治有利于上天、鬼神和百姓,所以得到了上天的奖赏和人民的赞誉,能够贵为天子而富有天下,这正是古代圣王能够统治天下的根本原因。

墨家只是笼统地谈及天下之利,对上天、鬼神和百姓都要求有利,并未谈及具体的利益分配方法。墨家只是要求人们"有力者疾以助人,有财者勉以分人"(《尚贤下》),反对"有馀力不能以相劳,腐朽馀财不以相分"(《尚同上》),只是谈及了分配的基本原则问题,而未谈及分配的方法问题。不过,墨家以天下百姓之利作为检验各种事务的标准对于判断当代社会各项事务的合理性有直接的借鉴意义。当代社会检验国家各项改革举措的根本标准便是看是否符合广大人民的利益,这一标准甚至可以说是对墨家所讲的天下之利标准的继承和发展。

总之,墨家"要求认识从实际出发,判断是非应根据前人的经验、广大群众的经验和实际效果"[①]来判断。墨家的三表法是建立在历史事实、传闻的间接经验和人们的直接经验之上,尤其强调众人耳闻目见的可靠性。墨家提出的治国理念都能从多种因素及角度进行综合考察,体现了对三表法的运用。墨家以事实和经验作为判断是非的标准有一定合理性,只是墨家的经验思维有忽视理性思维和辩证思维的不足,在认识的深度上有待提升,否则,经验判断会有被假象蒙蔽的危险。

---

① 任继愈.中国哲学史:第一册[M].北京:人民出版社,1996:112.

第四章　｜　尚贤尚同的人才管理

现代管理理论关于管理本质的看法,主要有"管理就是协调""管理就是对人的管理""管理就是运用心智的活动"①等观点,这是从管理的职能、对象以及管理者与被管理者的分工角度进行分析的。西方管理学有一个由重视完善管理制度逐渐转移到重视人的因素上来的过程,由重视物转向重视人。管理的重要任务就是协调人际关系,尤其是管理者与被管理者的关系。总的来说,管理是指管理主体组织利用人财物资源完成组织目标的过程,人才在管理过程中是最活跃的因素,西方行为科学正是在这种意义上将管理的本质看成是对人的管理。

中国古代管理尤其强调对人才的管理,这在儒墨各家都有鲜明的体现。就这一点而言,中国古代管理思想与现代管理学具有内在相通之处。儒家政治管理思想主张为政在人,认为"文、武之政,布在方策。其人存则其政举,其人亡则其政息"②,即使像文王武王提出的圣明政教,也必须有贤才来施行,否则文王、武王的政教也无法延续。墨家同样重视对人的管理,尤其重视对人才的培养。《所染》认为国君治理国家必须善于选择贤才,《尚贤》则详细论证了人才对于治国的重要性,对于人才选拔、任用、赏罚方面提出了独到见解,形成了墨家尚贤使能的人才理论。

第一节 尚贤使能与用人之道

举贤才是先秦诸子的重要思想,它打破了传统的世卿世禄制度,有利于废除贵族的特权,有明显的进步性。杨宽在《战国史》中论述西周的官僚制度时指出:"在周王国和各诸侯国里,世袭的卿大夫便按照声望和资历来担任官职,并享受一定的采邑收入,这就是世卿、世禄制度。"③孔子在为政方面主张"先有司,赦小过,举贤才"④,先要使人人各司其职,不计较小的过错,提拔优秀的人才。相对于孔子论述

---

① 黎红雷.儒家管理哲学[M].广州:广东高等教育出版社,2010:139.
② 杨天宇.礼记译注[M].上海:上海古籍出版社,1997:910.
③ 杨宽.战国史[M].上海:上海人民出版社,2003:213.
④ 杨伯峻.论语译注[M].北京:中华书局,1980:133.

贤才的经典言论,墨家关于贤才的理论具有鲜明的系统性。

一、尚贤使能与政治之本

(一) 尚贤的必要性

墨家分析了贤才在国家治理中的重要作用。贤才可以帮助国君继承祖先基业。墨家重视贤才在国家治理中的作用,《尚贤上》曰:"士者,所以为辅相承嗣也。故得士则谋不困,体不劳,名立而功成,美章而恶不生,则由得士也。"贤士可以帮助国君继承祖先基业,与国君共谋国事,减轻国君的工作负担,协助国君成就美名和功绩。墨子指出,天下治理需要高贵且聪明者,"自贵且智者为政乎愚且贱者则治,自愚贱者为政乎贵且智者则乱,是以知尚贤之为政本也"(《尚贤中》)。只有高贵而聪明的人才能治理好国家,因此墨家提出崇尚贤能是执政的根本。

贤才是实现国家富裕、政治和谐的基础,贤才关系国家的存亡。古代的王公贵族执政,都希望国家富裕、人口众多、政治和谐。然而,若王公贵族不能使国家富足反而使国家贫困,人口没有增加反而减少,社会不能安定反而混乱,墨子认为出现这种状况是因为王公贵族不能做到尚贤使能。如果国家拥有的贤良之士很多,统治基础就坚实,如果国家拥有的贤良之士少,统治基础就薄弱。因此墨家提出:"大人之务,将在于众贤而已。"(《尚贤上》)王公大人的主要任务在于增加贤良之士,也就是吸引和凝聚人才。

君主只有接受臣子谏言才能使国运昌隆,否则会使国家有危险,为自己招来杀身之祸。《亲士》曰:"入国而不存其士,则亡国矣。见贤而不急,则缓其君矣。非贤无急,非士无与虑国。缓贤忘士,而能以其国存者,未曾有也。"贤才可以为国家解救急难,发现贤才而不使用,就会耽误国君的大事,不利于国家的长治久安,甚至会使国家陷入危亡。墨家认为,臣子仗义直言,敢于诤谏,需要君主虚心接受。君主必须有"弗弗之臣"和"詻詻之下",也就是敢于进谏的臣子和敢于直言的下属。如果臣子为了保住自己的爵位而不进谏,阿谀奉承的小人便有机会在君主身边生是非,君主无法接受正确的意见,国家就危险了。例如夏桀和商纣王便因为没有得到贤士的辅佐而招致国破身亡。《所染》指出："善为君者,劳于论人,而佚于治官。"善于做国君的人,选择人才花费大量精力,而管理政务很轻松,而不善于做国君的人,虽劳心费力,国家仍然越来越危险,自己越来越屈辱。墨家将选择人才看成君主治理国家的关键,得到贤才的辅佐,治理国家就很轻松,因此国君要善于择选贤才。

墨家从选择人才恰当和不当两方面举例证明国君与贤才为伍的重要性,选择人才恰当的有四王和五君。四王即舜、禹、汤、武王,四位君王因为选择了贤才辅佐,受到贤才的良好影响,所以能统治天下,被人民拥立为天子,功业和名声传遍天下。五君即齐桓公、晋文公、楚庄王、吴王阖闾、越王勾践,此五人又合称春秋五霸。① 正是因为他们选择人才得当,所以能称霸于诸侯。选择人才不当的有四王和六君。四王即夏桀、商纣王、周厉王、周幽王。这四位君王选择官员不当,导致国破身亡,被天下人辱骂。六君即范吉射、中行寅、吴王夫差、智伯瑶、中山尚、宋康王。这六位国君因为选择官员不当,导致宗庙毁灭、后嗣断绝,百姓流离失所。后世人们凡是列举天下贪婪暴虐、苛政扰民的典型君王,都会提到这六位君王。

(二) 尚贤为圣王之道

从历史看,墨子列举了古代圣王尧、禹、汤、文王、武王尚贤的事例,证明尚贤对于施政的重要性。《尚贤》三篇都通过举例说明古代圣王尚贤使能为政而实现天下治的局面。《尚贤上》记载:"古者尧举舜于服泽之阳,授之政,天下平;禹举益于阴方之中,授之政,九州成;汤举伊尹于庖厨之中,授之政,其谋得;文王举闳夭泰颠于罝罔之中,授之政,西土服。"《尚贤中》和《尚贤下》都有相似的文字,《尚贤上》提到了尧提拔舜、禹提拔伯益、商汤提拔伊尹、周文王提拔闳夭、泰颠的故事;《尚贤中》和《尚贤下》没有记载禹提拔益、周文王提拔闳夭、泰颠的故事,而是增加了武丁提拔傅说的故事。综合来看有如下内容:① 古时候舜在历山耕田,在河边制陶捕鱼,帝尧在服泽的北岸找到他,选拔他为天子,让他管理天下的政事;② 禹从阴方之地选拔伯益,将政事交给他管理,九州因此安定下来;③ 伊尹本来是有莘氏的陪嫁私臣,商汤选拔他为助手,让他管理天下政事,商汤的治国谋略得以成功;④ 傅说曾是普通役人,在傅岩下修筑城墙,武丁找到他,选拔他做三公,让他掌管天下政务;

---

① 王天海.荀子校释[M].上海:上海古籍出版社,2005:478.

⑤ 周文王从猎人渔夫中提拔闳夭、泰颠,让他们管理政事,西方的疆域就安定了。

以上五则都是古代圣王提拔贫者、贱者而授予其官爵,使之富贵的故事,圣王看中的是他们的才能与品德,而完全不避亲疏贵贱。墨子指出,古代圣王提拔品德高尚并且有才能的人,不论他是农夫还是工匠,都会分封他们很高的爵位,给予他们优厚的俸禄,委任他们官职,给予他们权力。只要有能力就提拔,没有能力就罢免,完全出于治理国家的公心,抛开个人的私怨。舜受提拔之前是农夫,伊尹被提拔之前是厨师,闳夭、泰颠被提拔之前是猎人,傅说被提拔之前是建筑工人,这些贤才被提拔之前都没有显赫的社会地位,与君王也没有人情关系,完全是由低贱变得高贵,由贫穷变得富裕,这些贤才最后都协助国君成就了一番事业。

墨家尚贤有一个鲜明的特征就是主张选贤能者担任天子,从天子到普通官员都要选择贤能者。其他诸子多主张"为君主搜罗人才,墨家则将天子也列为人才考察的对象"①,主张"选择天下贤良、圣知、辩慧之人,立以为天子"(《尚同中》),体现了墨家贤才思想的彻底性。墨家是鲜明地站在人民的立场上,从天下利益和百姓利益出发提出尚贤理论,"以尚贤使能为政,无异物杂焉,天下皆得其利"(《尚贤中》),由此使人民饥而得食,寒而得衣,劳而得息,乱而得治。

从圣王尚贤的效果看,古代圣王治理天下,选择贤才辅佐自己,让贤才帮助自己了解民情,协助自己谋成政事:"左右羽翼者皆良,外为之人助之视听者众。故与人谋事,先人得之;与人举事,先人成之;光誉令闻,先人发之。"(《尚同下》)在外面工作的人都能帮助国君察视和倾听民情,因此谋划事情考虑更周到,办事更易于成功,圣王的美好名声能够更好地传扬出去,这是启用贤才的益处。尧提拔舜、商汤提拔伊尹、武丁提拔傅说是墨家称颂古代尚贤的典型案例,他们都不是由于亲属关系、权贵或美貌而被提拔,而是因为他们的思想、谋略和主张,有利于上天、鬼神和人民,所以君主选拔、任用他们。他们能够为君主分忧,协助君主治理好国家,这是墨家尚贤理论的基本观点。

墨家将尚贤思想看成往圣先贤的重要观点。《尚贤中》指出:"以尚贤为政之本者,亦岂独子墨子之言哉! 此圣王之道,先王之书距年之言也。传曰:'求圣君哲人,以裨辅而身。'《汤誓》曰:'聿求元圣,与之戮力同心,以治天下。'则此言圣之不失以尚贤使能为政也。"墨子这里引用古代圣王的言论来证明尚贤使能是治国根

---

① 陈转青.墨家管理思想研究[M].北京:中国农业科学技术出版社,2006:35.

本,墨家论证方法主要是三表法,征之于往圣先贤之言是三表法之一。墨子这里提到的《传》应为《尚书孔传》,《传》提出寻求圣哲的人来辅助自己,《尚书·汤誓》主张寻求大圣人来齐心协力治理天下。古代圣王既然已经明白尚贤的道理,又想用尚贤的理论治理国家,便把它写在竹帛上,雕刻在盘盂上,留传给后世子孙。《尚贤下》曰:"于先王之书《吕刑》之书然,王曰:'于!来,有国有土,告女讼刑,在今而安百姓,女何择言人?何敬不刑?何度不及?'能择人而敬为刑,尧舜禹汤文武之道可及也。是何也?则以尚贤及之,于先王之书《竖年》之言然,曰:'晞夫圣武知人,以屏辅而身。'此言先王之治天下也,必选择贤者以为其群属辅佐。"《吕刑》记载先王的言论指出,安抚百姓只能依靠贤能的人。墨家甚至认为,如果能够选择有才能的人,慎重地使用刑典,就可以实现尧、舜、禹、汤、文、武之道了。

从根本上说,古代圣王尚贤使能是取法于天的结果。因为上天不分贫富贵贱和远近亲疏,凡是贤人就提拔重用,不肖之人就排斥不用,所以古代圣王效法上天,用尚贤使能的原则来治理国家。首先,富贵而贤明的人会得到上天的赏赐,例如从前三代圣王,他们治理天下能够做到兼爱互利,又率领天下人民尊天事鬼,因此得到了上天的奖赏:"天鬼赏之,立为天子,以为民父母,万民从而誉之曰'圣王',至今不已。"(《尚贤中》)古代圣王的福祉来自于上天的赏赐与鬼神的护佑。其次,富贵而行为残暴会受到上天的惩罚。例如从前三代暴君,他们统治天下的所作所为是在残害人民、咒骂上天、侮慢鬼神,因此受到上天的惩罚:"天鬼罚之,使身死而为刑戮,子孙离散,室家丧灭,绝无后嗣,万民从而非之曰'暴王',至今不已。"(《尚贤中》)再次,帝王的亲属行为不善也会得到上天的惩罚。例如鲧是黄帝的六世孙,夏禹的父亲,由于他败坏了帝尧的功德,因此被流放到羽山之郊。最后,上天使用贤才的例子有帝尧任用伯夷、禹、稷、皋陶等。《尚贤中》引用《吕刑》指出,帝尧要求君主及臣子破格录用品德高尚之人,于是提拔伯夷、禹、稷、皋陶等从事管理工作。伯夷制定刑律,以律法规范人民。大禹平治水土,主管山川命名。后稷教导人民播种,让人民种植谷物。贤才能够造福于人民,谨慎地侍奉上天,这是古代圣王尚贤使能的益处。

二、厚乎德行与博乎道术

贤即良好的品德,才即过人的才能。《尚贤上》指出:"况又有贤良之士厚乎德行,辩乎言谈,博乎道术者乎,此固国家之珍,而社稷之佐也。"由此可见,墨家所讲的贤良之士有三方面的特征:敦厚的德行,善辩的口才,广博的学识。敦厚的德行是品德要求,善辩的口才和广博的学识是才能要求。

(一) 贤才的品德

墨子提出了士、君子、圣人等多层次的人格目标,贤才可以是属于这几个层次中的任一层次,所以贤才的品格特征可以是以上三个层次人格的综合。墨子指出"士虽有学,行为本焉",将高尚的品和行看成士人的根本,这体现了墨家重视人才的实践品格,而不仅仅以高深的学问来装饰外表。《亲士》提出"君子自难而易彼,众人自易而难彼"的观点,君子能够严于律己而宽以待人,而普通人则严以律人而宽容自己,这表明墨家对于君子的品格提出了比普通人更高的要求。

墨家认为贤才的首要品格是努力关爱他人,做到兼爱,这是墨家道义精神的体现。《尚贤下》:"为贤之道将奈何？曰:有力者疾以助人,有财者勉以分人,有道者劝以教人。若此,则饥者得食,寒者得衣,乱者得治。若饥则得食,寒则得衣,乱则得治,此安生生。"墨子此处提出了贤才要以自己的能力、钱财和知识去帮助世人,解决人们的饥饿、寒冷问题,平治天下的混乱局面,让人民过上安定的生活。可见,贤才努力作为的目标是保障广大人民的生活,以"兴天下之利,除天下之害"为落脚点。墨家强调贤才要有道义精神,提出将"不义不富,不义不贵,不义不亲,不义不近"(《尚贤上》)作为古代圣王选择贤才的重要标准。道义精神是墨家提倡的贤才区别于其他诸子派别人才观的重要内容。

《修身》提出了君子的多重品格,实际上也是对贤才的品格要求:"志不强者智不达,言不信者行不果。据财不能以分人者,不足与友;守道不笃、徧物不博、辩是非不察者,不足与游。本不固者末必几,雄而不修者其后必惰,原浊者流不清,行不信者名必耗。名不徒生,而誉不自长,功成名遂,名誉不可虚假,反之身者也。务言而缓行,虽辩必不听;多力而伐功,虽劳必不图。慧者心辩而不繁说,多力而不伐功,此以名誉扬天下。言无务为多而务为智,无务为文而务为察。故彼智无察,在身而情,反其路者也。善无主于心者不留,行莫辩于身者不立。名不可简而成也,誉不可巧而立也,君子以身戴行者也。思利寻焉,忘名忽焉,可以为士于天下者,未尝有也。"

上文中提出的君子品格包括：① 意志坚强，只有意志坚强的人智慧才会发达；② 诚实守信，只有讲信用的人行动才会果断，才能获得好的名声。在墨家的观点中，诚实守信可以表现为尚同一义，对上级的崇信和对天子的忠诚；③ 谦虚谨慎，做事踏实而不夸耀自己的功劳，事事身体力行；④ 仗义疏财，不会为了求利忽视名节，只有仗义疏财的人才能够广交朋友；⑤ 坚守善道，自省修身。信守圣人之道，不断自我反省，提高自身的修养。墨子说："非无安居也，我无安心也；非无足财也，我无足心也。"（《亲士》）君子面对仕途中的进退出处都淡然处之。

以上关于君子的论述也应是墨子关于贤才的要求。此外，贤才的品格要在一定的环境中才能充分显现。《修身》指出：君子的处世之道是，贫穷时则表现出清廉，富裕时则表现出道义，对于生者表现出仁爱，对于死者表现出哀悼。墨家要求贤才在不同场合中的行为举止都符合道义，而且真诚、得体。

同时，墨家要求君子面对不同境遇都应淡然处之。《亲士》曰："君子进不败其志，内究其情，虽杂庸民，终无怨心，彼有自信者也。"君子得到任用时不会丧失他的志向，得不到任用时能够反省原因，即使成为普通百姓也不会怨天尤人。战国时期，士人四处游说诸侯，竞争十分激烈，能够获得君主的信任与重用是一件幸运的事情，不被赏识应是经常发生的事情。因此不仅墨子有劝士人对进退出处淡然处之的思想，比墨子稍晚的孟子也有同样的思想。在孟子看来，游说各国君主，无论别人是否理解自己，都要自得其乐。怎样做到自得其乐呢？士人穷困时不失掉义，得意时不离开道。穷困时不失掉义，能够自得其乐，得意时不离开道，所作所为不会让百姓失望，正所谓穷困便独善其身，得意便兼善天下。孟子的穷达心态与墨子的进退思想如出一辙，都是当时士人面对激烈竞争的一种积极有为、进退从容的心态。

（二）贤才的技能

墨家认为贤才应该博乎道术而辩乎言谈。辩乎言谈既是战国时期百家争鸣的要求，也是士人游说诸侯的必然要求，要求贤才聪明睿智，知识广博，明辨是非，言谈准确而机智。只有辩乎言谈，墨家才能在与儒家等学术派别的辩论中脱颖而出，墨家弟子才能游说各国诸侯，大力宣传墨家理念。墨家的辩论技术较集中地体现在《墨辩》中。博乎道术在墨家表现为理解墨家之道，掌握多种技术，实现墨家的社会理想。在墨家看来,只有具备了较多的才能,才能更好地为民兴利除害。从墨子本人的知识来看,其知识极其广博,涉及政治、经济、军事、逻辑学、物理学、数学等内容。墨子还是一位技艺很高的工匠,可以和鲁班比赛工艺,此外墨子还具有高超的外交才能,曾经成功止楚攻宋。

贤才的技能是其被选择任用的关键。墨家主张根据贤才才能的不同进行分工,能够管理国家的就让他管理国家,能够主持官府的就让他主持官府,能够管理都邑的就让他管理都邑。"贤者之治国也,蚤朝晏退,听狱治政,是以国家治而刑法正。贤者之长官也,夜寝夙兴,收敛关市、山林、泽梁之利,以实官府,是以官府实而财不散。贤者之治邑也,蚤出莫入,耕稼树艺,聚菽粟,是以菽粟多而民足乎食。"(《尚贤中》)从这里看,治理国家、主持官府、管理都邑三种职务对贤才能力的要求是不同的,管理国家要求有行政管理才能和司法才能,主持官府需要有经济管理才能,管理都邑需要有农业种植才能。这些管理工作都十分繁杂,需要有严谨的工作态度和任劳任怨的心态,这样既能给君主分忧,又能很好地服务百姓。任用贤才治理国家、主持官府、管理都邑,就可以实现国家安定而刑法严正,官府充实而百姓富裕。由于墨子时代科学技术不发达,社会分工尚不十分细致,所以墨家所提及的贤才技能并不算多,但相对于当时的儒家而言,墨子在科学技术和相关技能的传授方面应是比较先进的。

三、量才授官与官无常贵

(一)举贤士

墨家认为"尚贤者,政之本也"(《尚贤上》),因此任用贤才应贯穿整个政治活动的始终。墨子曰:"得意贤士不可不举,不得意贤士不可不举。"(《尚贤上》)这表明,贤才不仅在国家危难的时候需要,在国家兴旺时也需要,贤才可以救国家于危难之中,国家兴旺发达局面的维持也需要贤才,总之国家要持续的聚集优秀人才。

首先,选拔人才要重视品德,要选择仁义之人,而不能以富贵贫贱、亲疏远近为依据。墨子推崇古代圣王以"不义不富,不义不贵,不义不亲,不义不近"为选择人才的标准。古代圣王管理政务,对于不义之人不能使他富有,不能让他处于尊贵的地位,不同他相亲爱,不让他亲近自己。这种国君选择人才的方法对社会风气有直接的导向作用。那些倚仗富贵、亲信而接近国君的臣子得知国君以仁义为选择人才的原则,就要收敛自己的行为,努力行仁义。那些远郊的臣民、宫廷中的卫士、都邑中的民众、四方的农民得知国君以仁义为选择人才的原则而不避亲疏远近,他们将会争着做仁义之事。因此,国君驱使臣下只有尚贤一个原则,臣子得到国君的任用也只有奉行道义一个途径。

其次,尊重才能,而不论阶级出身。墨子在人才选拔方面十分推崇古代圣王尚贤使能的做法,他指出,古代圣王选拔和任用人才,不限制人才的工作、家庭出身,而是根据人才的品德和才能来授予职务。圣王非常重视贤才,只有贤才才能获得提拔和任用,不会因为是自己的兄弟、富贵者或美貌者而有所偏袒。墨家的"批判的锋芒,直指在当时还保持巨大力量的奴隶主宗法制的传统"①,墨子"虽未取消贵贱等级的界限,但确是已经突破了原来的那种界限,只是代之以另一种界限而已。这种理论,在当时的变革意义还是十分巨大的"②,在以血缘关系为纽带的贵族专制统治下,墨子尚贤是一种"非常大胆的革新主张"③。正如梁启超所说:"墨子尚贤主义,实取旧社会阶级之习翻根本摧破之孔。"(《子墨子学说》)清代学者俞正燮指出:"太古至春秋,君所任者,与共开国之人及其子孙也。虑其不能贤不足共治,则选国子教之,上士中士下士府史胥徒,取诸乡与贤能,大夫以上皆世族,不在选举也。"④孔子比墨子稍早提出了"举贤才"(《论语·子路》)思想,但孔子没有突破宗法血缘关系的格局,强调尊尊、亲亲原则,墨家则实现了对周代礼制的突破。事实上,当时尚贤还没有形成一定的社会风气,更没有成为律法的明文规定,人们的尚贤意识还很淡薄,墨子大倡尚贤之道,实是一种具有突破性、革新性的理论创举。为了尚贤理论的推广,墨子把尚贤理论托之于古代圣王之口,乃是一种策略性选择,以圣王之口对以出身、长相论人才进行批判,对于当时社会人员选拔任用中重视裙带关系、任人唯亲的现象确实起到了一定的遏制作用,至后世之李悝变法和商鞅变法,尚贤终成为国家的人才政策。

---

① 杨俊光.墨子新论[M].南京:江苏教育出版社,1992:84.
② 杨俊光.墨子新论[M].南京:江苏教育出版社,1992:86.
③ 孙中原.墨子及其后学[M].北京:中国国际广播出版社,2011:70.
④ 俞正燮.癸巳类稿[M].北京:商务印书馆,1957:77.

墨子游历楚国,与楚臣穆贺论尚贤,《贵义》记载:"子墨子南游于楚,见楚献惠王,献惠王以老辞,使穆贺见子墨子。"这段文字的"楚献惠王"是学者研究较多的地方,通常认为,楚献惠王即楚惠王。清代学者苏时学指出,献惠王即楚惠王,楚惠王以周敬王三十二年(前488年)立,卒于考王九年(前434年),墨子游历楚国,正值楚惠王晚年。孙诒让据《渚宫旧事》"时惠王在位已五十年矣"指出,墨子游历楚国应在周考王二年,鲁悼公二十九年,也就是公元前439年。① 墨子游历楚国,楚惠王没有采纳墨子的思想,并以自己年老而推辞不接见墨子。《贵义》没有提到墨子献书楚惠王一事,只提到墨子游历楚国,要求拜见楚惠王。而《文选》和《渚宫旧事》则提到墨子献书给楚惠王,《文选》卷三十记载:"《墨子》曰:墨子献书惠王,王受而读之,曰:良书也。"②《渚宫旧事》卷二记载:"墨子至郢,献书于惠王。王受而读之,曰:'良书也。寡人虽不得天下,而乐养贤人,请过。'进曰:'百种以待官,舍人不足,须天下之贤君。'墨辞曰:'翟闻贤人进,道不行不受其赏,义不听不处其朝。今书未用,请遂行矣。'将辞王而归,王使穆贺以老辞。鲁阳文君言于王曰:'墨子,北方贤圣人,君王不见,又不为礼,无乃失士?'王乃使文君追墨子,以书社五里封之,不受而去。"③孙诒让据《文选》和《渚宫旧事》,推测《墨子》原文可能是"献书惠王",后因抄写过程中脱了"书"字,校对者又改变上下文而使文句通顺而成今本《墨子》。毕沅指出,《艺文类聚》卷八十一引用《墨子》时便称"楚惠王",而不是"楚献惠王"。④ 因此墨子献书楚惠王一事得到了清代以来学者的普遍肯定。楚惠王读了墨子的书,认为是"良书",但他不愿见墨子,没有采纳墨子的思想,也没有给墨子一官半职,只是派了臣子穆贺打发墨子走。

《贵义》提到楚惠王不愿见墨子的理由有两点:一为楚惠王年老,无法接见墨子;二为墨子身份低贱。如果仅因年老而不接见墨子,也许没有关于尚贤的一番议论。可是穆贺打发墨子走时说,我们的君王是天下的大王,言下之意"这是卑贱之人提出的理论,我们不会采纳"。这第二点理由是墨子无法认同的,于是他举了三个例子来反驳穆贺:第一个例子,天子服草药。草药只是一棵草根,天子服用了就能调治病痛。他不会说这是一棵草根,太低贱了而拒绝服用;第二个例子,上帝鬼

---

① 孙诒让.墨子间诂[M].孙启治,点校.北京:中华书局,2001:440-441.
② 萧统编.文选:第三册[M].李善,注.上海:上海古籍出版社,1986:1412.
③ 余知古.渚宫旧事[M].武汉:湖北人民出版社,1999:100.
④ 欧阳询.艺文类聚[M].汪绍楹,校.上海:上海古籍出版社,1982:1379.

神享用农民种的粮食。农民缴纳租税给王公大人,王公大人们用这些粮食做成酒食祭品祭祀上帝鬼神,上帝鬼神不会因为这是下等人种的东西做成的而不享用;第三个例子,商汤见伊尹。从前,商汤准备去见伊尹,命姓彭的人驾车。姓彭的人在半路上问道:"您要到哪里去?"商汤说:"我要去拜见伊尹。"彭氏说:"伊尹是天下的下等人,如果您想见到他,下令召他来询问就行了,不必这样给他恩遇。"商汤说:"这不是你能够明白的。如果吃了药,耳朵就更灵敏,眼睛就更明亮,那么我一定愿意吃下它。现在伊尹对于我们的国家,就像名医和良药一样,你却不让我去拜见伊尹,你就是不希望我好呀。"商汤因此命令姓彭的人下车,不让他驾车,自己驾车去见伊尹了。在这则故事中,商汤贵为天子,伊尹则是一个厨师,但商汤并没有觉得伊尹地位低下,而是认识到伊尹的才能对于国家十分重要,就像良医和好药一样。墨子通过三个事例,证明了贤才贡献给国家的是思想和谋略,不论其社会地位高低,只要思想正确而有价值,贤才就应得到重视。

最后,从动机与效果考察人才,"合其志功而观"(《鲁问》)。墨家重视对动机和效果加以分辨,提出:"志、功不可以相从也。利人也,为其人也。富人,非为其人也。有为也以富人,富人也。"(《大取》)这句话的意思是:动机和功效不一定完全一致,例如利人是为那个人考虑,但如果只是口头上祝福某人富有,这或许是为了某种目的才祝福他富有的,只有采取实际行动来使某人富有,造福于人,才是真正的利人。墨家将其动机与效果相结合的理论运用到了人才选拔上,《鲁问》记载了鲁国国君向墨子咨询如何选择太子的故事,故事大意为:鲁国国君有两个儿子,一个好学,一个喜欢施舍财物给别人,鲁国国君问墨子选择哪一个做太子合适。墨子曰:"未可知也,或所为赏与为是也。鲔者之恭,非为鱼赐也;饵鼠以虫,非爱之也。吾愿主君之合其志功而观焉。"墨子指出,仅根据一个好学,一个喜欢施舍财物给别人无法判断选择哪一个合适做太子,因为他们可能是为了获得奖赏和名誉才这样做的。好比钓鱼的人样子那么恭敬,不是为了向鱼表示感谢;捕鼠的人用虫子来引诱老鼠,不是因为喜欢老鼠。墨家提出评价一个人的行为要将动机和功效结合起来考察,这是"在中国思想史上首次提出志功这对范畴,第一次提出以功利的原则作为评判人的道德行为的尺度"[①],对中国思想史发展有重要的价值。

结合动机与功效的综合考察,墨家提出了"事能"的任用机制。人的动机能从

---

① 彭双,涂春燕.墨子管理思想研究[M].成都:电子科技大学出版社,2006:108.

其言语来考察,人的行为则能从其结果来判断,墨子提出了考察才能的方法即"听其言,迹其行",从人的言语和行为考察其才能,根据人的能力而授予官职便叫做事能。有学者认为墨家提出的事能是一种任前试用制。① 墨子多次提到的尧提拔舜、舜提拔禹而立为天子,在舜、禹正式立为天子之前,都有一个试用期,舜接受了三年的考察,禹接受了二十年的考察。这是天子的考察,因此考察期很长是可以理解的,但对于普通职位应该不能如此考察。墨子虽然提出了"听其言,迹其行,察其所能"的考察方法,但是具体如何考察,考察期的长短问题在今本《墨子》中没有论述。

(二) 量才授官

儒家关于分工问题最典型的论述是孟子的劳心劳力说,其实在孟子之前已流行此说,如《左传·襄公九年》知武子曰:"君子劳心,小人劳力,先王之制也。"②《国语·鲁语下》公父文伯之母曰:"君子劳心,小人劳力,先王之训也。"③劳心与劳力可以看成是脑力劳动者与体力劳动者之间的分工。墨家同样重视分工问题,主张针对不同才能的人才给予不同的任务,这可谓是"我国历史上最早的专家治国论"④。

一方面,墨家主张量才授官,这叫做"事能"。《尚贤中》曰:"圣人听其言,迹其行,察其所能,而慎予官,此谓事能。""听其言,迹其行",从人才的言论和行为考察其工作能力。根据人才的工作能力而谨慎地授予一定的官职叫做事能。根据才能的不同,分别让人才治理国家、主持官府、管理都邑,于是派去治理国家、官府、都邑的都是贤才。

墨家提倡任用贤人,原因在于贤人的治国政绩十分突出。贤人管理政事的效果体现在治理国家、官府、都邑三方面。《尚贤中》指出,贤才管理国家,早晨上朝晚上退朝处理政务,国家安定而刑法严明;晚睡早起,征收各种税收而使国家府库充实;早出晚归,教导农民耕种庄稼,增加粮食生产而人民食用充足;最终实现国家政

---

① 彭双,涂春燕.墨子管理思想研究[M].成都:电子科技大学出版社,2006:111.
② 杨伯峻.春秋左传注[M].北京:中华书局,1990:968.
③ 邬国义,胡果文,李晓路.国语译注[M].上海:上海古籍出版社,1994:167.
④ 孙以楷.孟子对墨子思想的吸收与改造[J].齐鲁学刊,1985(2):43-48.

治清明,府库充实,百姓富足,国家各项工作呈现良好局面,"上有以絜为酒醴粢盛,以祭祀天鬼;外有以为皮币,与四邻诸侯交接;内有以食饥息劳,将养其万民,外有以怀天下之贤人。是故上者天鬼富之,外者诸侯与之,内者万民亲之,贤人归之"(《尚贤中》),可以得到鬼神赐福、诸侯结交、万民亲附、贤才归顺。贤才治理国家,最终可以实现"谋事则得,举事则成,入守则固,出诛则强"(《尚贤中》),国家各项政事都处理得很好,国家力量也逐渐强大。墨子认为,三代圣王尧、舜、禹、汤、文、武之所以统一天下,成为诸侯之长,正是采用了尚贤的方法。

另一方面,墨家分工细致,希望人们"各从事其所能"。墨家不仅提到了行业分工,甚至同一行业内部,也有不同的分工。墨子指出,古代圣王根据各种人才专长的不同进行分工,"凡天下群百工,轮、车、鞼、匏、陶、冶、梓、匠,使各从事其所能"(《节用中》)。墨子这里列举了当时的各种工匠,例如制造车轮的、制作皮革的、烧陶器的、烧炼五金的、做木器的,让他们都从事自己擅长的技艺,这是不同的行业分工。此外在同一行业内部,也有分工,例如在筑墙一件事中,"能筑者筑,能实壤者实壤,能欣者欣,然后墙成也"(《耕柱》),至少有筑土、夯土、测量三个工种。由于墨家成员多来自于手工业者,他们有丰富的生产实践经验,墨子也有高超的木工技术,因此墨家所讲的分工比儒、道、法等派更为细致。

墨家还提出根据人的品德、特长和习性进行分工。《杂守》曰:"有谇人,有利人,有恶人,有善人,有长人,有谋士,有勇士,有巧士,有使士,有内人者,外人者,有善人者,有善斗人者,守而察其所以然者,应名乃内之(使人各得其所长,天下事当。均其分职,天下事得。皆其所喜,天下事备。强弱有数,天下事具矣)。"①墨家这里对人的习性进行了非常细致的划分,提出人有爱八卦的、有助人为乐的、有品德坏的、有品德好的、有个子高的、有善于谋事的、有勇敢的、有手巧的、有不畏死亡的、有老住户、有新搬来的、有心地善良的、有爱打斗的。要求太守在防守城池时,要审查、了解其管辖范围内人们的品德、特长与爱好,充分发挥各种人才的长处,分配的任务都是应尽其所能,要办的事情就能办好。墨家根据人才习性进行分工的论述,对于现代社会实现更加人性化的分工和人性化的管理具有重要借鉴价值。

孔子教育学生分为不同的科目和技艺。孔门四科见于《论语·先进》:"德行:

---

① 孙诒让.墨子间诂[M].孙启治,点校.北京:中华书局,2001:633-634.括号中的文字见于谭家健,孙中原.墨子今注今译[M].北京:商务印书馆,2009:483.

颜渊,闵子骞,冉伯牛,仲弓。言语:宰我,子贡。政事:冉有,季路。文学:子游,子夏。"①孔子的学生各有所长,德行、言语、政事和文学可谓孔门四科。此外《论语·述而》载:"子以四教:文、行、忠、信。"也有人据此以文、行、忠、信为孔门四科。孔子教弟子以六艺"礼乐射御书数",这便是儒家教弟子的技能。然而,儒家没有教弟子生产技能,以至于弟子被社会讥为"四体不勤,五谷不分"②,墨家则重视生产技能、军事技能和自然知识的多种教育。

墨家弟子的分工明确,所受的教育分为三个科目。《耕柱》载:"治徒娱、县子硕问于子墨子曰:'为义孰为大务?'子墨子曰:'譬若筑墙然,能筑者筑,能实壤者实壤,能欣者欣,然后墙成也。为义犹是也。能谈辩者谈辩,能说书者说书,能从事者从事,然后义事成也。'"墨子弟子治徒娱和县子硕问墨子说:"做道义的事情什么事最重要呢?"墨子提到了谈辩、说书、从事三种类型的行义方式,这是墨家根据学生的特点指出的不同行义方式,充分发挥了学生的不同特长,体现了墨家因材施教的教学方法。墨家将谈辩、说书、从事三种工作的目标都指向义事,都是为了做成符合道义的事情。

谈辩是"学习谈话辩论的技巧方术,专门培养游说之士"③,游说诸侯,参与政事,推行墨家的学说。有学者研究指出,墨家谈辩类弟子有曹公子、高石子、管黔漱、公尚过、高孙子、魏越等④。高石子是谈辩者的典型,墨子对他十分赞赏。《耕柱》记载,墨子的弟子管黔漱推荐墨子弟子高石子到卫国工作,卫国的国君给高石子很优厚的待遇,给他"卿"的官位。高石子对自己的工作目标很明确,即推行墨家的学说,他每次上朝都尽力地宣讲墨家的主张,但是卫君都没有采纳高石子的进言。最后,高石子只好抛弃卫国的高官厚禄,回到墨子的身边。高石子由此受到了墨子的夸奖,他既是墨家辩者的典型代表,也是墨家弟子忠于墨子学说的典型代表。

说书是"解说讲习文化科学知识,专门培养学者、教师"⑤,这种人是可以专门从事记录和整理墨子言行思想,而且能在弟子后学中传授墨子思想学说的弟子们,

---

① 杨伯峻.论语译注[M].北京:中华书局,1980:110.
② 杨伯峻.论语译注[M].北京:中华书局,1980:195.
③ 孙中原.墨子及其后学[M].北京:中国国际广播出版社,2011:11.
④ 郑杰文.中国墨学通史:上册[M].北京:人民出版社,2006:31.
⑤ 孙中原.墨子及其后学[M].北京:中国国际广播出版社,2011:11.

代表人物有县子硕、随巢子、胡非子、弦唐子、相里勤、我子等①。墨家弟子的著作相对于儒家后学而言是很少的，传世著作一部没有，见于典籍记载的有《我子》一篇，《随巢子》六篇，《胡非子》三篇②，相里勤曾"著书七篇"③。

从事指"学习从事农、工、商、兵等各种实际事业，专门培养农、工、商、兵各种实用人才"④，这种人才是可以是从事守城防卫和器械制造的弟子，以禽滑厘为代表。墨子止楚攻宋时，他的坚强后盾便是"禽滑厘等三百人，已持臣守圉之器，在宋城上而待楚寇矣"（《公输》），此处的禽滑厘便拿着武器在宋国城墙上从事防卫工作。《墨子》中的《备城门》《备高临》《备梯》《备穴》《备蚁附》《杂守》等篇中都是禽滑厘向墨子询问防卫的方法，如《备城门》开篇提到，禽滑厘向墨子请教帮助小国防守的方法，墨子问他具体是要针对什么进攻方式防守，禽滑厘一下提出了临、钩、冲、梯、堙、水、穴、突、空洞、蚁傅、轒辒、轩车等十二种进攻方式。在《备城门》及接下去的篇章中，墨子向禽滑厘详细解释了守城战略战术和守城器械的制造与使用。

古代圣王采用尚贤的方法统一天下，而自己的工作并不辛劳，因为贤人可以为国君排忧解难，治理国家。《尚贤中》指出："古者圣王唯毋得贤人而使之，般爵以贵之，裂地以封之，终身不厌。贤人唯毋得明君而事之，竭四肢之力以任君之事，终身不倦。若有美善则归之上，是以美善在上而所怨谤在下，宁乐在君，忧戚在臣。"这段文字一方面讲述了圣王厚待贤才，给他们待遇和爵位；另一方面讲述了贤才竭力侍奉明君，替君主分忧。因为臣子尽心尽力为国君分担忧愁，所以国君可以过着安宁快乐的生活。墨家指出当时的王公大人，"居处言语皆尚贤，逮至其临众发政而治民，莫知尚贤而使能"（《尚贤下》），并对此进行了批判。

墨家批判当时的王公大人任用亲戚和长相漂亮的人，而不能崇尚贤能，会导致国家混乱。在墨子看来，王公大人是明白小的道理而不明白大的道理。墨子在《尚贤下》中对此批判说，王公大人如果有一件衣裳不能裁制，一定会请高明的工匠，有一头牛羊不会宰杀，必定请熟练的屠夫。在这两件小事上，王公大人是非常明白的，且能做到尚贤使能。但是如果遇到国家混乱、社稷危险的状况，王公大人却不知道任用贤才来治理，而一味任用亲戚和长相漂亮的人，这表明王公大人在大道理

---

① 郑杰文.中国墨学通史：上册[M].北京：人民出版社，2006：36.
② 班固.汉书：卷三十[M].北京：中华书局，1962：1738.
③ 林宝.元和姓纂：卷五[M].孙星衍，洪莹同，校.南京：金陵书局，1802：23.
④ 孙中原.墨子及其后学[M].北京：中国国际广播出版社，2011：11.

上是糊涂的。墨子批驳道:"夫无故富贵、面目佼好则使之,岂必智且有慧哉。若使之治国家,则此使不智慧者治国家也,国家之乱既可得而知已。"(《尚贤中》)那些无缘无故得到富贵、长相漂亮的人就一定聪明智慧吗?如果让这些人治理国家,就是让没有智慧的人管理国家,一定会导致国家混乱。

王公大人在小事方面能够做到尚贤使能,是因为"恐其败财",即担心损失自己的财物。王公大人会找好的屠夫宰杀牛羊,找好的工匠缝制衣服,而不会因这些事找亲近之人和貌美之人,因为他知道这些人的能力不能胜任这些事情,担心浪费了牛羊、损伤了衣服。但是一到治理国家就不是这样了,王公大人任用了无故富贵、长相漂亮的人,却并不审察他们是否能胜任。墨家一方面对比说明了上述道理,另一方面论述了王公大人滥用人才可能会导致的严重后果。《尚贤中》指出:王公大人因为喜欢一个人的美貌而任用他,但并不了解其才能如何。因此会出现:让才能不足以管理一百人者担任管理一千人的官职,让才能不足以管理一千人者担任管理一万人的官职。官职超过其能力十倍,结果只能管理其任务的十分之一,即使日夜不停地处理政务也处理不好。这就是王公大人不明白尚贤使能的道理,让没有才能和知识的人治理国家的结果。墨子同时也批评了当时社会上的没有才能却坦然接受官职的人:"世之君子,使之为一犬一彘之宰,不能则辞之;使为一国之相,不能而为之。岂不悖哉!"(《贵义》)安排没有技术的人去宰杀狗猪,他会主动请辞换人。然而,安排没有能力的人担任宰相治理国家,却接受职务而不要求换人,墨子认为这是很荒谬的事情。墨家既批评了王公大人任用无才之人,又批评了无才之人接受超出其能力的职务,双方都应为用人不当承担责任。

(三) 合其志功而观与人才考核

墨家考核人才注重工作实效,注重考察产生的社会效果。同时,墨家也不忽视工作动机,良好的出发点也是墨家考察工作的重要内容,尤其是工作实效还没有呈现出来之前,动机便是考察的重要内容。

首先,墨家重视行为的效果,"虽有贤君,不爱无功之臣"(《亲士》),贤明的君主都希望臣子有良好的工作成绩。墨子指出,盲人虽然能说出"白色"与"黑色",但是如果给盲人实际的黑色和白色的东西,他却无法判断。现在天下君子能给"仁"下定义,在道理上都知道何谓"仁",但如果把"仁"和"不仁"的事情放在一起,让天下君子辨别，他们就不能判断了。这表明，墨子希望人们不仅能够谈论仁义，而且能够践行仁义。

墨子重视行为的效果，而不在乎外在的形式。《公孟》载：儒家学者公孟子问墨子服饰与行为的关系，问是否君子的服饰一定要与言行相配。墨子认为服饰与行为没有必然联系，他举例齐桓公、晋文公、楚庄子、越王勾践四位国君的服饰明显不同，但是他们都能将国家治理的很好，由此证明人们的行为与服饰无关。这一观点对当今社会有重要启示意义，当代有些领导者重形式、讲排场的作风严重，而墨家则提醒我们，工作中重要的是效果而不是形式。虽然当前国家反腐力度在不断加大，但仍有一些政府办公楼追求豪华气派。有的地方政府一边债台高筑，一边盖豪华办公大楼；有的国有企业一边要着国家的补贴，一边盖大楼，搞排场。可以说，形式主义、奢华之风在当代社会时有发生。有的官员，反腐倡廉报告做得特别深刻，而自己却陷入了形式主义的泥潭和腐败的深渊。因此考察人才，不仅要看其言论，更要考察其实践效果。

其次，行为的效果不明显时，墨家则注重考察行为动机的正当性。《耕柱》记载了儒家代表巫马子与墨子辩论兼爱的价值。巫马子认为，当兼爱天下和不爱天下都不能看出实效的情况时，不能只认为兼爱天下是对的而不爱天下是错的。墨子从考察动机的角度反驳了巫马子的观点，他举例说，假如有人在放火，一个人准备用水浇灭它，一个人准备拨火而使它烧得更旺，都还没有产生实际行为，到底哪一个人的动机更可贵呢？巫马子认为浇水的动机是对的，而拨火的动机是不对的。墨子因此提出，兼爱天下的动机是对的而不爱天下的动机是不对的。这场辩论中墨子论证了动机正当的重要性。

再次，墨家的人才考核重视实践行为的长期性，重视人才的忠诚问题。《耕柱》记载巫马子嘲笑墨子做义事，既没有人看见他行义，又没有鬼神降福给他，他却坚持去做，简直是有疯病。墨子反问巫马子，假设你有两个家臣，一个你在面前就做事，你不在面前就不做事，另一个无论你在不在面前都做事，你看重他们当中的哪一个？巫马子认为那个无论自己在不在面前都做事的人更可贵，这也正是墨子的选择。虽然墨子举这个例子是为了说明无论他人和鬼神能否看见，自己都持之以恒地宣传道义，但通过巫马子之口却指出了考核人才更要注重长期性的观点。

人才考察的长期性问题即墨子所讲的忠臣问题。《鲁问》记录了鲁阳文君与墨子讨论忠臣的问题。鲁阳文君所讲的忠臣是严格执行国君命令者。墨子认为，鲁阳文君所讲的忠臣只是执行国君的命令,就像是国君的影子和回声,不能给国君什么帮助。忠臣应是国君有过错就想办法劝谏,自己有好的计谋就告诉国君,匡正国君的错误而使之走向善道,与国君保持一致而不与他人勾结,国君享有美名和安乐,而怨仇和忧愁则由臣下担当。显然,墨子所讲的忠臣是按照道义的要求,积极创造性的协助国君处理政务、为国君分忧的臣子,而不是简单的接受和执行命令的臣子。

最后,墨家主张人才的任职是能上能下的,不是终身制的。墨家主张从品德、能力、效果等方面考核官吏,对他们进行奖励和惩罚,甚至直接改变其职务,乃至免职。墨子指出,古代圣王执政时的用人状况是:"以德就列,以官服事,以劳殿赏,量功而分禄。故官无常贵,而民无终贱,有能则举之,无能则下之,举公义,辟私怨,此若言之谓也。"(《尚贤上》)古代圣王施政时,按照品德的高低安排官职,按照功劳的多少决定赏赐,官员的待遇完全是按实际工作表现来裁定。墨子提出"官无常贵,而民无终贱"的原则"来打破亲亲、贵贵的周制,来取消世卿专政、贵族专权,使庶民能够登上政治舞台"①,代表了下层百姓的心声。墨家提出的官员能上能下的观点,有利于持续激发人才工作的积极性,保持人才队伍的生机与活力,值得当代管理者借鉴。

第二节　尚同一义与组织管理

为了实现管理的目标,必然要建立一定的组织,并规定各级组织的职责范围与协作关系。现代管理学对组织的性质、形态、功能、结构等进行了全面研究,例如法约尔将组织作为管理活动的基本职能之一,韦伯提出了理想的行政组织体系理论,梅奥等行为科学家区分了正式组织与非正式组织,巴纳德全面研究了正式组织与非正式组织。正式组织是"具有一定的目标,并且由规章、制度、方针、政策等规定

---

① 詹剑峰.墨子的哲学与科学[M].北京:人民出版社,1981:54.

企业中各成员之间相互关系和职责范围的一定组织体系"①,非正式组织是"企业成员在共同工作的过程中,由于抱有共同的社会感情而形成的非正式团体"②。中国传统管理学虽没有西方管理学那样具体、系统的组织理论,但传统思想中有丰富的关于组织问题的论述。例如儒家荀子关于"人能合群"的观点:"人之生,不能无群,群而无分则争,争则乱,乱则穷矣。故无分者,人之大害也;有分者,天下之本利也。而人君者,所以管分之枢要也。"③群就是指人的社会组织,这是人不同于动物的地方。分指人的不同的社会地位、职分,也有社会分工的内涵。分的标准是"礼义",即社会伦理道德。墨家也有丰富的社会组织管理思想,不但墨家学团本身是一个组织严密的机构,而且《尚同》篇正是关于社会组织管理的重要篇章,此篇提出了一个国家组织的系统架构,是墨家组织管理特色的重要体现。

一、上同于天与下同于民

(一) 尚同的内涵

在《墨子》一书中,"尚同"即是"上同","上"与"尚"通假。所谓尚同,就是强调在下位者的思想认识、言论、行为都要统一服从于在上位者,最后统一于天子、上天。

第一,从思想内容看,尚同即"同一天下之义"。墨家认为,天下混乱的原因是人们"是其义,以非人之义"(《尚同上》),人们都认为自己的道理是对的,而批评别人的道理,互相指责。墨家指出,解决天下混乱的办法就是统一人们的思想,要求人们在思想言论方面尚同于仁人,这里的仁的内涵即墨家的兼爱,最终目标是兴天下之利,除天下之害。或者说,尚同即尚同于墨家的根本思想。

第二,从统一的对象看,尚同是上同于家君、里长、乡长、国君、天子,最终乃"上同于天"。天子在尚同方面提出的要求是:"闻善而不善,皆以告其上。上之所是必

---

① H. 法约尔.工业管理与一般管理[M].周安华,等译.北京:中国社会科学出版社,1982:6.
② H. 法约尔.工业管理与一般管理[M].周安华,等译.北京:中国社会科学出版社,1982:6.
③ 王先谦.荀子集解[M].沈啸寰,王星贤,点校.北京:中华书局,1988:179.

皆是之,所非必皆非之。上有过则规谏之,下有善则傍荐之。上同而不下比者,此上之所赏而下之所誉也。意若闻善而不善,不以告其上。上之所是弗能是,上之所非弗能非。上有过弗规谏,下有善弗傍荐。下比不能上同者,此上之所罚而百姓所毁也。"(《尚同上》)尚同有如下几层要求:

1. 向上级汇报所见所闻

下级要"闻善而不善,皆以告其上",反对"闻善而不善,不以告其上"(《尚同上》)。墨家要求制定下级向上级如实汇报的制度,百姓无论听到好的还是不好的,都要向上级汇报。下面有好的言论或行为,就去了解并汇报。

2. 服从上级的观点

"上之所是必皆是之,所非必皆非之",反对"上之所是弗能是,上之所非弗能非"(《尚同上》),上级认为对的,大家一定认为对,上级认为错的,大家一定认为错。下级要与上级相互协调,而不能在下级之间拉帮结派。

3. 规谏上级的过失,举荐社会上的善行

要求"上有过则规谏之,下有善则傍荐之",反对"上有过弗规谏,下有善弗傍荐"(《尚同上》)。墨家要求建立下级向上级的进谏和举荐制度,下级发现上级有过失就加以劝谏,发现下面有好的人和事就向上级推荐,反对发现上级有过失不加以劝谏,发现下面有好的人和事不举荐的行为。如果不能按照这些原则去做,就会受到上级的责罚和百姓的非议。

第三,墨家尚同在形式上最终上同于天。在形式上,墨家主张层层上同,下级严格服从上级,最终上同于天,天是最高级别的尚同对象。在实质上,墨家关注天下人民之利,天志其实是民志的反映。伍非百指出:"天子上同于天,天又下同于民,则是墨之子尚同,乃以民意为最高之同也。吾故曰,墨子之天志主义,即人志主义,与其言'上同',吾甯谓之'下同'。"[①]墨家虽然没有完全突破等级制度,没有改变尊卑的政治格局,但在一定程度上反映了墨家作为小生产者代表的立场,曲折地反映了下层人民的愿望。墨子既论天志明鬼,重视神权,又讲尚同,强调君权,同时下同于民意,试图实现神权、君权、民权三者的有机统一。墨家尚同的目标就是"保持国家的政治、思想、文化、经济、法治等方面的高度统一,其目的是兴天下之利,实

---

① 伍非百. 墨子大义述[M]. 上海:上海书店,1992:119-120.

现'兼相爱,交相利'的社会理想,而非按照天子一己的意志而为所欲为"①,因此有的学者将尚同看成是封建专制思想的理论源头是不恰当的。

(二)尚同的必要性

墨子所处的战国时代是一个乱世,诸子各派思考的焦点问题是如何改变社会的混乱局面,从而实现社会和谐与天下大同。墨子同样对此问题进行了深入思考,他所讲的尚同思想直接指向了"国家昏乱"的局面,认为产生混乱的原因是没有做到上同。

首先,人们思想、言论不统一是导致天下混乱的根源。墨子认为"国家起源于统一道义的需要,只有统一道义才能息争止乱"②,天下之所以混乱,就是因为没有行政长官来统一人们的思想,"一人则一义,二人则二义,十人则十义"(《尚同上》),人人都认为自己的道理是对的,所以批评别人的道理,于是就产生了人与人之间的矛盾与不和谐。由于人们都以自己的观点批评对方,这导致了家庭中父子兄弟间产生怨恨,家庭关系疏远而不亲近和睦。天下的老百姓都用水火毒药互相残杀,有多余的财富不能与人分享,有好的道理隐藏起来不与人分享,天下因此陷入了与禽兽一样的混乱局面。

其次,思想、言论不统一的直接原因是没有行政长官来统一天下的言论。因此要选择天下贤能的人立为天子、三公、诸侯国君和地方行政长官,完备的行政系统就可以实现统一天下之义。《尚同上》指出:"夫明虖天下之所以乱者,生于无政长。是故选天下之贤可者,立以为天子。天子立,以其力为未足,又选择天下之贤可者,置立之以为三公。天子三公既以立,以天下为博大,远国异土之民、是非利害之辩,不可一二而明知,故画分万国,立诸侯国君。诸侯国君既已立,以其力为未足,又选择其国之贤可者,置立之以为正长。"墨家既然找到了天下混乱的根本原因,即没有行政长官来统一人们的思想,因此他主张选择天下的贤才担任各级行政长官。首先选择贤能的人做天子,接着选择贤能之士做三公辅佐天子,然后设立诸侯国君管理天下各个区域,最后再设各级行政长官辅佐诸侯国君。行政系统设立完备之后,天子就可以发布政令,从而统一天下言论,这样便可以消除天下混乱的局面。

---

① 彭双,涂春燕.墨子管理思想研究[M].成都:电子科技大学出版社,2006:64.
② 谭家健,孙中原.墨子今注今译[M].北京:商务印书馆,2009:59.

最后,国家混乱的重要原因是官员不了解社会的实际情况,从而导致"上下相贼"。天子施政"得下之情则治,不得下之情则乱"(《尚同下》),能够了解下面的实情就能够治理好,不能了解下面的实情就会陷入混乱。因为能及时了解民情,就能够"得善人而赏之,得暴人而罚之"(《尚同下》),国家就能治理好。反之,如果不了解民情,就"不得善人而赏之,不得暴人而罚之"(《尚同下》),这样国家就会陷入混乱。墨子认为,了解下情的办法就是"以尚同一义为政"(《尚同下》),通过国家各级行政组织,一级一级的及时传递国家治理信息,就可以快速了解社会信息,及时掌握国家治理的真实情况,从而高效的处理行政事务,因此用尚同的方法统一意见来施政,能够大大提高行政效率。

总之,天下混乱是由于没有做到尚同,没有行政长官来统一天下之义,天子不了解天下的情况。墨家提出尚同思想,主张设立完备的自地方行政长官到天子的各级行政长官,来统一天下之义,全面了解社会情况,从而克服天下的混乱局面。墨家提出"尚同为政之本,而治要也"(《尚同下》),将尚同和尚贤一样放在了政治的根本地位,足见尚同在墨家政治思想中的重要地位。

二、尚同机制与上下通情

(一) 从上政下的国家机构

墨家所构想的统一天下舆论的方法是尚同,从《尚同上》和《尚同中》看,里长、乡长、国君、天子在其管辖的范围内对实行尚同一义有重要作用。在墨子看来,里长是一里之内的仁人,能够统一里内人民的意愿,能治理好一里。乡长是一乡之内的仁人,能够统一全乡人民的思想,能治理好一乡。国君是一国之中的仁人,能够统一国内百姓的思想,能治理好一国。天子是天下的仁人,能够统一天下人的思想,能治理好天下,天子的思想最后需要尚同于天。因此墨子提出了"无从下之政上,必从上之政下"的尚同机制:"庶人竭力从事,未得次己而为政,有士政之;士竭力从事,未得次己而为政,有将军大夫政之;将军大夫竭力从事,未得次己而为政,有三公诸侯政之;三公诸侯竭力听治,未得次己而为政,有天子政之;天子未得次己而为政,有天政之。"(《天志上》)这里所提是以"天—天子—三公诸侯—将军大夫—士—庶人"的模式一级一级往下匡正,从而实现天下治的治理机制。

墨子认为,里长是一里之中仁人的代表,乡长是一乡之中仁人的代表,国君是一国之中仁人的代表,天子是天下仁人的代表,是各个领域内人民学习的榜样。通过每一级领导者的引导学习,社会风气将会朝着领导者引领的方向发展。例如,晋文公喜好穿粗陋的衣服,他让人穿粗陋的衣服虽影响形象,但在心理上能够承受,做到并不困难。楚灵王好细腰,臣子坚持每天只吃一顿饭,饿得脸色瘦黑,连走路的力气都没有,要扶墙壁才能站起来,但因为楚灵王喜欢,所以臣子能够做到。越王勾践喜欢勇敢,为了测试臣子的勇敢,他让臣子冲进焚烧的宫殿,而且自己亲自擂鼓,武士听到鼓声,争先冲入火中,被烧死的有一百多人。因为三位君王的提倡,臣子们都努力做了难以实现的事情。墨子通过以上三则故事表明,天下百姓都认为难做的事情,只要国君重视,士人愿意付诸行动,都能做成功。墨子论证了领导人的喜好对臣子行为的影响,正如孔子所言:"君子之德风,小人之德草。草上之风,必偃。"[1]领导者的作风好比风,老百姓的作风好比草,风向哪边吹,草向哪边倒。这就要求各级官员在其治理范围内当好模范,做到上同一义,从而引领社会风气。

里长统一了里内的见解,又率领里内的人民去尚同于乡长。里长应告诫里内百姓:"凡里之万民,皆尚同乎乡长,而不敢下比。"(《尚同中》)即凡是里中的民众,都应该上同于乡长,而不能迎合下面的朋友。乡长是一乡之中的贤人,是百姓学习的榜样,全乡人都效法乡长,就能够统一全乡之义,一乡就治理好了。乡长所认为对的都必须认为对,乡长认为错的也都必须认为错。抛弃人们不好的言论学习乡长的好言论,改掉人们的不好行为学习乡长的好行为。乡长能够统一乡里的道义,就能够治理好一乡。

乡长治理好乡之政后,又率领乡内人民与国君意见一致。乡长应告诫乡内百姓:"凡乡之万民,皆上同乎国君,而不敢下比。"(《尚同中》)乡长向全乡发布政令,要求全乡百姓:不论听到好的还是不好的一定要拿来报告国君,国君认为对的都认为对,国君认为错的都认为错。国君是一国中的贤人,国中所有的人都要效法国君,全国的道理统一了,国家就治理好了。去掉人们不正确的言论而学习国君的正

---

[1] 杨伯峻.论语译注[M].北京:中华书局,1980:129.

确言论，去掉人们的不良品行而学习国君的优良品行。国君能够统一国家的道义，就能够治理好国家。

国君治理好国家之后，又率领国内的人民上同于天子。梁启超指出：上同于天子，"就是叫人民都跟着皇帝走"①。国君向全国百姓发布政令："凡国之万民，上同乎天子，而不敢下比。"（《尚同中》）国君应要求国内百姓：凡是国中的百姓都应上同于天子，而不可奉承下面的朋友。天子是天下的仁人，天下的百姓都应效法天子。无论听到好消息还是坏消息都要向天子报告，天子认为对的就认为对，天子认为错的就认为错，改掉自己错误的言论而学习天子正确的言论，改掉自己的不良行为而学习天子的正确行为。天子能够统一天下的道义，所以能够治理好天下。

天子还不是最终的上同对象，天子还必须上同于天。上天的愿望是什么呢？墨子指出："古者圣王，明天鬼之所欲，而避天鬼之所憎，以求兴天下之利，除天下之害。"（《尚同中》）上天的要求在《墨子》书中主要表现为"兴天下之利，除天下之害"。从祭祀天鬼方面看，古代圣王率领天下万民，斋戒沐浴，准备洁净而丰盛的酒食祭祀天帝鬼神；从处理政务方面看，古代圣王审理诉讼不敢不公正，分配财物不敢不公平，待人接物都不敢怠慢。鬼神不仅在祭祀方面约束着人间天子的行为，更在处理政务方面时刻约束着为政者，使他们小心谨慎地执行上天的旨意。

墨家的尚同于天是为了论证君权神授，是一种神道设教的形式。一方面，上天对君权有所限制，一定程度上反映了百姓愿望，有"假天以裁制天子"②之意。从最高层的天子到最底层的里长的权力都是上天赋予的，天志的实质是民意的理想化表达，因此墨家的国家治理机构是在民意的指导下设立的。同时，墨家借鉴上天来帮助天子统治人民，借鉴上天的力量来惩罚百姓："今若天飘风苦雨，溱溱而至者，此天之所以罚百姓之不上同于天者也。"（《尚同上》）自然灾害不仅惩罚天子，同样惩罚不服从天子统治的天下百姓。另一方面，上天反映了君主的意志，正如郭沫若说："天不过是王的影子。故结果是王的意志就是天的意志，王的是非就是天的是非。而反过来，所谓'天志'实在也不过就是王志了。"③墨家的尚同思想强调君主集权，这种思想后来经过法家的弘扬，成为中国封建社会两千多年的基本政治格局。本书倾向于上天的意志主要是人民意志的反映，虽然墨家维护天子、诸侯国君

---

① 张品兴.梁启超全集：第六册[M].北京：北京出版社，1999：3275.
② 杨俊光.墨子新论[M].南京：江苏教育出版社，1992：78.
③ 郭沫若.郭沫若全集·十批判书：第二卷[M].北京：人民出版社，1982：113.

的权威,但墨家治理思想的实质是曲折地反映了人民的愿望。

墨家尚同于天的根本目标是为了万民之利。墨子指出:"其为正长若此,是故上者天鬼有厚乎其为政长也,下者万民有便利乎其为政长也。天鬼之所深厚,而能强从事焉,则天鬼之福可得也。万民之所便利,而能强从事焉,则万民之亲可得也。"(《尚同中》)行政长官能够尚同于天,能够谨慎的祭祀鬼神,认真对待政事,做到兴天下之利,除天下之害,那么鬼神就会优厚地对待他,从而得到鬼神的福佑,他能为万民办事,因此可以得到万民的拥护,这样就能够"谋事得,举事成,入守固,出诛胜者"(《尚同中》)。墨子批评当时天下的行政长官不能做到尚同于天,不能做到兴天下之利,除天下之害,"昔者圣王制为五刑,以治天下,逮至有苗之制五刑,以乱天下"(《尚同中》),古代圣王制定五种刑律来治理天下,而有苗氏却用五种刑律来扰乱天下,这就把五刑变成了五杀。

综上所述,墨家的尚同机制鲜明地反映了天下百姓的心声,借助天志将百姓的心声注入整个行政体制之中。墨子所提出的尚同机制,正是通过国家的行政体系,从家君、里长、乡长、诸侯国君、天子一级一级地向上统一思想、言论与行为,最终上同于天。各级官员都要在自己的管理范围内做好仁人的表率,并且把管辖范围内的百姓思想、言论引导与上级保持高度一致,就能上同天下之义,并且最终上同于天。天志由此成为尚同的最高统一标准,兴天下之利,除天下之害,便成了尚同的最高目标。

然而,墨家并没有反对社会等级体制。墨家尚同主张"无从下之政上,必从上之政下"(《天志上》),墨家理想的政治系统仍是由天、天子、国君、乡长、里长这些不同等级组成的"绝对的自上而下统治服从的系统"①,"墨子完全没有提出废除贵贱等级的主张,反而是在着意维护等级制度这个巨大的金字塔"②。因此有学者认为,墨子的尚同论可谓是后世中央集权的专制主义封建国家理论的最早表述。甚至在墨家的理想社会里还容许奴隶的存在,即对于"不肖者抑而废之,贫而贱之,以为徒役"(《尚贤中》),抑制和罢免品行不好、没有才能的人,让他们做劳役而处于贫贱。笔者认为,墨家并不是自觉的建构一套中央集权的专制理论,只是由于当时的社会发展水平限制了其思想的发展水平,墨家没有突破等级制度的框架,而是在这一制度框架下尽最大可能地保障广大百姓的利益。

---

① 杨俊光.墨子新论[M].南京:江苏教育出版社,1992:70.
② 杨俊光.墨子新论[M].南京:江苏教育出版社,1992:71.

墨家的尚同思想是建立在尚贤思想基础之上，只有确保里长、乡长、诸侯国君、天子都是贤才，国家各个层级的管理机构才能有效运转。在尚同思想的指导下，墨家提出选拔贤能的人担任天子、三公、诸侯国君及各级行政长官等。这种管理组织从中央一直延伸到地方，有利于从中央到地方的管理协调统一性。《墨子》书中出现了三个略有差异的领导体制。

一是《尚同上》提出了"天子（三公）—诸侯国君—正长"的领导体制。首先，选择天下贤能的人立为天子，因为天子的力量不能够治好天下，所以选择贤良之士立为三公来辅佐天子；其次，选择天下贤能之士设为诸侯国君，因为天下广大，远国异地之人的是非利害之辩需要引导；最后，选择天下贤能的人设立正长，正长可以协助诸侯国君治理地方。"正长"在《墨子》中有两种内涵，一为正长即政长，指行政长官，包括天子、诸侯在内的整套行政人员，二为正长等同于《尚同中》所讲的左右将军大夫及乡里之长。

二是《尚同中》提出了"天子（三公）—诸侯国君（左右将军大夫）—乡长—里长"的领导体制。这一设置构想与《尚同上》基本相同。首先，选择天下贤良、圣明、善于表达的人担任天子，由于天子不能依靠个人的耳闻目见来独自统一天下的思想、言论和行为，因此选择天下贤良、圣明、善于表达的人设立为三公，来协助天子统一天下的道义；其次，设立诸侯国君，因为天子、三公的力量不可能统一天下的人民，所以需要划分天下而设立诸侯国君，让他们统一各诸侯国内的道义；最后，选择国内的贤人担任左右将军大夫、乡长、里长，因为国君凭其个人耳闻目见不能够统一一国之义，所以需要左右将军大夫、乡长、里长参与从事统一国内的道义。这里的将军即卿，将军大夫即卿大夫，因为春秋战国时期诸侯国都以卿为将，通称为"将军"，这种用法还可见于《周礼》《管子》《竹书纪年》等书。

三是《尚同下》提出的"天子（三公）—诸侯（卿与宰）—乡长—家君"的领导体制。首先，选择贤能的人立为天子，天子自知个人能力不足以独自治理天下，于是选择三公协助自己；其次，三公的力量不足以单独辅佐天子，因此天子要分封诸侯国，设立诸侯国君，诸侯国君的力量不足以单独治理国家的所有地域，于是选择贤能的人做卿与宰；最后，卿与宰认为自己的能力不足以单独辅佐诸侯国君，因此选择贤能的人做乡长、家君（家君即家族的首长）。各级行政长官都由贤能者担任，同时又选择贤能者协助自己管理好自己的领域，最终实现各个层次的良好治理。

《尚同上》中的正长即行政长官，据《尚同上》后文以天子、诸侯国君、乡长、里长展开论述,可见正长应包括诸侯国君以下的乡长和里长两个层级。与《尚同上》的层级不同的是,《尚同下》在诸侯国君和乡长之间加入了卿、宰一级,在乡长之下设立了家君,而没有提到里长。有学者指出,《尚同下》一改前两篇"里长—乡长—国君—天子"四级领导体制为"家君(乡长)—国君(卿、宰)—天子"三级制,反映了下篇作者的地区或时代与前两篇有些不同。① 笔者认为,《尚同》三篇在官制方面都有一定差异。《尚同上》提出的是"天子(三公)—诸侯国君—正长"三级制,《尚同中》提出的是"天子(三公)—诸侯国君(左右将军大夫)—乡长—里长"四级制,《尚同下》提出的是"天子(三公)—诸侯(卿与宰)—乡长—家君"四级制。墨家在国家管理层次的设置方面较儒家更为详细,在管理的幅度、职能、赏罚方面皆有明确的论述,尤其是墨家学团内部有严密的组织和纪律,墨家学团表现出强大的凝聚力,因此墨家的组织管理思想值得借鉴。

古代的圣王得到贤才的辅佐之后,会裂地以封之,"天子三公既已立矣,以为天下博大,山林远土之民不可得而一也,是故靡分天下,设以为万诸侯国君,使从事乎一同其国之义"(《尚同中》)。天子为了更好地管理天下,于是将天下的疆土分封给诸侯国君,这是从国家起源的角度解释分封制产生的原因。墨子的以上观点可谓是现存最早的对分封制的研究②。据《左传》记载:"天子建国,诸侯立家,卿置侧室,大夫有贰宗,士有隶子弟,庶人、工、商,各有分亲,皆有等衰。"③分封制又称为封建制,是天子给宗亲姻亲、功臣子弟和前朝遗民划分一定的领地,给予相应的统治权的一种制度,夏商周三代实行的都应是分封制。此处《左传》的文字说明了分封制的等级问题,天子建立诸侯国,诸侯建立卿大夫的家,卿设置侧室,大夫有贰宗,士有仆隶子弟,庶人、工、商各有亲疏,都按等级依次降衰,分封制可谓是重视等级差异的不平等制度。

墨子提到了天子分封诸侯国,再依次分乡长、里长,但没有指出各级领地的相对大小。后来的孟子对此有较细的说明。《孟子·万章章句下》载:北宫锜问孟子周朝制定的官爵和俸禄的等级制度问题,孟子指出,周代分封"天子之制,地方千里,公侯皆方百里,伯七十里,子、男五十里"。④ 公、侯、伯、子、男是天子分封的五

---

① 谭家健,孙中原.墨子今注今译[M].北京:商务印书馆,2009:73.
② 葛志毅.周代分封制度研究[M].哈尔滨:黑龙江人民出版社,2004:1.
③ 杨伯峻.春秋左传注[M].北京:中华书局,1990:94.
④ 杨伯峻.孟子译注[M].北京:中华书局,2005:255.

等诸侯国。天子直接管理的土地纵横各一千里,公和侯各一百里,伯七十里,子、男各五十里。这表明诸侯国的大小存在明显的差别。

墨子提出用选举的方法来选出国家的最高领导人及各级官员,其尚贤理论具有鲜明的民主色彩。鲍鹏山把墨子的政治构想称为"民主联合政府"①。选举的标准就是贤良、聪明和善辩,完全不涉及出身问题、血统问题,这就打破了中国古代官员由贵族担任的世袭制。在墨子这里,从最基层的里长、乡长到国君、天子,都是由选举产生的。正如梁启超将墨家的国家起源归为"民约论":"墨子之政术,民约论派之政术也。"②天下混乱的原因是由于无正长,因此要选择圣贤立为天子,"谁选择之?民选择之。谁立之?谁使之?民立之,民使之也。然则墨子谓国家为民意所公建,其论甚明"③。陈转青指出:"墨家尚贤,就管理职位而言,是包括含天子以内的整个层次,与法家等诸子学派比较,在择才等级上更为全面。换言之,其他诸子的人才选拔,多是为君主搜罗人才,墨家则将天子也列为人才考察对象。"④墨家人才选拔思想在当时看来是民主而先进的。

虽然墨子对上自天子下至里长的选举都提出了标准,但是他没有提出由谁来选举,谁有选举权。鲍鹏山指出:"这是墨子理论的漏洞。实际上这也是中国政治本身存在的一种缺陷","在中国的历史上是没有'公民'的,没有公民这个概念,没有公民这个政治学的范畴。因为公民必须具备两个权利,选举权和被选举权。"⑤

正由于墨子只提出了选举的原则,只提出了谁有被选举权,要求普遍公平地选举贤才担任各级行政长官,但是由谁来选举呢,由谁来实施这一宏伟的政治构想呢?墨子没有解决这一问题,因此他的政治构想缺乏实践性,甚至只是一个空想而已。这与墨子注重实践的品格是相矛盾的,墨子十分注重推行墨家的主张,希望自己的理念能够在社会中落实,从而改造社会。他没有提出由谁来选举,是因为他没有找到能够民主选举天子等各级官吏的力量。而这个力量在当时社会中没有出现,墨子的局限正是当时社会现实的反映。因此有学者指出:"这种'尚同'的思想,反映了作为小手工业者的墨家学派重视集中统一和严格的纪律性,以及幻想通过

---

① 鲍鹏山.先秦诸子十二讲[M].上海:上海科学技术文献出版社,2007:133.
② 张品兴.梁启超全集:第六册[M].北京:北京出版社,1999:3176.
③ 张品兴.梁启超全集:第六册[M].北京:北京出版社,1999:3177.
④ 陈转青.墨家管理思想研究[M].北京:中国农业科学技术出版社,2006:34-35.
⑤ 鲍鹏山.先秦诸子十二讲[M].上海:上海科学技术文献出版社,2007:134.

'尚同'而实现太平的一种理想。"①墨子尚同思想的幻想性在于他的实现机制上出了问题,没有明确的实现主体,从而导致一切美好的愿望都流于幻想。其实,不仅墨家的理想难以实现,儒家提倡的大同社会也同样没有找到实践主体,始终停留在理想之中。

(二)上下通情的尚同效果

墨家指出设立各级行政长官的目的有两方面:

一方面,古代设置行政长官是为了治理人民,从而实现人们思想上的统一和社会政治上的有序。墨子认为古代社会出现混乱的原因是由于没有行政长官来统一人们的思想,"明乎民之无正长以一同天下之义,而天下乱也"(《尚同中》)。因此要设立政长来治理天下百姓,教化天下的淫暴之徒,使他们上同一义,"故古者之置正长也,将以治民也。譬之若丝缕之有纪,而罔罟之有纲也,将以连役天下淫暴而一同其义也"(《尚同中》),用尚同来治理天下就像渔网有纲一样有条不紊。因此"古者天子之立三公、诸侯、卿之宰、乡长家君,非特富贵游佚而择之也,将使助治乱刑政也",选拔贤者担任天子、三公、诸侯国君及各级行政长官,不是选择他们来过富贵安逸的日子,而是让他们来管理天下。

墨子批评了当时的王公大人:今天的王公大人任用宠幸的臣子,将父兄或宗族故旧安排重要的官职,这样安排无法实现公正的行政管理,而是结党营私。如果上下道理不一致,奖赏和称赞就不能勉励人向善,刑罚不能阻止动乱,因为"上之所赏,则众之所非"(《尚同中》),上面所奖赏的人可能正是群众所非议的人,"上之所罚,则众之所誉"(《尚同中》),上面所惩罚的人可能正是群众所赞赏的人。在墨子看来,这样有行政长官与没有行政长官就没有区别了,"非所以治民一众之道"(《尚同中》),这不是治理人民、统一道义的方法。

另一方面,上同于天,天志的主要内容是为民兴利除害。墨家认为,古代圣王设立天子、诸侯、大夫师长等各级行政长官,不是为了提高他们的爵位,给予他们俸禄,放纵他们富贵淫逸,而是为了顺应天志,选贤才为广大人民谋利益,使人民富裕,社会安定。墨子在此批评当时社会的行政长官不能为民兴利,反而危害人民:

---

① 谭家健,孙中原.墨子今注今译[M].北京:商务印书馆,2009:59.

"方今之时之以正长,则本与古者异矣。譬之若有苗之以五刑然。昔者圣王制为五刑,以治天下,逮至有苗之制五刑,以乱天下。则此岂刑不善哉?用刑则不善也。"(《尚同中》)当时的行政长官和古代的行政长官不同,从前圣王制定五种刑律是为了治理天下,而有苗氏制定五种刑律却扰乱了天下。扰乱天下的做法显然不符合天志,未做到上同于天。

在墨子看来,用尚同的原则治理社会效果十分明显。

第一,各级行政长官协助天子了解民情,天下人都不敢做淫暴之事。古代圣王选拔能够尚同的人担任行政长官,所以上下信息传递十分畅通,"上有隐事遗利,下得而利之;下有蓄怨积害,上得而除之。是以数千万里之外有为善者,其室人未遍知,乡里未遍闻,天子得而赏之。数千万里之外有为不善者,其室人未遍知,乡里未遍闻,天子得而罚之"(《尚同中》)。由于各级行政官员及时将民情向上传递,所以天子能及时了解民间怨恨并给予疏导,及时发现好事和坏事并给予奖惩,这就使全天下的人都恐惧害怕,不敢做淫暴之事。天子视听神速,给天下百姓以极大的威慑力量,实际上这是天子能够充分利用他人帮助自己视听、言谈、思考、行动的结果,所以天子能做到见闻广博,办事能够很快成功。墨子认为,借鉴众人的耳目进行视听比靠一个人耳目视听要强很多,借助众之手进行操作比仅靠个人之手做事要强很多。古代圣王正是借助尚同的理论,使左右辅佐的人都帮助他观察和了解民情,因此他谋划事情很周到,做事能成功,他的荣誉和美名能够更好地传扬出去。

第二,各级行政长官协助天子了解民情,所以天子能做到赏罚分明,从而实现国家富裕,人民众多,刑政治理,政权稳定。墨子指出:"助之视听者众,则其所闻见者远矣;助之言谈者众,则其德音之所抚循者博矣;助之思虑者众,则其谈谋度速得矣;助之动作者众,即其举事速成矣。"(《尚同中》)能以尚同的原则治理政事,正是古代圣王办事成功的原因。"古者国君诸侯之以春秋来朝聘天子之廷,受天子之严教。退而治国,政之所加,莫敢不宾。当此之时,本无有敢纷天子之教者"(《尚同下》),《诗经》中的诗句"我马维骆,六辔沃若。载驰载驱,周爰咨度"和"我马维骐,六辔若丝。载驰载驱,周爰咨谋",正是形容古代国君诸侯到处考察民情并报告天子的情形。古代的诸侯见或看到好和坏的事情都会迅速告诉天子,所以天子能做到"赏当贤,罚当暴,不杀不辜,不失有罪"(《尚同下》),这就是尚同的效果。

第三,尚同理论上可以治天下,中可以治国,下可以治家。《尚同下》曰:"尚同之为说也,尚用之天子,可以治天下矣;中用之诸侯,可而治其国矣;小用之家君,可而治其家矣。是故大用之治天下不窕,小用之治一国一家而不横者,若道之谓也。故曰:治天下之国若治一家,使天下之民若使一夫。"在墨家看来,尚同的主张可以在天下、国家、家族等各个不同范围内使用,都能发挥很好的效果。上用于天子可以治理天下,中用于诸侯可以治理国家,下用于家长可以治理一个家族、家庭。用于治理诸侯国如同治理一个家族,派遣天下的人民做事就像派遣一个人做事,这就是尚同的效果。

  笔者认为,墨家的尚同一义并不提倡"领导者的独断专行,而在于充分吸取民众意见之后所形成的真正意义上的'共识'"①,然而,尚同一义的思想仍存在走向专制统治的危险。墨子认为天下出现混乱的原因在于众议纷纭,"一人一义,十人十义,百人百义"(《尚同中》),因此他主张通过尚同来统一天下之义,最后便走向只要天子认为对的,万民一定要说对,天子认为错的,万民也一定要认为错。如果某人跟天子的意见不一致,就被认为是在拉帮结派,将会受到刑罚,百姓也会抛弃他。墨家尚同思想的出发点是为了建立一个民主联合政府,关心天下百姓,但最终仍不可避免地走向了专制和独裁。虽然墨家试图用天限制天子的权力,"天子有善,天能赏之;天子有过,天能罚之"(《天志下》),但由于上天力量的软弱性,只能是一种无力的道德说教,发挥的作用十分有限。

三、化之所致与尚同凝力

(一) 墨家组织凝聚力的表现

  墨者的信仰之所以广泛流传而产生巨大的社会影响,成为先秦显学,与其组织严密是分不开的,正如方授楚指出:"墨子之学说,已略如上述,其目虽繁,根本则在平等。然以一贱人倡之,竟成一大学派以移当世风尚者何耶?则墨子人格之威化与其组织之完善也。墨子人格之伟大,观其行事可知,而墨家之组织非仅一学术团体,似革命机关,亦似后世秘密会党,盖组织甚密而纪律甚严也。"②墨家组织的严

---

① 黎红雷.中国管理智慧教程[M].北京:人民出版社,2006:164.
② 方授楚.墨学源流[M].上海:中华书局,上海书店联合出版,1989:115.

密性表现如下：

第一，墨子弟子百八十人完全服从墨子调遣。《淮南子·泰族训》记载："墨子服役者百八十人，皆可使赴火蹈刃，死不还踵，化之所致也。"①此处"墨子服役者"应指跟随墨子的弟子，方授楚指出："虽曰化之所致，然云可使，则必有使之者，孰使之？墨子使之也。"②"化"字意为教化，但应有明显的组织管理意味在其中。此段文字的大意是墨子的门徒有一百八十人，都能够赴火踏刀，死不回头，这是墨子教化的结果。实际上，墨者的行为既是教化的结果，也包含严格管理的因素。墨家对弟子的管理十分严格，一方面，墨家有极为严格的墨者之法，对在家弟子形成严厉的约束；另一方面，墨家弟子学成外出工作之后，仍要受到墨子及巨子的严格领导。

第二，禽滑厘等三百人守宋城。墨子止楚攻宋时提到："臣之弟子禽滑厘等三百人，已持臣守圉之器，在宋城上而待楚寇矣。"(《公输》)墨子听说楚国鲁班造了云梯，楚国准备以此攻打宋国，墨子得到消息后日夜兼程去楚国阻止这场战争，同时派禽滑厘等三百人持武器守卫宋城。方授楚指出："墨子弟子三百人，因实行非攻，皆为宋守御也。若非有人组织之指挥之，而徒激于一时之义勇，断难如此步武整齐也。"③笔者认为，此次守御工作的组织者应是墨子和禽滑厘。墨子出行前应已安排好禽滑厘去做守卫工作，不然，他到楚后无法知道禽滑厘已经在守城；禽滑厘应是此次防御工作的具体实施者，因弟子中以禽滑厘最受墨子器重，其军事理论主要传授给了禽滑厘，加之墨子需要立即启程去楚国，无暇顾及具体的军事组织，具体组织工作应委任于禽滑厘。不过，"守圉之器"可能是墨子事先有所准备的。此次守城事件，典型地体现了墨家组织的严密性。

第三，巨子孟胜带领一百八十余弟子守阳城。孟胜给楚国阳城君守卫食邑，一百八十弟子跟随守卫。孟胜殉城，一百八十弟子及两个传巨子之位给宋国田襄子的弟子都为孟胜殉死，这体现了墨家弟子对巨子的绝对忠诚，巨子的号召力是墨家组织力的体现。两位传巨子之位给田襄子的弟子坚决的返回为孟胜殉死，可见巨子对于墨家弟子的权威不仅其生前存在，死后仍然有巨大的威慑力。巨子是墨家组织的核心，而临终传位也体现了墨家巨子制度的传承方法。

相比之下，儒家弟子的组织性则比墨家弱很多。如《论语》记载：季氏比周公还

---

① 刘文典.淮南鸿烈集解[M].冯逸，乔华，点校.北京：中华书局，1989：681.
② 方授楚.墨学源流[M].上海：中华书局，上海书店联合出版，1989：115.
③ 方授楚.墨学源流[M].上海：中华书局，上海书店联合出版，1989：115.

有钱,冉求却替他搜括,增加更多的财富。孔子说:"非吾徒也。小子鸣鼓而攻之,可也。"①孔子虽然明确反对冉求执行季氏的赋税政策,但冉求最终还是服从了季氏,执行了田赋制度。孔子对此很气愤,并让弟子大张旗鼓地去攻击冉求,但孔子无法罢免冉求的工作。在墨子那里,胜绰没有执行墨家的理念,墨子则直接召回胜绰,墨家学团对弟子的管理显然严密于儒家。《史记·孔子世家》记载了孔子像"丧家之狗"的故事:"孔子适郑,与弟子相失,孔子独立郭东门。郑人或谓子贡曰:'东门有人,其颡似尧,其项类皋陶,其肩类子产,然自要以下不及禹三寸,累累若丧家之狗。'子贡以实告孔子。孔子欣然笑曰:'形状,末也。而谓似丧家之狗,然哉!然哉!'"②此段文字有两个关键词体现了儒家学团的组织特点:一为"相失"。孔子来到郑国,与弟子失散,这表明儒家师徒之间组织不紧密,否则不会走散。二为"丧家之狗"。王肃指出:"丧家之狗,主人哀荒,不见饮食,故累然而不得意。孔子生于乱世,道不得行,故累然不得志之貌也。"③"丧家之狗"既是不得志的表现,也是以孔子为代表的儒家组织力量的薄弱,施行儒家政治理念遇到了挫折的表现。孔子与弟子失散虽然是孔子周游列国时的偶然性事件,既无损于孔子传承古代文化的巨大贡献,也不影响儒家弟子众多而形成的社会影响,但是这至少说明了孔子游学时的学团组织相对较弱。

(二) 墨家的组织凝聚力的来源

墨家强大的组织凝聚力来自于何处呢?这一问题曾困扰了庄子。《庄子·天下》曰:"今墨子独生不歌,死不服,桐棺三寸而无椁,以为法式。以此教人,恐不爱人;以此自行,固不爱己;未败墨子道。"④庄子认为,墨家主张节葬、节用、非乐,对人对己都不够关爱,这实在不合乎人之常情,但这一切对墨子之道并没有什么损害,没有影响墨家思想在社会上传播。墨家的凝聚力可以从其尚同的角度进行分析,墨家的上同于巨子是墨家凝聚力的核心,同时墨家的思想信仰、学团组织和墨者之法等皆强化了墨家的凝聚力。

---

① 杨伯峻. 论语译注[M]. 北京:中华书局,1980:115.
② 司马迁. 史记:第六册[M]. 北京:中华书局,1959:1921-1922.
③ 司马迁. 史记:第六册[M]. 北京:中华书局,1959:1922.
④ 郭庆藩. 庄子集释[M]. 王孝鱼,点校. 北京:中华书局,2004:1074-1075.

首先，巨子的人格魅力是墨家凝聚力的源泉。墨家的信仰领袖是墨子及后来的巨子，他们的人格魅力对墨家成员产生了强大的凝聚力。"人格魅力指一个人在性格、气质、能力、道德品质等方面具有的很能吸引人的力量。"①信仰领袖是那些创立信仰的宗教大师和思想家，以其巨大的思想力量、真诚的信仰态度、伟大的道德榜样和杰出的宣传、行政、组织等赢得了信徒衷心的爱戴和尊敬。信徒以之作为信仰的导师和领袖，无论在其生前或死后都一往情深地追随他、信仰他。②极具人格魅力的墨子及后来的巨子就像巨大的磁石，把墨徒紧密地凝聚在自己的周围。《庄子·天下》记载了墨家后学崇拜巨子的情形："以巨子为圣人，皆愿为之尸，冀得为其后世。"③这表明墨徒都崇拜巨子，愿意以他为老师，愿意继承巨子的事业。巨子的强大人格力量来源于巨子的优秀品格，如博学、贤德、笃行、守法，这些优点使巨子在墨家学团中树立了崇高的权威，获得了墨家弟子乃至社会的广泛认可。

其次，信仰是墨家凝聚力的基础。"世界上有两种事情最能凝聚人心，一是宗教，二是愿景。宗教可以统一人们的价值观，而愿景是给人们带来的希望。"④墨家具有明显的宗教倾向，这正是其凝聚力产生的重要根源。梁启超认为墨学是"据宗教之基础以立一哲学"⑤，它有信仰的内容，但不是纯粹的宗教信仰，而是一套以宗教信仰为基础建立起来的哲学。墨子对自己的学说高度自信："子墨子曰：'吾言足用矣。舍言革思者，是犹舍获而攈粟也。以其言非吾言者，是犹以卵投石也，尽天下之卵，其石犹是也，不可毁也。'"(《贵义》)墨子正是因为信仰自己的学说，所以才自信而努力地推行自己的学说，墨家团体的凝聚力正"来源于墨子对自己思想的无比自信"⑥。

孟胜殉城是体现墨家信仰行为的标志性事件。如果以普通的学术团体来考察，则很难理解孟胜及其弟子的行为，这种行为甚至是靠严罚厚赏都难以实现的。但如果从信仰情感与信仰行为的角度考虑则很好理解，以孟胜为代表的一群墨徒对墨家之义十分崇信，他们对墨家道义的信仰已上升为内在情感的执着或狂热。孟胜此时考虑的不是个人的利禄，而是以墨家在社会上的形象为重，正因为墨者重

---

① 马作宽.组织凝聚力[M].北京：中国经济出版社，2009：57.
② 冯天策.信仰导论[M].南宁：广西人民出版社，1992：9-10.
③ 郭庆藩.庄子集释[M].王孝鱼，点校.北京：中华书局，2004：1079.
④ 马作宽.组织凝聚力[M].北京：中国经济出版社，2009：22.
⑤ 张品兴.梁启超全集：第六册[M].北京：北京出版社，1999：3159.
⑥ 熊礼汇，熊江华.墨子与现代管理[M].上海：学林出版社，1999：62.

视道义,社会才会向墨家寻求严师、贤友和良臣。在孟胜看来,他和弟子殉城,正是坚守了墨者之义,是有利于将墨家志业发扬光大的。信仰行为追求超凡脱俗的目的,一个超越物质、超越凡俗、超越个人的终极目标才是信仰者的追求对象和人生目的,像苏格拉底之从容饮鸩就死、耶稣以救世主的自信被钉十字架等,都是目标神圣的信仰行为。① 孟胜和弟子殉城显然也是一种信仰行为。

再次,墨家学团的社会形象强化了墨徒的认同感。"一个有凝聚力的组织,一定是能使大多数成员的不同需要得到最大限度满足的组织。"②马斯洛把人的需求分成生理需求、安全需求、归属与爱的需求、尊重需求和自我实现需求五个由低到高的层次。墨家正是一个在很大程度上满足了墨徒需求的信仰组织,能传授信徒知识与技能,满足墨徒生存和发展的需要;能为信徒提供心理的、社会的,乃至政治上的依靠,满足墨徒对归属的需要和受尊重的需要。

墨家在社会上的影响力应主要来自于其提倡仁爱与道义精神,主张兴天下之利,除天下之害。墨家主张仁爱人民,培养善的品德,反对损人利己。墨家主张纯粹的没有功利目的的关爱他人,正如《经说上》曰:"仁,爱己者非为用己也,不若爱马。"爱人民不是出于役使人民的目的,不像爱马是出于使用马的目的。墨家这种无条件的关爱以其任侠精神作为保障,《经上》曰:"任,士损己而益所为也。"《经说上》又曰:"任,为身之所恶,以成人之所急。"任侠精神是士人肯于牺牲自己的利益,而使所保护的人得到利益。任侠精神使其能承受自身本来所不愿意经受的痛苦,从而救助别人的急难。墨家的无条件关爱他人和自我牺牲精神,获得了社会的认可。

墨者群体在社会上受推崇,吸引了更多的人成为墨者,墨家成为弟子走向社会的重要桥梁。墨家主要给人以道义的形象,但是墨子在教育弟子的过程中,也以引导学生入仕作为重要的教育方向。墨子关心弟子工作,许诺推荐工作以吸引弟子加入墨家学团进行学习,并且真实地安排弟子到各地去工作,如"子墨子游荆耕柱子于楚","子墨子使管黔澉游高石子于卫","子墨子游公尚过于越","子墨子仕人于卫"。"游"字毕沅注为"谓扬其名而使之仕"③,这表明墨子推荐弟子到一个国家工作之前,会派其他弟子先行去游说,向对方介绍该弟子,使该弟子在那个国家扬

---

① 冯天策. 信仰导论[M]. 南宁:广西人民出版社,1992:8.
② 马作宽. 组织凝聚力[M]. 北京:中国经济出版社,2009:167-168.
③ 毕沅. 墨子注[M]. 扫叶山房,1925:13.

名,从而为其出仕做准备。如墨子派高石子到卫国去工作,就是派管黔澉先行去游说的。因为墨家学团对弟子工作的高度关心,弟子为了自己的前途也愿意成为墨者的一员,这便增强了学团的凝聚力。

最后,墨者之法强化了墨家的向心力。"组织行为标准统一,既是组织凝聚力的表现,也是促使凝聚力提高的原因。"[①]墨家的凝聚力虽然不是仅仅依靠严刑峻法实现的,但是墨者之法在凝聚墨家学团方面,的确发挥了重要作用。墨子指出:"天下从事者不可以无法仪。"(《法仪》)天下人做任何工作,都不可没有法度、法规,墨者之法正是墨徒的组织行为规范。墨者之法形成了墨徒统一的组织行为特色,增强了墨徒对墨家组织的认同感,有利于墨家组织整体社会形象的提高,有利于墨徒产生自豪感从而增强墨家的凝聚力。

第三节 严明赏罚与人才激励

墨家重视对人才的激励,形成了一套激励人才的理论体系。一方面,墨家重视对人才的正面赏赐激励,尚贤思想主张"高予之爵,重予之禄"(《尚贤上》),通过赏赐物质利益与精神利益,充分肯定贤才的工作成绩,激励人们争做贤才。另一方面,墨家强调对人才的惩罚,对于不称职官员给予严厉的惩罚,即使是天子、国君,只要犯罪都要受到惩罚,试图打破宗法社会"刑不上大夫"(《礼记·曲礼》)的不平等制度。此外,上文分析了墨家组织凝聚力的表现,墨家凝聚力的一个来源正是墨家内部的激励措施,例如墨家重视道义精神的思想激励、巨子高尚人格的引领、墨子之法的约束和关心弟子的事业发展等。墨家的这些人才激励方法应用到政治管理中,则表现为兼爱思想的价值激励、上级官员高尚人格的引领、严格的法律约束和关心下属的生活需求等,在此基础上,墨家提出了明确的赏罚原则与方法。

---

① 马作宽.组织凝聚力[M].北京:中国经济出版社,2009:83.

一、赏当贤与众贤之术

墨家奖赏的定义是"上报下之功也"(《经上》),奖赏是上级对下级功劳的报酬。墨家十分重视对贤才的奖赏与激励,奖赏思想十分丰富。

首先,墨家的赏罚原则是"赏当贤,罚当暴"(《尚同中》),要求做到"以劳殿赏,量功而分禄"(《尚贤上》),"赏明可信而罚严足畏"(《备城门》)。赏罚不能徇私情,"诸行赏罚及有治者,必出于王公"(《号令》),不能有"亲戚弟兄之所阿"(《兼爱下》),不能"赏赐无能之人"(《七患》),否则,赏罚就不能起到惩恶扬善的作用。从赏罚的主体看,不仅各级官员在其管辖范围内可以进行赏罚,而且上天和鬼神可以对人间进行最高的赏罚,对国君、天子的行为进行监督。从赏罚的对象看,墨家主张奖赏"能射御之士""忠信之士""上同而不下比者""顺天意"者等。从赏罚执行的地方看,古代圣王一般"赏于祖而僇于社"(《尚明鬼下》),在祖庙和神社里进行赏罚,让祖先和神灵监督人们赏罚的公正性。

其次,墨家主张将爵位、俸禄、权力授予贤人,这叫"置三本"(《尚贤中》)。封他高贵的爵位和丰厚的俸禄,委任他处理事务的官职,授予他决策的权力,"高予之爵,重予之禄,任之以事,断予之令"(《尚贤上》)。墨子提出重用贤才的根据是:"'爵位不高则民弗敬,蓄禄不厚则民不信,政令不断则民不畏。'举三者授之贤者,非为贤赐也,欲其事之成。"(《尚贤上》)将爵位、俸禄、权力授予贤人,不仅是因为他贤能而赏赐给他,根本目的是协助他将事情办成功,是为了让人民尊重他、相信他、畏惧他,让他们具有处理政事的权威和力量。

官职、爵位、俸禄需要与个人的能力、功劳相适应。《亲士》曰:"故虽有贤君,不爱无功之臣;虽有慈父,不爱无益之子。是故不胜其任而处其位,非此位之人也;不胜其爵而处其禄,非此禄之主也。"贤明的君主不爱没有功劳的臣下,正如仁慈的父亲不爱没有作为的儿子。因此官职、爵位、俸禄需要与个人的能力相适应,不能胜任那个职位就不能处在那个位置,也不能享受相应的俸禄。俸禄属于物质内容,官职、爵位属于权力地位内容。墨子提到的官职实际上也含有一定的物质内容,如天子之职"富有天下",这就表明拥有天子的职位同时意味着天下的财富都属于他,正如《诗经·小雅》所言:"溥天之下,莫非王土。率土之滨,莫非王臣。"①天下的土地都是王的疆土,天下的人才都是王的臣子。诸侯国君、卿大夫等都有自己的领地,这些领地正是其待遇的核心内容,领地的大小甚至决定了财富的多少。

再次,贤才为官不仅可以得官职、爵位、俸禄,过上尊荣富贵的生活,还可以得到上天的赐福。墨子以尧、舜、禹、商汤、周文王、周武王三代圣王为典型,他们兼爱天下人民,为人们谋利益,带领人民祭祀上帝山川鬼神。上天便给予他们赏赐,让他们居于尊贵的地位,立他们为天子,以他们为人们行为的楷模。"此仁也,义也,爱人利人,顺天之意,得天之赏者也"(《天志中》),这些圣王正是因爱人利人、顺从天的意志而得到上天的奖赏,后代尊他们为仁人、圣人。上天赐福实际上表现为高官厚禄的物质激励,不过,这里增加了仁义之人、圣人的美好称谓,这实际上是一种荣誉称号,属于情感激励的内容,而人的名誉追求最高的莫过于流芳百世。墨子指出,上天对圣王的最高嘉奖是将他们的德行写进史书。他引用《诗经·皇矣》说道:"帝谓文王,予怀明德,不大声以色,不长夏以革,不识不知,顺帝之则。"(《天志中》)因为文王顺从上天的法则,所以上天把殷商之地赏给他,使他贵至天子,富贵地拥有天下,美名流芳百世。

最后,墨家提出了许多具体的奖赏内容。例如在军事防守方面,墨家在劝官吏、民众坚守城池时提出了明确的奖励措施:"其疾斗却敌于术,敌下终不能复上,疾斗者队二人赐上奉。而胜围,城周里以上,封城将三十里地为关内侯,辅将如令赐上卿,丞及吏比于丞者赐爵五大夫,官吏、豪杰与计坚守者,十人及城上吏比五官者,皆赐公乘。男子有守者爵,人二级,女子赐钱五千,男女老小无分守者人赐钱千,复之三岁,无有所与,不租税。"(《号令》)这里的奖赏内容分几类:一是赏爵位,对于城将、辅将、丞、官吏、豪杰等在守城中的有功者,以及作战勇猛者、表现突出者和参加守城的所有男子,都赏赐一定的爵位。文中提到的爵位有关内侯、上卿、五大夫、公乘等;二是赏钱,选择战斗勇猛者赐给上等俸禄,男女老少没有参加守城的赏钱一千,三年内免除徭役;三是赏土地,指挥城池周长一里以上的战胜围攻,赏城将土地三十里。这表明,墨家奖赏制度不仅有丰富的理论,更有细致的规定。因为墨家从事过城池的防守工作,所以对于军事防守的赏罚尤为具体。

墨子提出的重用贤才的方法可谓是古人提出的高薪养士典型。从某种意义上

---

① 周振甫.诗经译注[M].北京:中华书局,2002:335.

说，墨家重用贤才的思想与其崇尚节约的思想之间有一定矛盾。因为从墨子和高石子自觉放弃爵禄的事例看，墨者从事施政理论宣传，推行墨家政治理念，并不是为了高官厚禄，而是为墨家的政治理想和百姓的和谐生活。墨家要求墨者过节俭的生活，然而，如果官员爵位不高、俸禄不多、权力不大，就难以获得人民的尊重与信任，就无法推行政事，墨家的政治理论更无从实现。因此只要墨者的政治理论能够得到诸侯国君的接受并推行，墨者就会接受高官厚禄，只不过墨者不会因此而走向奢侈浪费，滥用职权，这才保持了墨者的本色。在这一点上，墨子不同于后来的孟子，孟子在得意之时，游说的随从人数很多，场面很大。孟子曾一度带着几十辆马车，随从几百弟子，从一个国家行至另一个国家。不过孟子也非世俗利禄之徒，他获得官位与利禄是建立在他对国家的功劳基础上，孟子主张当官一定要合乎礼义，如果不符合礼义而当官，就像男女偷情一样丑陋，为社会所不容，这体现了孟子的大丈夫气节。

高薪养廉是改革开放以来学者们热议的话题，主要观点有"高薪能够养廉"和"高薪未必能够养廉"两种。高薪未必能够养廉是大多数学者的观点，理由是高薪养廉不适合现阶段我国国情，我国经济发展尚不具备高薪养廉需要的财政支持。高薪养廉缺乏科学依据，较高的薪水并不能满足人们对物质财富的无限欲求。高薪养廉难以被公众接受，目前公务员的薪酬和福利都优于普通居民，再大幅提升公务员的工资必然会引起的人们的强烈反对。[①] 很多学者把新加坡的经验概括为高薪养廉。实际上，新加坡的成功经验是由于善用资源，把资源投入到反贪机构的建设中，而不是增加公务员工资。新加坡领取高工资的也仅是总统、总理和部长等人，高官的工资与普通公务员差距很大。新加坡并非是毫无根据地给高官高工资，而是由法律根据国情和劳动力市场决定的。尽管新加坡高官的工资比其他国家高，但与其国内私企相比，还属于中等偏下。[②]

墨家提出了增加贤才的方法：对贤才"富之贵之，敬之誉之"，即使给他们优厚的俸禄和尊贵的地位，赞誉他们，这样百姓便争相成为贤才。《尚贤上》中记载："曰：'然则众贤之术将奈何哉？'子墨子言曰：'譬若欲众其国之善射御之士者，必将富之贵之，敬之誉之，然后国之善射御之士将可得而众也。况又有贤良之士厚乎德行，辩乎言谈，博乎道术者乎，此固国家之珍，而社稷之佐也。亦必且富之贵之，敬

---

① 刘艳鸿，蒋国宏. 改革开放以来国内高薪养廉问题研究综述[J]. 廉政文化研究，2012(3)：80-87.
② 刘植荣. 新加坡并非高薪养廉[J]. 人大建设，2010(9)：56.

之誉之，然后国之良士亦将可得而众也。'"墨子认为，如果国家表彰善于射箭驾车的人，那么善于射箭驾车的人才便能增多。同样，如果国家表彰贤才，就可以激励人们向贤才学习，从而激励更多的人成为贤才，这就是墨子提出的众贤之术。墨家的众贤之术可谓是当代中国提倡"尊重人才"的远源，为当代中国吸引人才、汇聚人才提供了思想资源。

同时，墨家主张对于无才者"罪贱之"，治罪并轻视他，从而迫使无才者努力成才，这就可以增加贤才的数量。《尚贤下》提出的增加贤才的施政策略为：如果不仅对能射箭和驾车的人给予赏赐，让他处于尊贵的地位，还对不能射箭和驾车的人降罪并鄙视他，就可以迫使不善于射箭和驾车的人积极学习射箭和驾车。同样，如果不仅奖赏国家的忠信之人并使他处于尊贵的地位，还治罪于国家的不忠不信之人并轻视他，就可以引导人们都做忠信之人。这表明，墨家的尚贤方法不但尊敬和表彰贤才，激励人们成为贤才，而且对于不忠信之士进行惩罚，让他们处于低贱的地位，从而阻止人们为暴，是赏罚结合的措施。

墨家将增加贤才的方法叫进贤：古代圣王崇尚贤才而任用有才能的人，不因亲近、富贵、美色而任用。只要是贤才便选拔上来使他处于高位，授予官职，让他富裕而高贵。凡是不肖之人就罢免他，让他做隶役，使他贫穷而低贱。如此下去，人们便会争做贤人而受奖赏，不愿做不肖之人而受罚，因此贤才就增多了，不肖之人就减少了。进贤的主旨是在全社会形成选拔和任用贤才的良好风气，从而增加人才。这就是墨家总结的古代圣王众贤之术。

墨家希望王公大人节用而养士。《贵义》记载：公良桓子是卫国的大夫，墨子在这里告诫他：像卫国这样的小国由于经济力量有限，不能像齐国、晋国等大国一样过奢华的生活。而公良桓子的家里，却有几百辆装饰漂亮的车子，有几百匹吃粮食的马，有好几百名衣着漂亮的妇女。墨子认为，如果节约衣服、车马、侍女的数量，而将节约的钱财用来养士，就可以在危难之际让士人保障国家的安全。

墨子认为，领导者应关心下属生活，从而从情感上拉近与下属的距离。墨子作为墨家学团的首领，曾亲自带着酒和肉到泰山看望弟子禽滑厘，并向他敬酒。禽滑厘受到墨子如此礼遇，自然会对墨家思想产生情感，从而愿为墨家的发展效劳。墨子关心下属生活的思想在其军事防御理论中体现十分明显，《号令》提到的对下属的关心表现为两类：一是对战死官吏、士卒、民众的丧事及其家属的关心，主要有协助埋葬、官吏亲自慰问家属、赐予家属爵位等内容。如果有官吏、士卒、民众战死，马上召集次司空与家属一起埋葬;丧事办完后,太守派官吏到死者家中表示悲痛和哀悼。城围解除以后,如果战死者有功,会授予其家属爵位和俸禄;二是对受伤者生活的关心,主要有让重伤者回家修养和治病,供医给药,每天赏酒和肉各二斤,给有功的受伤者家属授予爵位和俸禄。城围解除后,太守派官吏到受伤者家中慰问,授予爵位和俸禄。墨子这么要求的目的就是让下属受到社会敬重,让他们更好的忠于国家。这就从情感上拉近了与下属之间的距离,有利于激励下属更好地投入工作。

总之,墨家从赏罚两方面系统提出了人才激励理论,充分关注了人的需求。美国管理学家亚伯拉罕·马斯洛在1943年在《人类激励理论》论文中将人类需求从低到高分为生理需求、安全需求、社交需求、尊重需求和自我实现需求五个层次。墨家关注人们的基本生活需求,努力实现社会和谐,给管理者相应的待遇、爵位和权力,全面满足了从政者从物质到精神的各方面需求,可谓提出了系统性的人才激励理论。

二、罚当暴与治国之患

墨家批评王公大人给予贤人爵位而不增加其俸禄的做法。当时的王公大人想学习古人尊敬贤才,任用有能力的人,可是只给贤才很高的爵位,俸禄却不随之增加,这显然不是以诚心待贤才,而是借虚名来使用贤才。先王曾说:"贪于政者不能分人以事,厚于货者不能分人以禄。"(《尚贤中》)贪婪权力的不能把政务分给别人,喜爱财货的不能把俸禄分给别人。政务不肯让人参与,俸禄不愿分给别人,天下的贤才是不会主动跑到王公大人身边来的,那么不肖之人就出现在王公大人身旁了。因为不肖之人所称赞的不是真正的贤人,所惩罚的不会是真正的恶人,这就导致赏罚不当,贤人得不到鼓励,恶人得不到惩罚。让不肖之人管理政务不能尽心尽力地做到公平公正,有让国家陷入混乱甚至亡国的危险。三代暴君桀、纣、幽、厉之所以丧失其国家,就是因为没有重用贤才,而是相信了不肖之人的谗言。

《七患》论述了治国的七种危险,在墨子看来:"以七患居国,必无社稷;以七患守城,敌至国倾。七患之所当,国必有殃。"如果国家存在这七种祸患,遇到敌人攻击,国家一定会灭亡。其中四患涉及对官员的管理,包括赏赐、法令和忠信等方面,可见对官员的管理、人才的管理是治理国家的重要内容,关系国家的存亡。其中三、四、六、七患涉及人才管理的内容为:第三患为"赏赐无能之人";第四患为"仕者持禄,游者爱佼,君修法讨臣,臣懾而不敢拂",做官的只想着保住自己的俸禄,求学的只想着结交朋友,国君制定法律来惩罚臣子,臣子恐惧不敢违背国君的旨意;第六患为"所信者不忠,所忠者不信",所信任的人不忠于君主,忠于君主的人得不到信任;第七患为"大臣不足以事之,赏赐不能喜,诛罚不能威",大臣不能胜任职务,国君的赏赐不能使人喜悦,惩罚不能使人受到威慑。

墨家尚贤理论直接批判了当时社会官府中用人不公正的现象。王公大人选拔宠幸的弄臣、亲人、朋友担任行政长官,他们担任行政长官不是为了治理人民,而是结党营私,加上与下层百姓意见不一致,于是出现了"赏誉不足以劝善,而刑罚不足以沮暴"(《尚同中》)的不公正现象。墨子指出,如果上下级之间、行政长官和百姓之间的思想不一致,行政长官所奖赏的人正是大家所非议的,那么官府的奖赏对百姓的行为不能起到劝勉作用,如果官府所惩罚的人正是群众所赞美的,那么官府的惩罚对暴徒就没有震慑力。

王公大人赏不当贤,罚不当暴,严重败坏了社会风气。《尚贤下》指出:如果不知道辨别贤才,即使德行醇厚的像夏禹、商汤、文王、武王一样,也不会被任用,王公大人的亲戚即使是跛子、哑巴、聋子,即使暴虐的像夏桀王和商纣王一样,也会被任用。因此受赏的不是贤人,被罚的不是暴虐者。他们所赏的人不是真正的贤才,所罚的人是没有罪过的人。这就会使百姓行为涣散,影响他们做善事的积极性,他们即使有力气也不相互帮助,有多余财物也不相互资助,有好的学问也不互相教诲。如此下去,社会的混乱局面就难以治理。

墨家的赏罚理论不仅鲜明地表现在尚贤思想中,而且在尚同思想中也有鲜明的体现。尚同思想要求各级官员和百姓都要学习上一级官员的善言、善行,无论听到好的和不好的都向上级报告,报告则受到奖赏和称赞,不报告则受到上级的责罚和百姓的非议。"凡闻见善者必以告其上,闻见不善者亦必以告其上。上之所是必亦是之,上之所非必亦非之。已有善傍荐之,上有过规谏之。尚同义其上,而毋有下比之心。上得则赏之,万民闻则誉之。意若闻见善不以告其上,闻见不善亦不以告其上。上之所是不能是,上之所非不能非。已有善不能傍荐之,上有过不能规谏之。下比而非其上者,上得则诛罚之,万民闻则非毁之。"(《尚同中》)这表明,尚同是在严格的赏罚机制下实现的,《尚同下》中甚至提到:家君、国君、天子分别向其管辖范围内的百姓发布政令,指出如果见善就上报,将受到与为善者同样的奖赏;如果见恶不报,将会受到与为恶者同样的处罚。这近似于后世的"连坐",处罚不仅有具体的刑罚,而且有社会舆论的批评。具体来说,墨家尚同思想的惩罚规则如下:

1. 家族范围内的奖惩

尚同要求人们在家族中见到关爱他人的行为,无论有利于或有害于家族的人和事都必须向家君报告,积极报告就会得到上级的奖赏和同族人的称赞。如果见到危害家族的人和事不报告,则和危害家族的人一样会受到上级的惩罚,受到众人的指责。这样家族中的人为了得到家君的奖赏而避免惩罚,就会积极向家君汇报。

2. 国家范围内的奖惩

尚同要求人们在国家中见到关爱他人的行为,无论有利于或有害于国家的人和事必须报告,如果报告了会得到国家的奖赏和众人的赞誉,如果不报告,则会和危害国家的人一样受到上级的惩罚和众人的谴责。人们都希望得到上级的奖赏而避免惩罚和指责,因此都积极来报告,国君就能实现赏善罚恶了。

3. 天下的奖惩

尚同要求人们看到关爱和有利于天下的事情都必须报告天子,看到危害天下的事情也必须报告天子。人们看到关爱和利于天下的事情就报告,则和关爱天下的人一样会得到奖赏和赞誉;看到危害天下的事情不报告,则和危害天下的人一样会受惩罚和指责。天下的百姓都希望得到上级的奖赏而避免遭到指责和惩罚,于是都来报告,天子就能实现对天下的治理了。

墨家还从先王之书里找到了见恶不报、与作恶者同罪的依据,引用《尚书·大誓》曰:"小人见奸巧乃闻,不言也,发罪钩。"(《尚同下》)小人见到奸诈之事不向上级报告,他的罪行与奸诈者相同。显然,《尚同下》对于所见善与不善的行为是否上报的赏罚措施更加明确而严厉,从而能更好地激励各级官员和百姓汇报各种情况。可见墨家把所见善与不善的行为是否上报与严厉的奖惩措施结合在一起,见恶不报与罪犯同罪,对百姓有很强的震慑性。

墨家对于不能尚同的人制定了内容丰富的惩罚措施,不仅有针对百姓和各级官员不能尚同的惩罚,而且有针对天子不能尚同于天的惩罚:一方面,古代圣王设立五种刑罚惩治不能上同的人。五刑为:墨(脸上刺字)、劓(割掉鼻子)、剕(去其膝盖骨)、宫(割生殖器)、大辟(砍头)五种刑罚。① 墨子指出,古代圣王设立五种刑律来治理人民,就像丝缕有纪和渔网有纲一样,可以用来约束不肯服从上级的百姓;另一方面,天降灾异惩罚天子不上同于天。《尚同中》指出,如果天子不能上同于天,就会有天灾发生,如气候寒热不合时节、雪霜雨露降不合时令、五谷不成熟、六畜不繁殖、疾病传播、暴风骤雨频繁发生等,都是上天降下的对天子的惩罚。

上天对为恶的天子的惩罚,除了降下自然灾祸以外,还会直接降祸于天子本人。桀、纣、幽、厉为古代暴王的典型,所以天降祸给他们,让他们父子离散,失去自己的国家,遭到杀身之祸,受到后世子孙的诋毁。墨子认为:"此非仁也,非义也,憎人贼人,反天之意,得天之罚者也。"(《天志中》)墨子指出,上天对暴君最严厉的惩罚是将他们的劣迹写进史书,让他们遗臭万年,即"书其事于竹帛,镂之金石,琢之槃盂,传遗后世子孙"(《天志中》),让后人都知道他们是憎人、害人、违反天意而得到上天惩罚的人。例如《尚书·泰誓》记载:"纣越厥夷居,不肯事上帝,弃厥先神祗不祀,乃曰吾有命,无廖僇务。天下天亦纵弃纣而不葆。"商纣王因为没有做到上同于天,却认为自己有天命,最终成为受到上天惩罚的典型例子。

墨家注重赏罚标准的一致性,认为只有上下同义,该受赏的都受赏,该受罚的都受罚,这样的赏罚才能起到激励和威慑的作用,才能在全社会形成严明赏罚的气氛。这是墨家赏罚理论中非常合理的地方。然而,由于墨子没有实际从事过政府管理,因此他在论述尚贤、尚同等治国理论时,没有提出具体的赏罚机制和标准。他的尚贤和尚同思想只是一个宏大的政治理论构想,甚至有一定的空想性,这与墨子重视科学和逻辑的风格是不一致的。如果条件许可,他一定会使赏罚机制走向科学化和具体化。这一点可以从墨子在军事防御中的赏罚看出,因为墨子实际从事过军事防御,所以他在军事防御中的赏罚就十分具体。

墨家高度重视对人才过失的惩罚,这一点与儒家从人性本善角度谈人才管理、重视发掘人的向善本性不同。墨家充分关注人性的阴暗面,强调对人们过失行为的惩罚。墨家严厉批评了当时社会任人唯亲与赏罚不当的现象,认为赏罚不当严重损害了社会的公平正义,会使国家陷入危险的境地。墨家对于官员的惩罚措施非常严厉,提出了从处以刑罚、上天降下灾祸到将他们的暴行写入史书等多种方

---

① 谭家健,孙中原.墨子今注今译[M].北京:商务印书馆,2009:61.

式,不仅让他们当时受到惩罚,甚至要让他们遗臭万年,这些惩罚措施可谓非常严厉。

当前国家高度重视反腐败工作,对官员过失行为的处罚力度在不断加大,这对于维护政府形象、提升政府的公信力具有十分重要的意义。我国在处罚官员贪腐行为的理念和措施方面,可以借鉴墨家的理论,让贪腐行为没有存在的空间,更好地维护社会的公平正义。

第五章　｜　法德并用的管理方法

法国古典管理学家法约尔1916年出版了《工业管理与一般管理》一书,其中将管理活动的要素概括为五种,即计划、组织、指挥、协调和控制。他指出:"在一个企业里,控制就是要证实一下各项工作是否都与已定计划相符合,是否与下达的指示及已定原则相符合。控制的目的在于指出工作中的据点和错误,以便加以纠正并避免重犯。"①法约尔认为控制的对象可以是物、人或者行动,他从管理、商业、技术、财政、安全、会计等方面分析了控制的具体内容。从控制的方法看,美国管理哲学家麦格雷戈在《企业的人性面》将控制的方法区分为X理论和Y理论。X理论是关于人性控制的传统观点,这一理论主张"由于人们具有厌恶工作的本性,因此必须对他们进行强制、控制、监督以及予以惩罚性的威胁,才能促使他们努力向组织目标奋进"②。Y理论是麦氏提出的观点,他认为"要想促使人朝着组织目标而奋斗,外在的控制及惩罚的威胁并非唯一的方法。人为了达到自己承诺的目标,自然会坚持'自我指导'与'自我控制'"③。

　　中国传统管理思想在对治国理论的讨论中,高度重视管理方法问题。"徒善不足以为政,徒法不能以自行"④,几乎是先秦诸子的共识,只是各家在德与法之间的偏重不同。儒家提出了对于国家管理的德法并用、以德为先的方法。孔子曰:"为政以德,譬如北辰居其所而众星共之。"⑤又曰:"道之以政,齐之以刑,民免而无耻;道之以德,齐之以礼,有耻且格。"⑥"道之以德"近似于西方靠价值体系引导的内在控制,"齐之以刑"和"齐之以礼"近似于西方以规章制度来约束的外在控制,不过在儒家思想中,道德约束始终是最主要的控制方法。墨家同样关注治理控制方法问题,一方面,墨家主张义政,强调圣人之德在治国中的重要性,始终要求以仁者之心来治理天下;另一方面,墨家重视国家的刑法公正,反对刑法过于严苛而成为杀人的工具。墨者之法在墨家组织管理中发挥了重要作用。墨家既不像法家一样以严法而闻名,也不像儒家一样以德治为先,而是在德法二者之间试图取得一定的平衡。

---

① H.法约尔.工业管理与一般管理[M].周安华,译.北京:中国社会科学出版社,1982:119.
② 麦格雷戈.企业的人性面[M].韩卉,译.北京:中国人民大学出版社,2008:33.
③ 麦格雷戈.企业的人性面[M].韩卉,译.北京:中国人民大学出版社,2008:44.
④ 杨伯峻.孟子译注[M].北京:中华书局,2005:162.
⑤ 杨伯峻.论语译注[M].北京:中华书局,1980:11.
⑥ 杨伯峻.论语译注[M].北京:中华书局,1980:12.

第一节　刑法正与法治精神

墨家法律思想的内容主要体现在三方面：一是先王的法律思想；二是墨家内部管理的墨者之法；三是墨家军事管理中的法律思想。先王的法律思想是墨家继承前人之处，是墨家法律思想的渊源；墨家内部管理的墨者之法是墨家运用法律管理的实践内容，法律在墨家组织管理中发挥了重要作用；墨家军事管理中的法律思想是墨家最具特色的地方，墨家军事法律思想的内容细致丰富，军法严厉，有一定奴隶社会法律的特征。总的来看，墨家法律意识强烈，法治思想丰富，甚至有学者认为"墨家的法治精神，远远超过后来的法家"[①]。然而，由于资料不足，这部分内容资料甚少，只能从《号令》篇和《吕氏春秋·去私》记载的腹䵍处子事件中略窥一二。

一、刑法之治与刑深国乱

墨家具有鲜明的法规意识，提出了关于法的概念。《经上》曰："法，所若而然也。"法是提供给人们言行的遵循规则，这一定义揭示了法的本质，即法是人们共同规约的东西。《经说上》曰："法，意规员三也俱，可以为法。"例如按照圆的定义，使用圆规就可以画出圆形。《经上》曰："佴，所然也。"据高亨"佴"假借为"循"[②]，即按规律办事是人的行动取得预期效果的原因。《经说上》曰："佴，然也者民若法也。"人的行动能取得预期效果，是因为人们按规律办事。这都表明墨家主张做事要有法规可循，只有按规则去做事，才能取得预期的结果。

墨家提出的法概念，不仅有规范的意思，还有明确的法律内涵，例如墨家就对犯罪有明确的规定。《经上》曰："罪，犯禁也。"罪即违犯国家禁令的行为。《经说上》曰："罪不在禁，惟害无罪，殆姑。"如果行为不在国家的禁令之列，则这种行为虽

---

① 蔡尚思.十家论墨[M].上海：上海人民出版社，2004：331.
② 高亨.高亨著作集林·第七卷[M].北京：清华大学出版社，2004：72.

然有害，也不能定为有罪。这正符合我国于 1997 年 3 月修订的《刑法》第 3 条的规定："法律明文规定为犯罪行为的，依照法律定罪处刑；法律没有明文规定为犯罪行为的，不得定罪处刑。"

"法"在《墨子》中有三种含义：

一是法度。《法仪》篇提出了关于一个普遍的法度的问题。墨子指出："天下从事者不可以无法仪，无法仪而其事能成者，无有也。虽至士之为将相者皆有法，虽至百工从事者亦皆有法。"（《法仪》）天下任何事情都需要法度才能做成功，天下任何人做事也都需要一定的法度。无论是手工工作还是国家治理都需要有一定法度，工匠做制方形要用矩尺，画圆形要用圆规，绘制直线要用绳墨，测物体正斜靠悬砣，工匠做各种事情都要有工具来测量。不仅工匠做事需要法度，治理国家、天下也需要法度，法度的存在是普遍的。

二是效法。法在《墨子》中还有效法的意思，如人们在乡里"法乡长"，在国中"法国君"，在天下"法天子"等观点。墨子称尧、舜、禹、汤、周文王、周武王为圣王，将他们作为人们效法的对象。墨子重点探讨了治理国家、天下的法度问题，提出了"莫若法天"的观点。他认为，天下的父母、老师、国君很多，但其中仁义之人却很少，因此"父母、学、君三者，莫可以为治法"（《法仪》），父母、老师、国君三者都不能作为治理国家的法度。墨子指出："奚以为治法而可？故曰莫若法天。天之行广而无私，其施厚而不德，其明久而不衰，故圣王法之。"（《法仪》）治理国家的法度不如效法天，因为上天的行为广大而没有私心，它给予天下人恩德丰厚却不自我夸耀，它的光明永不衰竭，所以古代圣王都效法上天，遵循上天的意志。

墨家最主要的效法对象是上天和古代圣王。首先，墨家将其管理思想都托付于天志，既增加了其思想的可信度与说服力，也增强了其思想的约束力。天志的内容主要指"兴天下之利，而除天下之害"（《天志中》），"天必欲人之相爱相利，而不欲人之相恶相贼也"（《法仪》），墨家将其思想上升为上天的意志，以此论证了其思想的神圣性，是一种神道设教的做法。其次，墨子还将其管理思想托付于古代圣王。例如，他将"兼相爱、交相利"看成是"圣王之法""圣王之道"，即圣王的法则、大道，希望天下人能够遵循，例如墨子曾指出兼爱思想是从夏禹、商汤、周文王、周武王那里取法的。墨子还提出："今天下之所同义者，圣王之法也。"（《非攻下》）将天下很多的法则都看成是圣王制定的，例如墨子提到的"丈夫年二十，毋敢不处家。女子年十五，毋敢不事人"（《节用上》）就是古代圣王制定的法则。墨子将其节约用度的法规都归之于古代圣王,他具体分析了饮食之法、衣服之法、舟车之法、节葬之法、宫室之法。圣王节用的基本原则是"'凡足以奉给民用,则止。'诸加费不加于民利者,圣王弗为"(《节用上》)。这些节用之法,墨家将其思想追溯于古代圣王,借助圣王在人们心中的威信,增强了其理论的说服力,征之于圣王之言是墨家三表法的内容之一。

三是刑法。墨子提出治理国家的方法主要有两种,"劝之以赏誉,威之以刑罚"(《兼爱下》),用奖赏和名誉来鼓励,用刑罚来威胁。墨子认为治理国家的目标是"国家之富,人民之众,刑政之治"(《节用上》),国家刑政治理是治理国家的三大目标之一。墨子指出"先王之书,所以出国家、布施百姓者,宪也"(《非命上》),"所以听狱制罪者,刑也"(《非命上》)。先王治理国家运用的是"宪",《尔雅·释诂》云:"宪,法也。"宪也就是法律。先王用来断案定罪的是"刑",即刑法。墨子思想中掌管刑法的主体主要是王公大人,对他们的要求是"强听治"(《非乐上》),努力处理政事。"听狱治政"(《非乐上》)是王公大人分内的事情,乃至"古者天子之立三公、诸侯、卿之宰、乡长家君,非特富贵游佚而择之也,将使助治乱刑政也"(《尚同下》),所有的行政官员甚至家族之长都有管理刑法政务的职责。墨子曰:"贤者之治国也,蚤朝晏退,听狱治政,是以国家治而刑法正。"(《尚贤中》)贤人治理国家主要任务就是审理国家的罪案,处理国家政务,让国家得到治理、刑法严明。

《尚贤中》指出国家得到治理的表现便是"刑法正",也就是刑法实施严明公正。墨家所讲的刑法正具体指"赏当贤,罚当暴,不杀不辜,不失有罪"(《尚同中》),奖赏的都是贤人,惩罚的都是暴人,不错杀无辜之人,也不放过有罪的人。墨子认为要实现刑法严正,只有任用贤才才能实现,如果"不肖者在左右,则其所誉不当贤,而所罚不当暴"(《尚贤中》),就谈不上刑法严正了。墨家还提到厚葬影响国家刑政治理,"以厚葬久丧者为政……刑政必乱。若法若言,行若道,使为上者行此,则不能听治;……上不听治,刑政必乱"(《节葬下》),厚葬久丧必然影响上层统治者管理政事,这样国家的刑政法令就会陷入混乱。墨子还提出:"奸衺多则刑罚深,刑罚深则国乱。"(《辞过》)奸猾邪恶的事情增多,刑罚就会加重,刑罚加重了国家反而会陷入混乱。这表明墨家已经注意到并不是刑罚越重越有利于国家治理,并不主张严刑峻法。

墨子刑法思想的重要来源是《吕刑》。《吕刑》即《尚书·吕刑》篇,它是我国历史上现存最早的较为系统的刑法专著,对于研究西周时期的法律制度、法律思想有极其重要的意义。①《尚贤中》提到帝"乃名三后，恤功于民。伯夷降典，哲民维刑"，上帝命令伯夷、禹、稷三位君主服务人民，其中伯夷制定法典，用刑法约束民众，这一内容正是来源于《尚书·吕刑》篇。墨子指出："于先王之书《吕刑》之书然，王曰：'于！来，有国有土，告女讼刑，在今而安百姓，女何择言人？何敬不刑？何度不及？'"（《尚贤下》）这里提出实现刑法公正的两个条件，一是公正的刑法，二是执法公正的贤才。有了贤才谨慎地使用刑典，尧舜禹汤文武的治国之道就可以实践了。

墨子指出："古者圣王为五刑，请以治其民。"（《尚同上》）五刑指墨、劓、剕、宫、大辟五种刑罚②，这是古代圣王用来治理人民的五种刑罚，用来约束那些不能做到尚同而导致天下混乱的人民。这些刑法"甚明察以审信"（《尚同中》），都明察而真实可信，从而使天下百姓"皆欲得上之赏誉，而畏上之毁罚"（《尚同中》），刑罚形成了对百姓有效的威慑力。墨子认为，当时社会虽然也设置了各级行政长官，但天下却仍然混乱，这是因为当时的行政长官用刑不善，反而扰乱了人民生活。显然，墨家反对严刑峻法，反对用刑法扰乱人民的生活，刑法只能是对赏罚的激励措施的补充。

《非乐上》还提及商汤之书《官刑》曰："其恒舞于宫，是谓巫风。其刑，君子出丝二卫，小人否，似二伯黄径。"此句话的大意是：对于经常在宫中跳舞的处罚方法，官员罚交两束丝，普通百姓的处罚加倍，罚两匹帛。《左传·昭公六年》载："叔向曰：商有乱政，而作《汤刑》。"《竹书纪年》："祖甲二十四年，重作《汤刑》。"《吕氏春秋·孝行览》云："商书曰：刑三百，罪莫重于不孝。"《墨子》中的《官刑》与《左传》中的《汤刑》、《竹书纪年》中的《汤刑》、《吕氏春秋》中的《商书》都应指商汤所制定的刑法。这表明，商汤制定的刑法在先秦时期的经典中有较多的记载，墨子有可能见过这些典籍。商汤的刑法是墨子刑法思想的重要来源。

上天是墨家政治思想体系中的最高裁判者，上天和鬼神可以监督人间司法的公正性。上天的赏罚是最高的赏罚，上天赏罚分明，不分亲疏贵贱，富贵之人为暴会受到上天的惩罚，三代暴王桀、纣、幽、厉统治天下，"其为政乎天下也，兼而憎之，从而贼之，又率天下之民以诟天侮鬼，贼傲万民，是故天鬼罚之，使身死而为刑戮，子孙离散，室家丧灭，绝无后嗣，万民从而非之曰'暴王'"（《尚贤中》）。这就是富贵

---

① 李民，王健.尚书译注[M].上海：上海古籍出版社，2004：400.
② 谭家健，孙中原.墨子今注今译[M].北京：商务印书馆，2009：61.

为暴而受罚的例子。帝王的亲人为恶也会受到上天的惩罚,伯鲧就是例子。"昔者伯鲧,帝之元子,废帝之德庸,既乃刑之于羽之郊,乃热照无有及也,帝亦不爱。"(《尚贤中》)伯鲧是帝颛顼的长子,他败坏了先帝的功德,被放逐于羽山郊野,帝舜不再关爱他。如果天子的赏罚不符合实际情况,断案不公正,上天就会降下疾病和灾祸,霜露也不按时节出现。墨子还提到一些断案的故事,例如《明鬼下》载:"昔者,齐庄君之臣有所谓王里国、中里徼者。此二者,讼三年而狱不断。齐君由谦杀之,恐不辜,犹谦释之,恐失有罪。"于是齐庄公祈求于鬼神来协助断案,保证了司法的公正性。

二、墨者之法与法令森严

由于资料流传的原因,墨家关于国家的法律思想的具体内容今日难以知晓,即使是墨家组织自身管理的墨者之法的内容,今日也只能通过《吕氏春秋·去私》篇略知一二。幸而有《号令》篇,可以对墨家的军法有较全面的了解。

(一) 从腹䵍处子看墨者之法

《吕氏春秋·去私》载:墨家巨子腹䵍住在秦国,他的儿子杀了人。秦惠王看他年岁已高,而且只有这一个儿子,因此命令官吏不要杀腹䵍的儿子,并希望腹䵍听从自己的意见。然而,腹䵍对秦惠王的照顾并不领情,仍然根据墨家的法规"杀人的人要处死,伤害人的人要受刑",杀掉了自己的儿子。从故事可以看出墨家之法的几点信息。

第一,墨者之法是墨家管理的重要内容。墨家学派以组织纪律严格著称,"墨者之法"是约束墨者行为的规则。故事中提到的"杀人者死,伤人者刑"就是墨者之法的重要内容。此外墨家之法应该还包括:墨家弟子在诸侯国任职应宣传墨家学说,遵守墨家的纪律,听从巨子的调遣,如违背墨家理念,巨子有权将其召回,《鲁问》记载的墨子辞退弟子胜绰的故事就体现了这一点。

第二,墨者之法极其严格。腹䵍处子体现了墨者之法的严格,甚至冷酷的特征。方授楚指出:"墨者之法,森严如铁,断非后世之学规、乡约所可比拟。惟革命机关与秘密社会之所谓纪律庶几似之。"①墨者之法如此严格,原因有两方面:一为巨子要注重自身行为对弟子乃至社会民众的导向作用。墨家主张尚同,"上同而不下比",处于一定社会地位者的行为具有明显的社会导向作用,人民效法君王的行为,墨者则效法巨子的行为,因此巨子的行为不可不慎;二为墨家可能有巨子的选举、罢免、监督制度限制巨子的行为,这使得巨子要严格执行墨者之法。方授楚推测,巨子不敢违背团体的公义而行个人私利,可能因为墨家有选举、罢免、监督方面的限制办法,只是后人无法知晓而已。

第三,墨者之法超越于帝王的权威和血缘亲情。从维护社会正义的角度看,腹䵍施行墨法来禁止杀人和伤人,维护了天下的大义。在这则故事中,腹䵍忍痛处死自己的独子而维护社会正义,真可谓大公无私。从挑战帝国的权威角度看,秦惠王念在腹䵍年岁已高,又只有这一个儿子,因此命令官吏不要杀死他的儿子,而且秦惠王还明确提出要求,让腹䵍在赦免他儿子的事情上听从自己的,但是腹䵍最后还是没有答应秦惠王,杀掉了自己的儿子。有学者指出:"不听从君王之言,并切断了血缘之情,坚持实行'墨者之法',强烈地显示出墨者的特色。但是,以君王的立场来看,墨家可说是一个不听从君王命令的集团。认同墨家的存在等于认同国内的治外法权,这个问题对君王来说是很大的困扰。"②墨家在汉代以后成为绝学,应与墨家挑战帝王权威的特色是分不开的。

墨家巨子腹䵍不听秦惠王的赦免之令,而执意按墨家的法则将杀人的儿子处死,这一故事被学者们解释为挑战了秦惠王的权威,挑战了秦帝国的权威,这是在君权之外又树立了墨家的法权。事实上,墨家仍然忠于君王。《经上》曰:"忠,以为利而强低也。"忠诚,只要认为对国家有利的事情,就低头努力去做。《经说上》曰:"忠,不利弱子亥足将入止容。"此句大意为:忠诚,犹如大禹治水,不顾家中幼子,过家门足将入而又止。这表明墨家是按自己觉得应该的方式为君主考虑,没有把墨家的利益凌驾于君主和国家利益之上。

(二)《号令》篇的军法思想

墨家对于城池防守研究十分深入,军法是其中的重要内容。《墨子·备蛾傅》

---

① 方授楚.墨学源流[M].上海:中华书局,上海书店联合出版,1989:117.
② 冈本光生.墨子思想图解[M].黄碧君,译.台北:商周出版城邦文化事业股份有限公司,2005:56.

谈到,敌人之所以能像蚂蚁一样爬城,是因为敌人制定出了"后上先断"的"法程"。"法程"即军法,断即斩的意思。墨家关于律法的内容集中体现在《号令》篇中,此篇论述了"守城军队的纪律、法规、禁令、奖惩办法"①。

墨子明确规定了赏罚的原则:一是"诸行赏罚及有治者,必出于王公"(《号令》),各种赏罚与管理措施都由王公来决定,这是对赏罚原则制定主体的要求;二是"命必足畏,赏必足利,令必行"(《号令》),命令一定要足以使人感到畏惧,奖赏一定要足以使人觉得利益很大,命令发出就一定要执行,这是对赏罚行为效果的要求。《经说下》曰:"使,令使也。我使我,我不使亦使,我。殿戈亦使,殿不美亦使,殿。""使"即命令指使的意思。该指令时指令是合适的,不该指令时不指令也是合理的;合理的役使要服从,不合理的也要服从。这体现了墨家重视分工与协作,对命令的执行高度重视。以上的赏罚原则体现了墨家对于规则的重视,体现了高度的理性精神。

刑法制度在我国源远流长,《左传》载:"夏有乱政,而作《禹刑》;商有乱政,而作《汤刑》;周有乱政,而作《九刑》。"②由于有人民犯政令,于是夏朝作了《吕刑》,商朝作了《汤刑》,周朝作了《九刑》。《禹刑》的情况见于《尚书·吕刑》篇。墨子多次提出古代圣王制定五刑来治理天下,他所讲的五刑即源于《尚书·吕刑》。春秋战国时期,我国的刑法仍以五刑为主要内容,其残酷性并没有改变,例如商鞅受车裂之刑而死,这一时期是奴隶制刑罚向封建制刑罚过渡的阶段。《号令》篇提到的刑罚种类有戮、斩、枭、车裂、杀、连坐、族、耿、断等,此外还有抒厕这种简化的处罚方式。

第一,"戮"即处以死刑,指处死人后陈尸示众。这种用法在《墨子》中有三例:①"门者及有守禁者皆无令无事者得稽留止其旁,不从令者戮。"(《号令》)守门人和守城官员禁止让人通行的地方,都不能让闲杂人在附近停留,不服从命令的杀掉;②"擅离署,戮。"(《号令》)擅自离开岗位的杀掉;③"凡戮人于市,死上目行。"(《号令》)孙诒让疑"死上目行"为"死三日徇",死与尸声近义通。因此此句大意为:凡是当街处死犯人,行刑后陈尸三日。

第二,"斩"即杀掉的意思。这种用法在《墨子》中很多:①"大将必与为信符,大将使人行守,操信符,信符不合及号不相应者,伯长以上辄止之,以闻大将。当止不止及从吏卒纵之,皆斩。"(《号令》)大将必须给守城人发放信符,巡查守城的人也

---

① 谭家健,孙中原.墨子今注今译[M].北京:商务印书馆,2009:461.
② 杨伯峻.春秋左传注[M].北京:中华书局,1990:1275.

必须持有信符,信符不相合或口号对不上的人,伯长以上官员有权将他们扣留,并报告给大将,应当扣留而不扣留或让随从士兵把人放走者,杀掉;② "卒有警事,中军疾击鼓者三,城上道路、里中巷街皆无得行,行者斩。"(《号令》)突然发生紧急事情,中军迅速击鼓三次,城墙上的道路与城内的街巷都禁止通行,违反禁令者斩杀;③ "皆就其守,不从令者斩。"(《号令》)守城的人都各自坚守岗位,不服从命令的杀掉;④ "奸民之所谋为外心,……舌与父老及吏主部者不得,皆斩;得之,除,又赏之黄金,人二镒。"(《号令》)奸诈小民预谋通敌,里长与里中的父老乡亲以及主管该地段的官员如果没有抓住通敌者,都要被斩杀,如果抓住了通敌者,则可以免罪,并且每人奖励黄金四十八两;⑤ "大将使使人行守,长夜五循行,短夜三循行。四面之吏亦皆自行其守,如大将之行,不从令者斩。"(《号令》)大将派军吏每晚巡查所守卫的区域,夜长时巡查五次,夜短时巡查三次,守四面城墙的军吏也要自行巡查所守区域,不服从命令的杀掉;⑥ "慎无敢失火,失火者斩其端。……伍人不得,斩;得之,除。……及离守绝巷救火者斩。……部吏亟令人谒之大将,大将使信人将左右救之,部吏失不言者斩。"(《号令》)谨慎小心不要失火,导致失火的人要杀掉,同伴如果不举报导致失火的人也要杀掉,如果举报便可以免罪,离开自己的守城岗位而擅自去其他街道救火的杀掉。部吏应该尽快派人报告大将失火了,如果不报告或延误报告的杀掉;⑦ "敌人卒而至,严令吏民无敢喧嚣、三最并行、相视坐泣流涕。若视举手相探、相指相呼、相麾相踵、相投相击、相靡以身及衣、讼駮言语,及非令也而视敌动移者,斩。伍人不得,斩;得之,除。伍人逾城归敌,伍人不得,斩;与伯归敌,队吏斩;与吏归敌,队将斩。……当术需敌,离地,斩。伍人不得,斩;得之,除。"(《号令》)敌人突然来袭,严禁官吏百姓大声喧哗、三人相聚并排行走、两人对面坐着哭泣、打手势问候、互相指责或叫骂、互相踩踏、打架、摩擦以及未经许可自行视察敌人活动情况,违者都杀掉。不举报同伴违反禁令的杀掉,举报的免罪。不举报同伴越城投敌的杀掉,伯长投敌了,队吏要被杀掉,队吏投敌了,队将要被杀掉。敌人进攻时擅自离开防地的杀掉,没有制止和举报同伴擅自离开防地的杀掉,及时制止和举报的可以免罪。

第三,"枭"即把头割下来悬挂在木上。《说文》云:"枭,从鸟头在木上。"例如:"禁无得举矢书若以书射寇,犯令者父母、妻子皆断,身枭城上,有能捕告之者,赏之黄金二十斤。"(《号令》)禁止阅读敌人用箭射来的书信,禁止用箭向敌人射书信,违反禁令者,父母、妻子、儿女都要被杀头,尸体挂在城墙上示众,如果有能捉住并向上级报告的,奖赏黄金二十斤。

第四,"车裂"古代称为辕或车辕。《周礼·秋官·条狼氏》云:"誓驭,曰'车轘'。"车轘郑《注》曰:"谓车裂。"①也就是把人的头和四肢绑在五辆车上,向五个方向将人撕裂致死。《墨子》中提到车裂的刑罚有:①"奸民之所谋为外心,罪车裂。"(《号令》)奸猾小民预谋通外敌者,处在车裂之罪;②"失火以为乱事者车裂"(《号令》),故意失火为非作歹者,外以车裂之刑;③"归敌者,父母、妻子、同产皆车裂;先觉之,除。"(《号令》)叛变投敌者的父母、妻子、儿女及同胞兄弟都处以车裂之刑,事先发觉并举报的免罪;④"诸吏卒民有谋杀伤其将长者,与谋反同罪,有能捕告,赐黄金二十斤,谨罪。"(《号令》)所有官吏、士卒和民众有图谋杀害将领和上级的,一律与谋反同罪,有报告和抓捕谋反的,奖赏黄金二十斤,有其他罪过的也给予免除。

第五,"杀"即杀戮。《墨子》提及杀的处罚有:"讙嚚骇众,其罪杀。非上不谏,次主凶言,其罪杀。……令各执罚尽杀,有司见有罪而不诛,同罚,若或逃之,亦杀。凡将帅斗其众失法,杀。凡有司不使去卒、吏民闻誓令,代之服罪。"(《号令》)喧哗惊扰民众的,其罪罚为杀头。见非议上级而不及时劝谏的,或者随便散布不当言论的,罪罚为杀头。命令各级部门执行刑罚,该斩杀的就斩杀。官吏见到罪犯而不处罚,与犯人同样受罚,如果罪犯逃跑了,责任人也要杀头。凡是将帅指挥作战方法不当,罪罚为杀头。凡是官史没有及时告知官吏和民众禁令而导致大家犯罪的,由官吏代替服罪。

第六,"连坐"指与犯罪有一定关系的人都要连带受处罚的制度,如全家连坐、职务连坐。《墨子》中连带受刑的情况很多:①"诸有罪自死罪以上,皆逮父母、妻子、同产。"(《号令》)所有犯有死罪以上的人,其父母、妻子、儿女、兄弟都要逮起来;②"反城事父母去者,去者之父母妻子(同产皆断)。"(《号令》)抛弃父母翻越城墙投敌的,他的父母、妻子、儿女、兄弟都要受到处罚;③"诸卒民居城上者,各葆其左右,左右有罪而不智也,其次伍有罪。"(《号令》)所有住在城上的士兵、居民都要组成一定的联保组,联保组内保证左右的人不犯罪,如果不知道左右的人犯罪,没有抓捕和向上级报告犯罪的,所在联保组的人都要受到处罚;④"令、丞、尉,亡,得入当,满十人以上,令、丞、尉夺爵各二级;百人以上,令、丞、尉免,以卒戍。诸取当者,

---

① 杨天宇.周礼译注[M].上海:上海古籍出版社,2004:552.

必取寇虏,乃听之。……邑人知识、昆弟有罪,虽不在县中而欲为赎,若以粟米、钱金、布帛、他财物免出者,令许之。"(《号令》)如果下属逃亡满十人以上,令、丞、尉都要降爵位两级;下属逃亡一百人以上,令、丞、尉都要免职为士兵,允许他们用捕捉俘虏来抵消自己的罪刑,俘虏必须是敌寇才能抵罪。如果本城人的熟人、兄弟犯罪,即使他们不住在本城中,本城的人也可以用粮食、金钱、布帛等来替他们赎罪,请求赦免罪刑。⑤"若欲以城为外谋者,父母、妻子、同产皆断。左右知,不捕告,皆与同罪。"(《号令》)如果有人在城内替外敌谋划攻城,他的父母、妻子、儿女、兄弟都要受到处罚;左右邻居如果知情而不报告和逮捕的,都和通外敌者同样的罪刑。

第七,"族"即夷三族,是古代军法。《墨子》中提到的族罚有:①"伤甚者令归治病,家善养,予医给药,赐酒日二升、肉二斤,令吏数行间,视病有瘳,辄造事上。诈为自贼伤以避事者,族之。"(《号令》)受重伤回家疗养的人如果已经恢复,应该马上找上级报到服役,如果故意弄伤自己欺骗上级躲避战事,要株连三族。②"有以私怨害城若吏事者,父母、妻子皆断。其以城为外谋者,三族。"(《号令》)如果因为私怨妨碍守城和公事的,父母、妻子、儿女都要受到处罚。在城内为城外敌人谋划攻城的,要罪连三族。

第八,"联"刑。孙诒让指出:"《说文·耳部》云:'联,军法以矢贯耳也。''射'正字作'联',与'联'形近。"这种刑罚多在军事刑法中使用,即对罪犯以箭镞穿耳。《墨子》提到:"有司出其所治,则纵淫之法,其罪射。矜色漫宅,淫嚣不静,当路尼众,舍事后就,踰时不宁,其罪射。……无敢有乐器、弊骐军中,有则其罪射。非有司之令,无敢有车驰、人趋,有则其罪射。无敢散牛马军中,有则其罪射。饮食不时,其罪射。无敢歌哭于军中,有则其罪射。"(《号令》)官府公布处罚条例:放纵淫乱者,罪刑为以箭镞穿耳。以傲慢的脸色欺骗人,乱喊乱叫不知停止,阻碍行人通行而导致行人迟到,办公事迟到而不请假,罪刑为以箭镞穿耳。军队中不准奏乐和下棋,违者其罪为以箭镞穿耳。没有上级的命令不能驾车奔驰、聚众奔跑,违者其罪为以箭镞穿耳。不准在军队中放跑牛马,要按时吃饭,不准在军队中唱歌和哭叫,违者其罪为以箭镞穿耳。

第九,"断"刑。孙诒让训为"斩也",即斩杀的意思。《墨子》中提及断刑的有:①"守有所不说谒者、执盾、中涓及妇人侍前者,守曰断之、冲之、若缚之,不如令及后缚者,皆断。"(《号令》)太守对左右侍从人员不满意,可以下令处罚、殴打或者捆绑起来,不执行或拖延执行命令的都要斩杀;②"昏鼓鼓十,诸门亭皆闭之,行者断,必系问行故,乃行其罪。……寇至,楼鼓五,有周鼓,杂小鼓乃应之,小鼓五,后从军,断。"(《号令》)黄昏时击十下鼓,各城门岗亭都关闭,阻止擅自行走者,必须要绑起来问他行走的原因,然后再定他的罪。敌人到来,城楼击鼓五下,紧接着周围击鼓,各种小鼓来应和,击小鼓五次后才来集合的,要斩杀;③"号,夕有号,失号,断。"(《号令》)口号,夜晚有口号,口号对不上的人,要斩杀;④"非其分职而擅取之,若非其所当治而擅治为之,断。诸吏卒民非其部界而擅入他部界,辄收,以属都司空若候,候以闻守,不收而擅纵之,断。能捕得谋反、卖城、逾城归敌者一人,以令为除死罪二人,城旦四人。……悉举民室材木、瓦若垒石数,署长短小大。当举不举,吏有罪。"(《号令》)不属于自己职责内的东西而擅自拿的,不属于自己职责范围内的事情却擅自管理的,要斩杀。对于擅自闯入本部范围者要拘留并交给司空或候,候将此事报告太守,不拘留而擅自放走者,要斩杀。能捉到谋反、出卖守城情况或翻城墙投敌者一人,可以免除死罪两次和城旦罪四次。全面查报民宅的木材、砖瓦和垒石的数量,登记其长短大小,应当查报而不查报的,官吏要斩杀;⑤"传言者十步一人,稽留言及乏传者,断。……吏卒民欲言事者,亟为传言,请之吏,稽留不言诸者,断。……官府城下吏卒民家,前后左右相传保火。火发自燔,燔曼延燔人,断。诸以众彊凌弱少及强奸人妇女,以讙哗者,皆断。"(《号令》)每十步安排一个传话的人,滞留或者不传话的要斩杀。官吏、士兵和群众向上级提出的建议要及时向上级如实传达,官吏滞留信息不传达的要斩杀。官府与城下的官吏、士兵、百姓都要组成前后左右的火灾联保,自己失火或火灾蔓延烧了其他人家房子,都要斩杀。凡是恃强凌弱、强奸妇女或者大声喧哗者,都要斩杀;⑥"家人各令其家中,失令若稽留令者,断。……吏卒民无符节而擅入里巷官府,吏、三老、守闾者失苛止,皆断。诸盗守器械、财物及相盗者,直一钱以上,皆断。吏卒民各自大书于杰,着之其署同,守按其署,擅入者,断。城上日一发席蓐,令相错发。有匿不言人所挟藏在禁中者,断。"(《号令》)向百姓传达命令要直接传到他们的家中,遗失命令或者滞留传达命令者,要斩杀。官吏、士兵和群众没有符节就擅自进入街巷、官府,官吏、三老、看守人没有询问并阻止,要斩杀。所有偷盗守城器械、物资以及个人财物者,价值一文钱以上的,都要斩杀。官吏、士兵和群众要将自己的名字张贴在自己的岗位边上,太守巡视各人岗位,发现擅自闯入他人岗位区域者,要斩杀。城上每天发一次草席垫子,可以互相交换,如果知道别人隐藏违禁物品不报告,要斩杀;⑦"城禁:使、卒、民不欲寇微职和旌者,断。不从令者,断。非擅出令者,断。失令者,断。倚戟悬下城,上下不与众等者,断。无应而妄讙呼者,断。纵失者,断。誉客内毁者,断。离署而聚语者,断。闻城鼓声而伍,后上署者,断。人自大书版,着之其署隔,守必自谋其先后,非其署而妄入之者,断。离署左右,共入他署,左右不捕,挟私书,行请谒及为行书者,释守事而治私家事,卒民相盗家室、婴儿,皆断无赦。……无符节而横行军中者,断。……誉敌少以为众,乱以为治,敌攻拙以为巧者,断。客、主人无得相与言及相借,客射以书,无得誉,外示内以善,无得应,不从令者,断。"(《号令》)守城的禁令:官吏、士兵和民众用敌人的徽号和旗帜者,要斩杀。不服从命令者,要斩杀。擅自发布命令者,要斩杀。丢失命令者,要斩杀。用战戟支撑身体爬下城墙,上下城墙方式和别人不同者,要斩杀。无人回应而随便喊叫者,要斩杀。放跑罪犯、遗失公物者,要斩杀。赞扬敌人而诋毁我方者,要斩杀。擅离职守而聚集乱说话者,要斩杀。听到城墙上的鼓声而报到迟到者,要斩杀。人们将写上本人名字的大字板放在自己的岗位上,太守亲自巡查,擅自闯入别人岗位者,要斩杀。擅自离开自己岗位而与左右的人一起到其他人的岗位,其他岗位的人不逮捕和报告,挟带私人信件,办理私人事务,替私人写信,没有守城而做私人的事情,官吏、士兵和群众偷别人的妻子、婴儿,都要斩杀而不能赦免。没有符节而在军队中随便走动者,要斩杀。称赞敌方,把敌方人少说成人多,将敌方混乱说成整齐,将敌方进攻方式笨拙说成巧妙,都要斩杀。不能借东西给敌人,不能阅读敌人用箭射来的信件,也不能用箭射信件给敌人,不听从命令者要斩杀;⑧"度食不足,食民各自占家五种石升数,为期,其在薄书,吏与杂訾,期尽匿不占,占不悉,令吏卒微得,皆断。"(《号令》)估计粮食不足时,让群众根据自家情况认交一定量的粮食,明确规定交纳日期。交纳粮食时,官吏在账本上记录交纳数量,赏赐相当价值的金钱。到期隐藏粮食不交或者上交数量不够的,被官吏、士兵查出来,都要斩杀。

此外,《墨子》中还有如法,即依法处罚的情况,如《墨子》曰:"诸女子有死罪及坐失火皆无有所失,逮其以火为乱事者如法。"(《号令》)犯死罪的女子、犯失火罪没有造成损失的,以及放火捣乱的,都依法处罚。《墨子》还提到让有过者打扫厕所的处罚:"请有罪过而可无断者,令杼厕利之。"(《号令》)孙诒让指出,"杼"当为"抒",即扫除的意思。大意为:所有有一定罪过而可以不判罪的,命令其打扫厕所以示惩戒。

《号令》篇提到的刑罚中,戮、斩、杀、断四种刑罚的实质都为斩杀罪犯,都属于死刑,另外的枭、车裂、连坐、族、黥都具有奴隶制社会刑罚的特色,处罚十分残酷。

春秋战国时期是奴隶制刑罚向封建制刑罚过渡的阶段,墨家刑罚保留了奴隶制刑罚的严酷性,没有表现出刑罚向更文明的形式转化的过渡性质,这可能是因为墨家的刑罚多是军法刑罚,因此更加严酷。

第二节 以德就列与人性管理

葛荣晋先生指出:"包括儒、释、道在内的中国管理哲学,都强调管理主体的道德修养和人格塑造,强调首先要管好自己然后再管理他人。这是东西方管理学的一个本质性的差别。"① 其实,墨家也十分重视管理者的道德修养,《墨子》一书第二篇名为《修身》,专门论述自我修养问题,以人的德行作为管理实践的根本。墨家主张仁爱人民,培养善的品德,反对损人利己。由于墨家有很强的实践品格,普遍关怀百姓利益,主张言必行、行必果,以信守道义著称于世,墨家的政治思想可称为义政。墨家的道德思想在其管理思想中主要表现为重视管理者的道德修养、提倡义政、重视人才的道德品质三方面。

一、以行为本与圣王之治

墨家和儒家都以重视教育而著称。墨家的教育以培养仕人为目标,也就是以培养领导者为目标,希望培养杰出的人才推广学说,最终实现对社会的有效管理。墨家提倡"德威维威,德明维明"(《尚贤中》),只有领导者品德高尚,才会有真正的威严和明察。这表明,墨家不仅重视对人才的知识教育,更重视人才品格的提升。领导者品格不仅有利于增强其号召力,更是推行善治的前提。

---

① 葛荣晋.中国管理哲学导论[M].北京:中国人民大学出版社,2007:11.

(一) 士人的学与行

《淮南子·修务训》指出:"孔子无黔突,墨子无暖席。"①二人周游列国,十分急切地推行自己的思想学说。班固《答宾戏》曰:"孔席不暇,墨突不黔。"②"暖"即温的意思,"黔突"指烟囱熏黑。形容墨子东奔西走,每至一地,烟囱尚未熏黑,又到别处去了。孔子以至圣先师的形象在中国人的精神世界中定格,墨子同样是一位急切地教育世人的教育家。《庄子·天下》指出墨子"以此周行天下,上说下教,虽天下不取,强聒而不舍者也。"③墨家周游天下去宣传自己的学说,向上方游说诸侯,向下方教化人民,虽然天下人不愿采用他们的思想,他们还是努力地宣传教化而不放弃。

儒家引导弟子入仕是一个重要方向。《论语·子张》载:子夏曰:"仕而优则学,学而优则仕。"④,官做好了去求学,学问做好了去做官。学而优则仕的话出自子夏之口,后来实际成为儒家知识分子的人生信念,是指引中国古代社会知识分子的人生道路的信条。李泽厚指出:"它(指士与大夫总连在一起)是世界文化史上一个重要现象。一方面最早建立了系统的文官政治架构,使行政、教育相连接,社会获得知识者作为主要支柱的撑持。另一方面使知识分子个体的人生价值、终极关怀被导入'济世救民''民胞物与'的方面,而求在尘世建立'天国'。"⑤做学问和当官似乎有着天然的联系,做学问的人为了在社会中实践自己的理论,需要去做官。当官的人为了更深入地了解社会,提出更好的施政方针,需要加强理论的学习。

墨家主要给人以道义的形象,但是墨子在教育过程中,也很重视引导学生入仕。《公孟》记载:有游于子墨子之门者,身体强良,思虑徇通,欲使随而学。子墨子曰:"姑学乎,吾将仕子。"劝于善言而学,其年,而责仕于子墨子。子墨子曰:"不仕子。子亦闻夫鲁语乎?鲁有昆弟五人者,亓父死,亓长子嗜酒而不葬,亓四弟曰:'子与我葬,当为子沽酒。'劝于善言而葬,已葬而责酒于其四弟,四弟曰:'吾未予子酒矣。子葬子父,我葬吾父,岂独吾父哉?子不葬,则人将笑子,故劝子葬也。'今子

---

① 刘文典.淮南鸿烈集解[M].冯逸,乔华,点校.北京:中华书局,1989:633.
② 班固.答宾戏[M]//萧统编.文选:第五册.李善,注.上海:上海古籍出版社,1986:2016.
③ 郭庆藩.庄子集释[M].王孝鱼,点校.北京:中华书局,2004:1082.
④ 杨伯峻.论语译注[M].北京:中华书局,1980:202.
⑤ 李泽厚.论语今读[M].北京:生活·读书·新知三联书店,2004:517.

为义,我亦为义,岂独我义也哉?子不学,则人将笑子,故劝子于学。"墨子以"推荐去做官"劝导在他身边走动的人向他学习,学习了一年时间后,有人要求墨子举荐他做官,墨子却说不举荐他做官,理由是学习行义是很好的事情,墨子自己在行义,弟子也学习行义,这是有利于社会的事情,因此墨子认为,劝弟子学习并不欠弟子什么。在墨家,学而优不是必须向仕的方向发展,表明墨家不承担必须推荐弟子入仕的责任,但墨家并非完全不推荐弟子工作,相反墨家为了推荐弟子工作常有细致的游说安排。

墨家所讲的管理主要是国家的治理。在墨家管理思想中,士与君子是其实际的主要管理者,最高的管理者是圣人。士在墨家思想中是一个对知识分子的普遍称谓,属于古代社会一个重要的社会管理阶层,地位高于庶人。《尚贤上》:"天子为政于三公、诸侯、士、庶人,天下之士君子固明知。"此处三公、诸侯、士、庶人四词并列,这表明士人不属于另三者之中,士的地位在三公、诸侯之下,而在庶人之上。士可以担任臣子,如"昔者晋文公好士之恶衣,故文公之臣皆牂羊之裘,韦以带剑,练帛之冠,入以见于君,出以践于朝"(《兼爱中》)。在这则记录中,士即普遍指称知识分子,其中一部分士成为了臣子,供职于诸侯国君。

通常认为,士属于低级的贵族,如《礼记·王制》曰:"诸侯之上大夫卿、下大夫、上士、中士、下士,凡五等。"①诸侯为其臣下制定的爵位,有上大夫卿、下大夫、上士、中士、下士,总共五等。从孟子记载古代俸禄"大夫倍上士,上士倍中士,中士倍下士,下士与庶人在官者同禄,禄足以代其耕也"②看,士的确是古代贵族阶级中地位最低的一个集团,此集团最低层的下士与庶人相衔接,其待遇接近于庶人。

《墨子》中提到士的概念很多,主要包含文士和武士两大类。文士类的有"兼士"(主张兼相爱的人士)、"贤士"(有德有才的人)、"上士"(道德高尚的贤士)、"高士"(志趣、品行高尚的人)、"贤良之士"、"忠信之士"、"贤可之士"(贤良可用的人)、"列士"(有名望的人)、"儒士"(儒家弟子)、"仁士"、"义士"、"谋士"(足智多谋的人)。武士类的有"武士"、"死士"(敢死队)、"贲士"(勇士)、"捍士"(捍卫城池的有功之士)、"巧士"(心灵手巧的人)、"使士"(可以奉使之士)、"善射御之士"、"爪牙之士"(勇敢的卫士或得力的助手)、"勇士"、"国士"(一国之中杰出人士,《墨子》中此词出现两次,具体指武艺高强者)。

---

① 杨天宇.礼记译注[M].上海:上海古籍出版社,1997:193.
② 杨伯峻.孟子译注[M].北京:中华书局,2005:235.

墨者大多属于武士,墨家在战国时期主要以道义形象闻名于世,如顾颉刚指出:"然战国者,攻伐最剧烈之时代也,不但不能废武事,其慷慨赴死之精神且有甚于春秋,故士之好武者正复不少。彼辈自成一集团,不与文士混。以两集团之对立而有新名词出焉:文者谓之'儒',武者谓之'侠'。儒重名誉,侠重意气。墨子之徒可使赴汤、蹈火,田横之客闻横死而自到者五百人,意气之极度表现也。鲁仲连曰:'所贵于天下之士者,为人排患、释难、解纷乱而无所取也。'"①顾颉刚分析了战国时期儒和侠的分化趋势,大体为学者们所接受,而他把墨者完全归为侠的范畴似不准确,梳理《墨子》一书关于士的论述,墨家之士的品质不仅有勇敢、善战的一面,也有仁爱、善良、守信等道德品质,墨者应是侠与儒的结合体,此时的侠与儒并未完全分离。

士人积极参与治理国家,在治理国家方面具有十分重要的作用。《尚贤上》指出:国家拥有的贤良之士多则统治基础坚实,国家拥有的贤良之士少则统治基础薄弱,因此国家领导者的主要任务在于增加国家的贤良之士。现代著名学者余英时先生指出:"'士'在中国史初出现的时候便有了参与'治天下'的要求。这个要求是普遍的,并不仅限于儒家。司马谈告诉我们:'夫阴阳、儒、墨、名、法、道德,此务为治者也。'刘向论名家也'论坚白异同,以为可以治天下'。这更证实了司马谈的说法。"②余先生揭示了士人作为中国古代知识分子的代表,具有治国理政的强烈责任感,士人多以治平天下为己任,这种有社会责任感的士人现代学者称为公共知识分子。

墨家强调士人的道德修养。《修身》曰:"士虽有学,而行为本焉。"士虽然有学问,但应以德行为根本。那种一心追逐个人利益而忽视树立良好名誉的人是从来没有被天下人称为士的。正如墨子曰:"言足以迁行者,常之;不足以迁行者,勿常。不足以迁行而常之,是荡口也。"(《贵义》)言论一定要能够付诸行动,能够在实践中落实,否则就是漫无边际的乱说了,正如儒家所讲的"言必信,行必果"③。《墨子》记载:告子谓子墨子曰:"我治国为政。"子墨子曰:"政者,口言之,身必行之。今子口言之,而身不行,是子之身乱也。子不能治子之身,恶能治国政?子姑亡,子之身乱之矣!"(《公孟》)墨子提出管理国家政务,不能仅仅嘴上说,必须能够身体力行。

---

① 顾颉刚. 史林杂识[M]. 北京:中华书局,1963:88-89.
② 余英时. 士与中国文化[M]. 上海:上海人民出版社,2003:5.
③ 杨伯峻. 论语译注[M]. 北京:中华书局,1980:140.

管理者只有首先要求在自己生活中做到言行一致,然后才能管理好国家政务。如果只说不做,就会陷入自相矛盾。梁启超由此称墨子为一位"知行合一"的人,是"千古的大实行家"①,揭示了墨家重视实践行为的特点。

士的修养注重外在环境的营造。《所染》提出了士人交友而受到朋友熏染的问题。如果交的朋友都喜好仁义、敦厚谨慎、严守法令,那么产业则会日益增多,身体则会日益健康,名声则会日益荣耀,担任官职就能处事得当,段干木、禽滑厘、傅说就是熏染得当的代表。如果交的朋友都骄狂自大、不守法令、结党滋事,那么家业则会日益减损,自身就会日益危险,名声就会日益败坏,担任官职也处事不当,子西、易牙、坚刁等人就是熏染不当的代表。杨俊光指出:"墨子已经认为人的品性是可以由后天的习染而改变的。这种思想,虽仅略同于孔子的'习相远'(《论语·阳货》),但已经更为具体、丰富了。"②

(二) 君子之道

"君子"一词在《墨子》中共出现 116 次,其内涵主要两种:一种为墨子所理想的君子人格形象,另一种为当时天下的伪君子形象。墨子对第一种君子人格特征提出了很多规定,对第二种伪君子形象进行全面的批判。

从第一种看,墨子提出了君子之道的全面内涵。《非儒下》:"夫一道术学业,仁义也。皆大以治人,小以任官,远施周偏,近以修身,不义不处,非理不行,务兴天下之利,曲直周旋,利则止,此君子之道也。"这段文字从三方面对君子的责任提出了全面要求,一为治理国家天下的道术水平要提升,可以应用于治理人民,兴天下之利;二为个人学业理论研究要深化,学问可以普遍传播给人民;三为个人品德修养要加强,要成为天下道德的楷模。正可谓"穷则独善其身,达则兼善天下"③,不得志时谨慎的加强个人的品德修养,得志时把其思想理论向天下推行。

君子人格中处于首要地位的是品德,墨子提到的君子品德主要有廉洁、仁义、兼爱、守信、坚强、恭谨、文雅等。《修身》曰:"君子之道也,贫则见廉,富则见义,生则见爱,死则见哀,四行者不可虚假,反之身者也。藏于心者无以竭爱,动于身者无

---

① 张品兴.梁启超全集:第六册[M].北京:北京出版社,1999:3276.
② 杨俊光.墨子新论[M].南京:江苏教育出版社,1992:98.
③ 杨伯峻.孟子译注[M].北京:中华书局,2005:304.

以竭恭，出于口者无以竭驯。"这里墨家提到君子的处世原则，应该真实而不能虚情假意，廉洁、道义、仁爱、哀思之情要能够适时表现，同时要行为恭谨，言语文雅。《修身》曰："志不强者智不达，言不信者行不果。"这里讲了意志坚强和讲话守信两种品质。从孟胜殉城的故事可以看出，墨家正是靠言而有信的形象在社会上立足。《兼爱下》曰："故君子莫若审兼而务行之，为人君必惠，为人臣必忠，为人父必慈，为人子必孝，为人兄必友，为人弟必悌。"实行兼爱，君子就可以成为仁惠之君、忠诚之臣、慈爱之父、孝顺之子、友爱之兄、敬悌之弟，能够很好地完成自己所担任的社会角色，由此具备各种角色相应的道德品质。

　　墨子提出君子修养的方法是"反之身"，不断反省自己的行为。《修身》："君子察迩而迩修者也。见不修行，见毁，而反之身者也，此以怨省而行修矣。谮慝之言，无入之耳；批扞之声，无出之口；杀伤人之孩，无存之心，虽有诋评之民，无所依矣。"君子在别人批评甚至诽谤自己的时候，能够反过来检查自己，做到"有则改之，无则加勉"①，这样，别人的批评就会减少，自己的品行就能得到修养。君子只要不听谗言恶语，不说诋毁别人的话，不存在损害别人的念头，喜欢损人和搬弄是非的人就找不到借口了。墨家提出的君子自省的修养方法与儒家自省修养的方法如出一辙，应是他早年学习孔子思想的内容。

　　从第二种看，《墨子》对当时天下的"士君子"的丑恶行为批评了很多，这些人实际是墨子心目中的伪君子，不能称为真正意义上的君子。例如，《尚贤下》载："今天下之士君子，居处言语皆尚贤，逮至其临众发政而治民，莫知尚贤而使能。"这里的士君子，其实指的是当时的为官者，他们平时在口头上都主张尚贤，但在施政时却忘记了崇尚贤能的主张，而走向了任人唯亲，墨家对这种行为给予了严厉的批判。

　　墨子处在战国时期，诸侯国之间攻占频繁，墨子致力于帮助小国抵御大国的进攻，他的非攻思想直接批评了当时士君子的攻伐行为。天下的士君子频繁攻打别的国家，祸害天下，正是不辨义与不义。墨子认为，虽然这些为官者因为其职位，拥有了士君子之名，但其行为完全是伪君子行为。这些所谓的君子只知道杀害十个人是十倍的不义，杀害一百个人是一百倍的不义，却不知道攻击别的国家是更大的不仁义，对此不知道谴责反而大加称赞，由此可见天下的士君子混淆了义与不义。墨子的批判与后来庄子对所谓"窃钩者诛，窃国者为诸侯"的反常现象的批判是一

---

① 朱熹.四书章句集注[M].北京：中华书局，1983：48.

致的,他希望王公大人能够反省自己的行为,变成真正意义上的君子。

世俗的君子爱好虚名和利禄,正如《尚贤下》所言:"今也天下之士君子,皆欲富贵而恶贫贱。"贫富是无法伪装的,世俗之君子贫穷即贫穷,说他富有反而有讥讽之意。而道义则不同,一个人是否是道义的人,无法像区别贫富那样直观地判断出来,因此世俗的君子愿意接受别人说他为道义之人,这说明世俗的君子追求虚伪的名声。世俗的君子追逐利禄,如果派他宰杀一只狗或一头猪,他不能胜任就会推辞,但是如果派他做一国的宰相,他自知不能胜任却仍然去做。墨子认为这是违背常理的事情,根本原因在于,伪君子们贪图享受高官厚禄。

墨家认为,真正的君子之道是在仁义的基础上实现道术与学业的有机结合。《非儒下》提出,君子之道就是要在仁义的基础上统一道术和学业,从大的方面看可以用来治理百姓,从小的方面看可以选任官员,从远的方面看可以普遍施恩泽于天下百姓,从近的方面看可以提高自身的道德修养。君子所做的事务必对天下人有利,不利于天下的就应停止。这种从个人修养到治理天下的思维模式在《礼记·大学》中体现更为典型,《礼记·大学》提出的修身、齐家、治国、平天下的君子之道,它成为儒家知识分子人生发展的必由之路。墨子虽然没有直接提出修齐治平的路线,但是他将个人与天下相联系,修身与治国相联系,这是中国古代管理思想的典型格局。

(三) 圣人与君王

圣人是墨家思想中人格修养的最高境界。《修身》曰:"君子之道也,贫则见廉,富则见义,生则见爱,死则见哀,四行者不可虚假,反之身者也。藏于心者无以竭爱,动于身者无以竭恭,出于口者无以竭驯。畅之四支,接之肌肤,华发隳颠,而犹弗舍者,其唯圣人乎!"这里将君子在品德、行为、言语方面的修养看成一个长期的过程,认为能将这种修养畅通于全身四肢,反映到身体容貌上,直到头发花白秃顶都不会放弃,大概只有圣人能够做到。这段文字指出,将品德、行为、言语不断修养到极致便是圣人的境界。

墨子提出了圣人的修养方法。墨子曰:"必去六辟。嘿则思,言则诲,动则事,使三者代御,必为圣人。必去喜,去怒,去乐,去悲,去爱,而用仁义。手足口鼻耳从事于义,必为圣人。"(《贵义》)能够做到去除喜、怒、乐、怨、爱、恶六种邪僻的情感,能够在静默的心境中思考问题,说话能够教化世人,符合道义的行动能够成就事业,以仁义作为一切言行的准则,全身心地做义事,这样就能够成为圣人。

墨子对圣人的品格描绘很多,主要有努力承担社会责任、注意粮食储备、生活十分节约等。《亲士》指出圣人勇于承担事情,遇事不推脱责任,处理事情不违背常理。《七患》指出圣人珍视粮食,重视农业生产,要求加强粮食储备。《辞过》指出圣人缝制衣服,只要求身体感觉舒适暖和就可以了,不是为了在普通百姓面前炫耀漂亮的衣服;圣人教导男子耕种庄稼,给百姓提供食物;圣人在修建宫室、缝制衣服、烹调食物、制造舟车、蓄养姬妾等五方面都注意节俭;上古时代的圣人虽然都蓄养妻妾,但这不影响他们的德行,他们的宫室中没有拘禁的女子,天下也没有鳏夫。以上墨子对于圣人品格的分析,与其说这些都是圣人的品格,不如说是墨家将其思想赋予圣人,将圣人看成实践其思想的典范,这是墨家思想论证的三表法之一,即通过古代圣人的言论和行为来论证其观点的正确性。

总之,圣人的品德是综合天地之美德的结果。墨子引用《诗经·周颂》指出:"'圣人之德,若天之高,若地之普,其有昭于天下也。若地之固,若山之承,不坼不崩。若日之光,若月之明,与天地同常。'则此言圣人之德章明博大,埴固以修久也。故圣人之德盖总乎天地者也。"(《尚贤中》)这首诗说明了圣人的德行像天地日月一样彰明博大,坚牢而永久,圣人之德是天地之美德的代表。墨子引用此诗来描绘圣人的品德,表明圣人在墨家思想中具有十分高大的形象。

在墨子思想中,人格修养的理想状态就是圣人与君王结合在一起,成为圣王。如墨子在《天志下》中将古代圣明的帝王直接称为"圣人",他们顺从了上天的旨意,关爱人民,造福于人民。圣王主张尚贤使能,在选择官员方面不分亲疏、贫富、美丑,提拔贤能之才而罢免不肖之人,然后根据贤人的能力表现,慎重地分配官职,分别派去治理国家、官府、邑里。在墨家思想里,君王与圣人是统一的。因为如果圣人只是圣明,但不是王者,那么他就没有能力给予贤者不同的官职。古代的圣王能够通过审察,派遣尚同之人担任行政长官,圣王之所以能够成就功业是因为他们能够以尚同的原则来管理政事。这里同时使用了圣王和圣人,可见圣王与圣人在墨子思想体系中是统一的。墨家认为,圣人与圣王是节用的典范,他们在施政中,都能省去不必要的花费,从而使财富成倍增长,墨子借圣王和圣人的名义,提出了饮食之法、衣服之法、甲兵之法、舟车之法、节葬之法、宫室之法。可见,墨家思想中的理想管理者应是圣人与君王的统一,称之为圣王。圣人有仁德的思想,君王有决断的权力,二者的统一就能实现国家的治理,这便是墨家的政治理想。

墨家思想中还多处提到"贤者"的概念,要求贤者以道相教。例如,墨子提出"有道相教"是天之意,是贤者实现兼爱的重要方法。《尚贤下》载:"为贤之道将奈何? 曰:'有力者疾以助人,有财者勉以分人,有道者劝以教人。'"以道相教是作为贤者的基本职责。《天志中》也将有道相教看成是"天之意",表明教育他人是上天赋予贤者的神圣职责。《兼爱下》在论述实践兼爱的方法时提出了"有道肆相教诲"的观点。"肆"是勉力、勤勉的意思。有好的道理努力相互教诲,这是贤者实践兼爱的重要方法。墨子反对当时的士君子"隐慝良道,而不相教诲"(《尚贤下》),隐藏好的道术不相互教诲被认为是当时社会的突出祸患。

与贤者有道相教并行的还有统治者的"发政施教",即统治者由上而下的政令教化。《尚同中》指出,天子的教化主要是品德教育,培养人们的善德,引导人们的善行,并且对善行进行奖赏,对不良行为进行惩罚,鼓励全社会赞扬善行、批评恶行,从而在全社会形成一种向善的社会风气,促进社会和谐。不过,这要求天子必须能掌握真正的善恶标准,有关爱万民之心。墨子对古代的圣王高度赞赏,如"尧北教乎八狄""舜西教乎七戎""禹东教乎九夷"(《节葬下》),三圣都能以身作则,产生了很好的社会影响。墨子对于"今之王公大人"则持批评态度,他们无德义、任人唯亲、好攻战、铺张浪费,导致百姓贫苦。因此,在墨家思想体系中,真正成为教育主体的只有贤者,而天子是贤者的最高代表,贤者传承的内容可以是先王之书、圣人之言。

成为圣人是儒家修养理论的最高目标。孔子视域中,尧、舜皆为圣人。墨家同样以尧、舜、禹、商汤、周文王、周武王、箕子、微子、周公旦为圣人的典范。墨子指出:"箕子、微子为天下之圣人。……周公旦为天下之圣人。"《法仪》曰:"昔之圣王禹汤文武,兼爱天下之百姓,率以尊天事鬼,其利人多,故天福之,使立为天子,天下诸侯皆宾事之。"夏禹、商汤、周文王、周武王等古代圣王,因为兼爱天下百姓、敬奉上天和鬼神,所以得到了上天赐福而被立为天子,得到天下诸侯的敬服。圣人为后世树立了良好的学习典范,向典范学习是中国传统修养理论的共同特征。这种向典范学习的修养模式在当代社会的道德教育中仍有普遍作用,榜样的力量是无穷的,各个领域中涌现出来的道德模范,是引导人们向善的重要道德力量。

正是因为圣王之言有强大的影响力,墨子在推行其学术思想时往往假借圣王之口,把自己的观点论证为圣王之道。《兼爱下》曰:"兼者圣王之道也。"《节用上》

曰:"去无用之费,圣王之道。"《法仪》曰:"天之行广而无私,其施厚而不德,其明久而不衰,故圣王法之。"《尚同中》曰:"古者圣王之为刑政赏誉也,甚明察以审信。"《尚同中》曰:"故古者圣王,明天鬼之所欲,而避天鬼之所憎,以求兴天下之利,除天下之害。"《尚同中》曰:"古之圣王之治天下也,千里之外,有贤人焉,其乡里之人皆未之均闻见也,圣王得而赏之。千里之内,有暴人焉,其乡里未之均闻见也,圣王得而罚之。"总之,墨家将其学说理论都上升到圣王之道的高度,这既是墨家对于执政者的期望和要求,也是借用古之圣王增强墨家之道的合法性与影响力,是墨家推行其学说的重要策略。

二、道义政治与暴力政治

儒家以仁政而闻名。孔子提倡"为政以德""道之以德",将道德教育放在政治的核心地位。孟子大倡仁政思想,他向梁惠王提出"省刑罚,薄税敛,深耕易耨"和"壮者以暇日修其孝悌忠信",认为仁政可以"挞秦楚之坚甲利兵",主张"仁者无敌"。[①] 总的来说,"富国裕民、为政以德、宽猛相济、礼治德教、尊贤使能"[②]等是儒家仁政的主要内涵。儒家仁政体现的是圣王对人民的物质关爱、道德教育与政治管理,圣王之德在其中发挥了重要作用。

墨家以义政而闻名。墨子提出:"顺天意者,义政也。反天意者,力政也。"(《天志上》)明确倡导义政,反对力政。墨子将义政看成是天志的要求,论证了义政的神圣性与正当性。墨家强调只有顺从天意、天志的要求,关心民众的利益,才能得到上天的赐福,否则社会就会陷入混乱,受到上天的惩罚。墨家将天志作为义政的基石,天志既是义政内容来源,也是义政实施过程的强大推动力量和监督力量,天志可以"度天下之王公大人为刑政也"(《天志中》),检查天下王公大人的施政情况,顺从天志的就是善的德行,违反天志的就是恶的行为,由此可以区分王公大人的仁与不仁。同时,鬼神也能够赏贤罚恶,是实施义政的强大监督力量,对于滥杀无辜的人,鬼神都会惩罚,《明鬼》篇中举了周宣王杀死杜伯、燕简公杀死庄子仪、宋文公杀死祝观辜等事例,来说明这些君王都是因为处死了无辜的人而受到了鬼神的惩罚。

---

① 杨伯峻.孟子译注[M].北京:中华书局,2005:10.
② 龙静云.仁政:先秦儒家政治伦理的核心及其借鉴价值[J].道德与文明,2000(3):44-47.

墨子认为,"尝若鬼神之能赏贤如罚暴也,盖本施之国家,施之万民,实所以治国家、利万民之道也"(《明鬼下》)。

从狭义看,墨子所讲的义政内容表现为两方面:一是兼爱,即"处大国不攻小国,处大家不篡小家,强者不劫弱,贵者不傲贱,多诈者不欺愚"(《天志上》)。这是墨家提倡的兼爱的核心内容,是尧、舜、禹、汤、文、武等古代圣王从事的兼爱之道。力政则与此相反,表现为"处大国攻小国,处大家篡小家,强者劫弱,贵者傲贱,多诈欺愚"(《天志上》);二是兴天下之利,即"上利于天,中利于鬼,下利于人"(《天志上》),这既是天志的内容,也是仁人施政的目标,墨子称这种对天、鬼、人三者都有利为顺天德,能以此施政的就是圣王。墨子义政始终要求为政者须是仁义之人,要为天下人的利益考虑,"天下贫则从事乎富之,人民寡则从事乎众之,众而乱则从事乎治之"(《节葬下》),仁义之人要关心人民的利益,而不能谋取个人的私利。力政与此相反,即"上不利于天,中不利于鬼,下不利于人"(《天志上》),对三者都不利的事情称为天贼,这样施政的君王被称为暴王。

墨子认为,夏商周三代圣王执政是义政时期,三代圣王去世之后,天下人就抛弃了道义,诸侯以武力相征伐,进入了力政流行的时期。墨子的心态与孔子言必称三代相似,都有崇古的倾向。杨俊光指出:"墨子认为历史是变化的,虽可以有倒退,但总的说来是进化的。"①从百姓刚开始出现到三代圣王这段时间的历史是进化的,只是从三代圣王至墨子这段时间的历史是退化的,因此不能简单地将墨子归结为历史退化论者。其实,墨子当时言必称三代圣王之道,可能是出于当时社会风气多是尊古而贱今,所以墨家宣传自己的思想便托之于上古圣人,实际上"墨子对于社会生活和社会问题,不是唯古是从,而是采取分析的态度,即述和作、继承和创造并重"②。

从广义看,墨家关于治国理政的十大主张——尚贤、尚同、节用、节葬、非乐、非命、尊天、事鬼、兼爱、非攻都属于义政的内容,其中渗透的便是圣王之德。义政强调圣王之德在治国中的重要性。墨家义政不同于儒家仁政在于仁政强调关爱百姓,义政强调不伤害百姓,不伤害他人。如果说儒家提倡的是最高的政治理想,那么可以说墨家提倡的是最低的政治理想。墨家鉴于战国时期的社会混乱,认识到天下百姓不奢求获得关爱,只希望不受伤害,墨家义政理论真实地反映了当时下层

---

① 杨俊光.墨子新论[M].南京:江苏教育出版社,1992:58.
② 杨俊光.墨子新论[M].南京:江苏教育出版社,1992:62.

百姓的心声。例如墨家提出节葬思想,就是希望丧葬之事能够在上符合圣王的原则,在下符合国家百姓的利益,实行厚葬久丧,不能使百姓富足、不能使人口增多、不能使天下得到治理,因此需要节葬。墨家的非乐思想,也是从圣王为天下人谋福利的角度提出来的,娱乐不能解决社会的饥寒、战争和欺骗问题,只会浪费钱财,影响各行各业的人们从事本职工作。同样,非命论也是圣王之德的表现。有命论者相信贫富、众寡、治乱、寿夭都是命中注定的,墨子认为有命论会导致在上位的人不努力从事管理政事,在下位的人不从事劳动工作,会造成社会政治混乱,财用不足,甚至最终导致国家灭亡。批判有命论,能够使天下人各在其位,各谋其职,努力从事工作,因此非命是圣王之德,是义政的内容。

墨子认为,义就是匡正的意思,他从政治的角度进一步提出"义者,善政也"(《天志中》)的观点,这表明义政即是完美的政治。在墨家看来,施义政于国家,人口就会增多,刑政得到治理,社会安定有序,财物自然充足。施行义政是上利天、中利鬼、下利人的事情。墨家的义政就是仁人的政治,这是将儒家之仁运用于政治之中,突破了儒家仁爱的差等性,强调普遍的施爱于百姓,或者说以兼爱为基础的仁政。墨子认为当时天下的祸害不仅有"兵刃毒药水火",还有"为人君者之不惠也,臣者之不忠也,父者之不慈也,子者之不孝也"(《兼爱下》),这就将社会伦理关系的和谐看成社会治理的重要内容,解决上述祸害正是仁人的责任和义政的内容。墨子主张做国君的应该仁惠,做臣子应该忠诚,做父亲的应该慈爱,做儿子的应该孝顺,做兄长的应该友爱,做弟弟的应该敬悌。由此可见,道德教育在墨家政治管理中占有重要地位,道德成为维系社会安定的重要纽带。

墨家在论证义政的益处时指出:"处大国不攻小国,处大家不篡小家,强者不劫弱,贵者不傲贱,多诈者不欺愚。此必上利于天,中利于鬼,下利于人。三利无所不利,故举天下美名加之,谓之圣王。"(《天志上》)圣王践行非攻,无所不利;反之,暴君施行力政,对于上天、鬼神和人民都不利。墨家这种天、鬼、人三位一体的论证方式在先秦诸子中有鲜明的特色,是墨家三表法的典型运用。

力政在墨子时代最集中地表现为"大国攻小国",而诸侯争霸,战争频繁,正是春秋战国时期社会最鲜明的特征。如果说墨家治国理政的十大主张是其义政的主要内容,那么非攻思想是墨家义政思想最集中的体现。攻主要指大国攻打小国、大家族攻打小家族等非正义的侵略战争,例如齐、晋、楚、越、吴等大国发动的对弱小国家的兼并战争。墨子认为,杀害一个人是不义,杀害十个人便是十倍的不义,杀害一百个人是一百倍的不义,那么攻打别的国家就是更大的不义行为。

墨子以义政反对力政,正是反对当时天下士君子不断谋于攻伐的政治行为。春秋战国以来天下诸侯不讲道义,用武力相征伐。大国在攻打小国时,不仅不承认自己的非正义性,反而把不断攻打小国看成国家强大的必由之路,入侵别的国境,抢割他们的庄稼,破坏他们的城墙,烧掉他们的祖庙,杀害抵抗的人,还将投降的人带回做劳力,认为只有不断地攻伐才能使自己成为大国。大国国君对自己不仁不义的行为没有丝毫反省,反而向四周的邻国炫耀,把消灭别国的军队、杀死别国的将领看成自己的功绩。这些国君还将自己攻伐的行为记录在竹简和布帛之上,让后代子孙了解他们的行为,让子孙效法他们的行为,这将导致攻伐世代相传而不能停止,社会会因此陷入混乱。墨子批评大国攻打小国的行为,认为这是明于小而不明大。人们知道偷窃别人果园的果子、偷窃别人的牲畜、杀害别人、抢夺别人的东西等行为都是不道义的,而对攻打别的国家这种最大的不义行为却不知道批评,反而自以为很荣耀,这是十分荒谬的。墨家提出义政正是为了改变战国时期混淆是非、迷乱道义的状况,针砭时弊的作用十分明显。

墨子反对攻战,分析了发动战争不利于本国人民之处。一是战争耗费大量人力,需要数以千计的君子和普通人,数十万人服劳役。因此发动战争,最后"计其所得,反不如所丧者之多"(《非攻中》),真可谓得不偿失。二是战争影响了百姓的工作。发动战争需要竹箭、旌旗、军帐、铠甲、盾牌、矛戟、戈剑、马车、牛马、粮食、士兵等,而且战争使"冬行恐寒,夏行恐暑,……春则废民耕稼树艺,秋则废民获敛"(《非攻中》)。战争使得官吏没时间管理政事,农民没时间耕种庄稼,妇女没时间纺纱织布,百姓只能另谋生计。三是战争经济损失与人员伤亡严重,不仅兵车、战马、兵器损失大半,而且国家也会损兵折将,士兵饥寒冻饿生病而死在路的不计其数。四是战争不能广土众民。虽然楚国、吴国、齐国、晋国借助攻战将领土从方圆几百里扩大到方圆几千里,但是这只是极少数的国家,古代以来由于战争而灭亡的小国家则难以计数。五是战争不会必然取得胜利。墨子举吴王阖闾、夫差、晋国的智伯为例,说明发动战争不可能永远胜利,最终仍逃不掉失败的命运。

从被攻打的国家看:首先,攻战不符合上天的利益。攻入别的国家,消灭它的军队,残害虐待它的人民,破坏它祖先的功业,这是屠杀上天的人民,攻占上天的城邑,破坏宗庙社稷的灵位,夺取他们的牛羊等祭品,会侵扰神的安宁,不符合上天的利益。其次,攻战不符合鬼神的利益。杀害上天的人民,抛弃先王的后代,迫使百姓流离失所,让鬼神没有祭主,废灭了对先王的祭祀,侵害了鬼神的利益。最后,攻战不符合人民的利益。攻战不仅会杀害他国人民无数,而且会消耗本国百姓生存生活的资本和财用,严重侵害本国人民的利益。

总之,从上天、鬼神、国家、人民的利益角度考察,战争是有害而无利的。自古以来,战争都是一小部分人为了争取私利而发动的。墨家站在了百姓的立场上分析了战争的种种弊端,他们的分析虽然没有涉及阶级层面,但是从利益角度进行的批判是非常深刻的。墨子明确反对大国攻打小国,并提出要帮助弱小国家抵抗大国的侵略,"大国之攻小国也,则同救之"(《非攻下》),止楚攻宋便是墨子非攻思想最经典的体现。正如任继愈所说,墨子"这种憎恨侵略战争、向往和平的优良传统,直到今天也还鼓舞着我们。如果用一句话来概括墨子哲学的全部精华,那就是他热爱和平、反抗侵略的思想"①,中华民族爱好和平的传统或正源于此。

如果说墨家是以义政来对治当时社会的霸道政治,儒家则是以仁政来改造当时社会的霸道政治。相比于墨家义政对战争的正面批判,儒家的仁政更强调从道德引领的角度塑造天下和平的局面。首先,儒家仁政强调为政者要关心百姓生活。孔子认为在人口多起来后,要"富之、教之"②,孟子要让人民有恒产从而产生恒心,让人民生活富裕是仁政思想的根本内容。其次,儒家仁政强调为政以德,主张统治者自己以身作则,首先端正自己,这样既能获得人民的信任,又能引导人民向善,儒家希望从天子到庶人都以修身为本正是这个意思。正如孔子说:"上好礼,则民莫敢不敬;上好义,则民莫敢不服;上好信,则民莫敢不用情。"(《论语·子路》)统治者的道德风尚对老百姓有直接的引领作用,这便是儒家德政的体现。儒家反对霸道政治,霸道政治就是君主凭借武力、威势,利用权术、刑罚进行统治。孟子指出,凭借武力征伐而使天下人服从的是霸道政治,依靠仁义之道而使天下归服的是王道政治,凭借武力不能使天下人心悦诚服,只有依靠道德才能让天下人心悦诚服。孟子所讲的霸道与墨子所讲的力政实质都是以武力征服天下,二者反对的正是春秋战国时期诸侯争霸的局面,但一主义政,一主仁政,可谓殊途同归。正如孙以楷先生说,墨家"所谓义政实际上也就是仁政,不是儒家的别爱之仁政,而是兼爱之仁政"③,这一评价是非常深刻的。

---

① 任继愈.墨子与墨家[M].北京:商务印书馆,1998:36.
② 杨伯峻.论语译注[M].北京:中华书局,1980:137.
③ 孙以楷.孟子对墨子思想的吸收与改造[J].齐鲁学刊,1985(2):43-48.

三、以德就列与以身殉义

(一) 以德就列

墨家义政,一个核心内容是为政者要以个人的品德来匡正天下百姓的言行。从匡正的顺序看,墨子认为匡正天下人"无自下正上者,必自上正下"(《天志下》),只有在上位者来匡正在下位者,而没有在下位者来匡正在上位者。因此"庶人不得次己而为正,有士正之;士不得次己而为正,有大夫正之;大夫不得次己而为正,有诸侯正之;诸侯不得次己而为正,有三公正之;三公不得次己而为正,有天子正之;天子不得次己而为政,有天正之"(《天志下》),墨子这里提出了自天、天子、三公、诸侯、大夫、士、平民一级一级往下匡正人们行为的策略。墨家注重施政者的道德,要求各级行政长官都选择仁德的人担任,让他们以自身的品德引导人们向善,在他们管理的区域内形成良好的社会道德风气。

首先,墨家强调君王的道德品质。君王要有宽广的胸怀,能够包容、吸纳各种人才,善待各种人才。墨子认为,君王的品德"不尧尧"(《亲士》),并非高不可攀。圣王遇事不推辞,能够按常理办事,所以能成为治理天下的良才。墨子推崇的古代帝王舜、禹、汤、武王皆以仁义著称于世,他们"事无辞,物无违",善于选拔人才,舜选择了许由、伯阳,禹选择了皋陶、伯益,汤选择了伊尹、仲虺,武王选择了太公、周公,这些优秀人才助他们成就了伟业。古代暴君夏桀、殷纣、厉王和幽王是天下不义之人,他们不善于选拔人才,夏桀选择了干辛、推哆,殷纣选择了崇侯、恶来,厉王选择了厉公长父、荣夷终,幽王选择了傅公夷、蔡公谷,这些品行不好的人推动了君王为恶。因此,君王自身的品德与能力直接决定了他的治理成果,君王必须不断加强自身修养,向上效法于天,学习天的无私博大,向下宽以待人,善用人才,这是他成就丰功伟业的基础。

墨子强调国君施政中的道德信任,将君臣之间的不信任看成国家的祸患。墨子总结国家的七种祸患时指出:"君修法讨臣,臣慑而不敢拂,四患也;君自以为圣智而不问事……五患也;所信者不忠,所忠者不信,六患也;……赏赐不能喜,诛罚不能威,七患也。"(《七患》)墨子将君臣之间缺乏信任看成国家的七患之一,君主用各种法令来惩罚大臣,难以激发臣子为君主效劳的积极性,国家各项工作就难以有效开展。墨子认为,必须建立起君臣之间的相互信任感,这是开展工作的前提。如果君主对臣子不信任,而仅靠严格的法令惩罚来监督臣子的工作,那么这种监督是不能持久的。墨家认为只有建立起彼此的信任感,才能建立长久稳固的君臣合作关系。

君主要有接受臣子谏言的胸怀,能够接纳臣子的个性,这是兼君之道。《亲士》指出:好弓难以拉开,好马难以驾驭,贤才难以任用。贤才的品格与个性常在现实社会中不被君主接纳,因此墨家希望良才提出与君主不同的意见时,君主要虚心听取。君主只有兼听则明,正如江河之水不是一个水源汇成,价值千金的裘皮衣不是一只狐狸腋下的毛皮做成,同理,兼爱天下的君王不能只用苟同于自己的人,君王的胸怀应像天地一样宽广,这样才能包容万物,他的恩泽才能流布全国。如果君主不能容忍贤才的个性,贤才将很难保持长久。墨子指出,比干、孟贲、西施、吴起都是死于他们的长处,因此圣王应当有包容良才个性的胸怀,避免出现良才受挫的情况。

其次,墨家重视人才的道德品质。士人虽然有才学,但应以德行为根本。墨子在论述君子的修养时指出:"近者不亲,无务来远;亲戚不附,无务外交;事无终始,无务多业;举物而暗,无务博闻。是故先王之治天下也,必察迩来远。君子察迩而迩修者也。见不修行,见毁,而反之身者也,此以怨省而行修矣。"(《修身》)这里显然将道德作为君子立身、处世的根本,通过自身的修养而和亲近的人搞好关系,同时也能招徕远方的人,当自己遭到别人的诽谤时能够反省自身,从而不断提高自己的修养,这就为君子的事业兴盛创造了条件。这段文字与儒家"吾日三省吾身"[①]和"远人不服,则修文德以来之"[②]的观点相近,都强调了君子个人道德修养的重要性。

墨子认为里长、乡长、国君都应是仁人,能够在自己管理的区域内发扬善行,让各自管理的区域内善人受奖赏,恶人受惩罚。他强调,从里长到天子的各级行政长官,都应该在自己的管辖区域内起到带头示范作用,对于各种为政之道以身示范,引导民众跟从学习。例如节用:"故节于身,诲于民,是以天下之民可得而治,财用

[①] 杨伯峻.论语译注[M].北京:中华书局,1980:3.
[②] 杨伯峻.论语译注[M].北京:中华书局,1980:172.

可得而足。"(《辞过》)圣王自己很节俭,然后以此教育人民,天下就会形成节用的良好社会风气,财物就会很充足。这一道理与孔子所讲的"君子之德风"的观点相似,都强调在上位者、领导者道德行为的示范作用。

再次,墨家提出"以德就列"(《尚贤上》)的原则,也就是依品德的高低安排官职,根据德行排列官员的位次。墨家的治国理论重视贤才的品德,要求贤才有敦厚的德行。墨子认为,古代圣王尧选择了正在种地的舜,汤选择了正当厨师的伊尹,武丁选择了身为囚犯的傅岩,因为他们有敦厚的品德,关心国家和百姓之利,所以他们从政可以帮助国君实现天下之治,让人民过上富足安定的生活。墨子要求贤才以兼爱天下人为目标,而不能以个人的富贵利禄为目标,贤才要努力用力气、财富和道术去关心他人。在墨子看来,贤人以兼爱治理天下,又能带领天下人民尊天事鬼,让人民得到利益,最终实现天下人互爱互利的理想局面,这是墨家理想的贤人政治。古代圣王选拔人才主张"不义不富,不义不贵,不义不亲,不义不近"(《尚贤上》),因此人们想要获得国君的信任,只有行仁义一种途径。如果社会形成了崇尚仁义之道的风气,那么人们都会争相成为道德之人。墨子批评当时的王公大人任人唯亲、任人唯富、任人唯美的现象,因为这些王公大人的行为使人们的价值观产生了混乱,无法引导人们去做善事,难以改变社会的混乱局面,甚至整个社会的道德风气都因此而败坏。

最后,墨家主张赏善罚暴。墨子认为,让善良的人受赏而暴虐的人受罚,可以促进社会形成向善的风气,让人们以做善事为荣,以施暴行为耻,社会就会得到治理。墨子批评当时的王公大人:"若苟上下不同义,上之所赏,则众之所非,曰人众与处,于众得非。则是虽使得上之赏,未足以劝乎!……上之所罚,则众之所誉,曰人众与处,于众得誉。则是虽使得上之罚,未足以沮乎!"(《尚同中》)当时的王公大人赏罚不当,赏罚不能起到引领社会风气的作用,这是社会陷入混乱状态的重要根源。

墨子认为,古代圣王是以德义而称王天下的。他引用《尚书·吕刑》中尧的话说:"群后之肆在下,明明不常,鳏寡不盖,德威维威,德明维明。"(《尚贤中》)这句话的大意是说对于德行高尚之人可以破格录用,通过高尚道德树立起来的威严才是真正的威严,出于高尚品德的英明才是真正的英明。古代圣王之所以能够称王天下,是因为他们"爱民谨忠,利民谨厚,忠信相连,又示之以利"(《节用中》),忠心地关爱人民,优厚地为人民谋利益。墨子所讲的称王于天下的典型,例如商汤和周文王都是从方圆百里的封地起步的,他们实行兼爱,近处的人放心接受他们的政令,远处的人归顺于他们的德行,他们完全是以道德感召而非依靠武力来征服天下。他进一步指出,今天的王公大人称王于天下,只能依赖威势和强权来统治。然而,依仗威势和强权的统治政权终将会被无法生活的百姓所推翻,这是从古至今的法则。因此要想称王于天下,必须依靠崇高的德行。

可以说,墨家关于贤才的道德思想是立足于平民立场上的平等的道德,正如蔡尚思说:"墨家多平等的积极的社会道德,道家多个人自由的消极的道德,儒家多中庸的家族的道德,法家韩非多压迫者剥削者忠君者的道德。这不仅如章太炎前期所说墨子的道德超过了儒道二家,而且超过了佛教。"[①]在当时的奴隶制向封建制度过渡的时期,墨家的思想是超越于时代的,所以受到了时人的攻击,不被统治者接受。墨家的道德是立足于广大百姓的立场上,更符合现代公民社会的道德要求,满足最大多数人的最大利益,这种思想在今天仍有重要的价值。

(二) 以身殉义

墨家的义政实践需要不断提升领导者的品德,只有胸怀宽广、品德高尚者才能进入领导者行列,其中关键在于领导者能够身体力行道义精神。以国家和天下的公义为目标,将个人的私利完全置之度外,直至以身殉义,这是墨家道义精神的最高境界。墨家巨子和弟子在坚守道义方面有丰富的事例,对于提升领导者的道义精神有直接的借鉴意义。

墨子是墨家的信仰领袖,他坚守墨家的道义精神,正如《庄子·天下》说:"墨子真天下之好也,将求之不得也,虽枯槁不舍也。才士也夫!"[②]即使弄得形容枯槁,也不放弃自己的主张。《鲁问》记载的墨子拒绝越王封地的故事也明确地体现了这一点:墨子派公尚过到越国去宣传墨家思想,越王(当为勾践之后)听了公尚过的游说后非常高兴,希望邀请墨子到越国来,提出愿意以方圆五百里的土地封赏墨子。墨子并不为越王提出的优厚待遇所打动,而首先考虑越王是不是真正愿意采纳他的学说,只有越王愿意采用他的学说、听从他的建议,他才会去,而且并不要求丰厚的待遇,只要有饭吃有衣穿,当一个普通的臣子就行。如果越王不听从自己的建

---

① 蔡尚思.十家论墨[M].上海:上海人民出版社,2004:335.
② 郭庆藩.庄子集释[M].王孝鱼,点校.北京:中华书局,2004:1080.

议,不采用墨家的学说,这就是在出卖道义。在墨子看来,自己如果做一个出卖道义的人,在中原就可以出卖,不必到越国去出卖。从这则故事可以看出,墨子坚守了墨家的道义,面对丰厚的待遇也不为所动。

《吕氏春秋·高义》也记载了墨子拒绝越王封地的故事,《吕氏春秋》与《墨子》对此故事的记载差异主要有三点:一为越王许诺的封赏表述不同。《墨子》记载的封赏是"故吴之地,方五百里",即方圆五百里的土地作为封赏。《吕氏春秋》记载的封赏是"故吴之地阴江之浦书社三百"。许维遹《吕氏春秋集释》指出:"社,二十五家也。三百社,七千五百家。"① 书社是古代中国实行的一种基层行政管理制度,即将社员的姓名记录在社簿上,例如《史记·孔子世家》载楚昭王"昭王将以书社地七百里封孔子"②。二为墨子是否批评公尚过有不同。《吕氏春秋》提到墨子批评公尚过不了解自己的心意,因为公尚过既然知道越王不大可能采用墨子的主张,还询问墨子是否愿意接受越王的邀请便是多余,因为墨子以推行自己主张为接受封赏的前提。三为越王邀请墨子的方式不同。《墨子》提到越王为公尚过准备了五十辆车,用于到鲁国迎接墨子,《吕氏春秋》无此文字。虽然两处文字记载有很大差异,但是墨子坚守道义,不为越王提供的利禄所动则是相同的。

从上文墨子拒绝越王封地的故事看,墨子实际上在孟子之前就已做到了坚守道义而不为利禄所动。孟子提出了不为利禄所动、坚守道义的大丈夫人格:"居天下之广居,立天下之正位,行天下之大道;得志,与民由之;不得志,独行其道。富贵不能淫,贫贱不能移,威武不能屈,此之谓大丈夫。"③天下最宽广的住宅是仁,天下最正确的位置是礼,天下最光明的大道是义。真正的大丈夫无论是得志还是不得志,都能坚守仁义而立于礼,他不会因物质利益而扰乱心智,不会因物质的贫贱而改变自己的志向,不会畏惧外在的权势,这就是孟子所讲的大丈夫精神,而墨子拒绝越王封地一事,正典型地体现了孟子所讲的不为利禄所动的大丈夫精神。

巨子是墨家道义精神的代表,也是墨家团体的核心凝聚力所在。《庄子·天下》记载了墨家后学崇拜巨子的情形:"以巨子为圣人,皆愿为之尸,冀得为其后世。"④"巨"字在向秀、崔譔本中写作"钜"。"尸"训为主。郭象注指出:"巨子最能

---

① 许维遹.吕氏春秋集释[M].梁运华,整理.北京:中华书局,2009:514.
② 司马迁.史记:第六册[M].北京:中华书局,1959:1932.
③ 杨伯峻.孟子译注[M].北京:中华书局,2005:141.
④ 郭庆藩.庄子集释[M].王孝鱼,点校.北京:中华书局,2004:1079.

辨其所是以成其行。"向秀注指出："墨家号其道理成者为钜子，若儒家之硕儒。"①可见，巨子是墨家理论上最为通达，并能将理论付诸行动的人，近似于博学的儒者。墨家后学把巨子奉为圣人，都愿意遵他为主师，希望继承他的事业。梁启超指出："巨子很像天主教的教皇，大约并时不能有两人，所以一位死了，传给别位。但教皇是前皇死后，新皇由教会公举；巨子却是前任指定后任，有点像禅宗的传衣钵了。"②实际上，巨子不仅有崇高的社会地位如教皇，更有在墨家学团内部的巨大权力，如孟胜弟子对他的忠诚体现了他生前死后的无上权威，腹䵍处死自己的儿子表明巨子有对墨者生杀予夺的权力。

墨家道义精神最集中地体现在孟胜殉城的故事中。《吕氏春秋·上德》记载：孟胜和楚国的阳城君关系很好，阳城君让他守卫自己的领地，剖分璜玉作为符信，约定只有见到符信相合后才能听从命令。楚悼王去世，一些反对变法的大臣联合起来要杀吴起，吴起伏在楚悼王遗体上被弓箭射杀，但有些乱箭射中了楚悼王的遗体。按楚国的法律，毁坏王尸是罪连三族的大罪。继任者楚肃王决定要杀光射杀吴起时毁坏王尸的大臣，共有七十多个家族被牵连，阳城君便是其中之一。阳城君闻知消息后逃跑，楚肃王便要收回阳城君的封地。孟胜见自己不能禁止楚国收回食邑，便决定殉城。孟胜的弟子徐弱劝告他说，死了如果对阳城君有好处则可以去死，如果对阳城君没有好处而又使墨家在社会上断绝就不能去死。孟胜认为自己对于阳城君来说，不是老师就是朋友，不是朋友就是臣子。如果不殉城，那么以后人们可能不会在墨家中寻求严师、贤友和良臣了。殉城正是为了实行墨家的道义从而使墨家的事业得以继续。这则故事传达出以下信息。

第一，墨子去世后，墨家建立了巨子传承制度。孟胜便是墨家巨子，他去世前，派弟子将巨子之位传给了宋国的田襄子。孟胜之所以选择田襄子作为巨子传承人，是因为田襄子是贤德的人。传承的程序只是在自己临死前派两个弟子去将巨子的职务传给田襄子，程序只是口头传授，没有什么传位之符，不像传说禅宗五祖弘忍传衣钵给六祖惠能有袈裟为证。巨子的传承近似于古代的禅让制，传贤不传子，其中没有人情关系，尤其没有血缘亲疏因素的影响，而完全以个人品质和能力为准则。郑杰文指出："墨家鼓吹禅让，《墨子·尚贤下》：'昔者舜耕于历山，陶于河滨，渔于雷泽，灰于常阳。尧得之服泽之阳，立为天子，使接天下之政，而治天下之

---

① 郭庆藩.庄子集释[M].王孝鱼,点校.北京:中华书局,2004:1080.
② 张品兴.梁启超全集:第六册[M].北京:北京出版社,1999:3278.

民.'按照禅让的规则,巨子之位应'传'而不应自立。"①

第二,墨家在社会上立足主要靠道义精神,孟胜殉城是墨家严守道义的典型表现。墨家之所以能够成为当时的显学,与墨家积极的宣传道义、实践道义精神是分不开的。墨者能够救他人之危难,牺牲自己生命也在所不惜,这种毫不利己、一心利人的道义精神使墨家赢得了社会的信任和尊重。孟胜殉城是墨者为他人牺牲自己最集中、最典型的表现。

第三,墨家巨子与弟子之间的关系是靠道义来维系,而不是靠严罚厚赏,墨家弟子对巨子十分忠诚。孟胜殉城既是墨家巨子对弟子守道义的表现,也是墨家对整个社会守道义的表现。弟子对巨子守道义体现在徐弱、两名传位给田襄子的弟子、随孟胜守城的一百八十个弟子之死。徐弱见孟胜决定为坚守墨家道义而殉城,便在孟胜之前刎颈而死。孟胜死后,学生们为他殉死的有一百八十人。孟胜派两个人传巨子之位给田襄子,二人转告田襄子继任巨子后,又要返回楚国为孟胜殉死,田襄子以刚接任的巨子地位命令二人留下,不必回去为孟胜殉死,但二人最终还是返回去为孟胜殉死,因为墨家认为不听从自己的巨子的话就是不知墨家之义。有学者指出:"从以上的轶事中可以很明白地看出墨家以巨子为中心的强烈向心力,从拒绝对新的巨子效忠,而决意追随孟胜殉死的二位弟子对孟胜的忠心,可以明白地看出这种向心力有着强烈的排他性。"②

不过,事件中的阳城君在楚悼王去世时,与群臣在灵堂围攻主持变法的吴起,乱箭射中了楚王的尸体,按楚国之法:"丽兵于王尸者,尽加重罪,逮三族。"楚国对此事依法查办,而阳城君畏罪潜逃,于是楚国决定收回他的封地。孟胜无力抵御楚国的进攻,无奈率一百八十余名弟子殉难。可以说,孟胜是为一个触犯了国法的贵族殉难,这是墨家道义精神被社会所利用了。孙中原指出:孟胜殉难固然表现了墨家勇于献身的精神,但是为一个违反国法的贵族殉难,未必符合墨子的原意,"孟胜把后学的献身精神引向邪路,给统治者当了殉葬品。这是墨子精神的变质,甚不足取。然而这也说明了墨子的侠义心肠、任侠精神,完全可以被人阉割利用,变为替统治者服务的工具"③。可见,墨家在现实中以死来坚守道义,也存在现实与道义之间的内在矛盾性,对二者之间关系的处理对墨家而言可能是两败俱伤的,或者尊

---

① 郑杰文.中国墨学通史:上册[M].北京:人民出版社,2006:70.
② 冈本光生.墨子思想图解[M].黄碧君,译.台北:商周出版城邦文化事业股份有限公司,2005:56.
③ 孙中原.墨子及其后学[M].北京:中国国际广播出版社,2011:150.

从现实而放弃了道义,或者坚守了道义而不顾现实,这是墨家的两难抉择。从孟胜殉城的事例来看,墨家在这个两难抉择中保守了道义,但却在现实中成了权力争斗的牺牲品。

由于史籍关于巨子的记载太少,现在知道的墨家巨子仅有孟胜、田襄子和腹䵍三人。孟胜殉城的故事表明墨家巨子的影响力很大,不听从自己的巨子的话就是不知墨家之义。可以说,孟胜弟子徐弱、一百八十弟子、传巨子之位给田襄子的两名弟子,都是在巨子的威信之下为墨家之义殉道。田襄子的情况仅见于孟胜殉城前的介绍:"我将属钜子于宋之田襄子,田襄子,贤者也。"①孟胜之所以挑选田襄子为继任巨子,是因为田襄子是位贤者,他还告诉我们田襄子是宋国人。腹䵍的故事见于《吕氏春秋·去私》,该文记载了腹䵍不接受秦王免去其子杀人的死罪,执意施行墨者之法处死自己唯一儿子的故事。吕不韦评价道:"子,人之所私也。忍所私以行大义,钜子可谓公矣。"②儿子是人们所偏爱的,忍痛杀掉自己心爱的儿子去遵行天下公理,墨家钜子腹䵍可以说是公正无私了。

不仅墨子和后代巨子以道义精神为立身行事的准则,墨子也大力提倡墨家弟子践行道义精神。例如,墨子派弟子管黔滶推荐弟子高石子到卫国去工作,卫国的国君给高石子很优厚的待遇和卿的官位。高石子每次朝见国君,都把治理国家的意见讲得很透彻,但是都没有被采用,他最终放弃了高官厚禄并离开了卫国。高石子担心卫国的国君可能认为他很狂妄,因此来向墨子请教。墨子认为,只要高石子离开卫国符合道义原则,即使背上了狂妄的名声也无所谓。他举古代周公旦的例子进行说明,周公旦讨伐管叔,辞去三公的职位,住到东方的商奄去,人们都说他狂妄,但是后代人不断传颂他的品德与美名,做符合道义的事情可以不必躲避别人的批评。高石子牢记墨子"天下无道,仁士不处厚焉"(《耕柱》)的教导,天下无道,仁士就不应该处在俸禄优厚的位置上,现在卫国国君无道,因此他毅然放弃爵禄。墨子对高石子的表现十分高兴,他认为高石子是拒绝俸禄而向往道义的典范,他不像世俗之人那样违背道义而贪享俸禄。高石子行为体现了对墨家思想,尤其是道义精神的信仰,他已经由对墨家知识理论的理解上升为一种愿意为墨家思想奉献的情感。他只有在为墨家思想奔走的过程中才能实现其人生的意义,抛弃高官厚禄体现了他对墨家道义精神的执着情感,也体现了他对墨家思想的虔诚态度,他抛弃

---

① 许维遹.吕氏春秋集释[M].梁运华,整理.北京:中华书局,2009:522.
② 许维遹.吕氏春秋集释[M].梁运华,整理.北京:中华书局,2009:32.

高官厚禄是一种典型的对道义精神的信仰行为。

墨子弟子如果在工作中没有践行墨家的道义精神,会受到墨家组织的约束。例如,《鲁问》记载了墨子辞退弟子胜绰的故事:墨子推荐弟子胜绰去辅佐齐国将军项子牛,目的是让胜绰去维护正义。项子牛三次侵占鲁国的土地,胜绰却三次都帮助了项子牛。在墨子看来,胜绰因为丰厚的俸禄而放弃对正义的追求。墨子对胜绰放弃正义的行为十分生气,于是派弟子高孙子请项子牛把胜绰辞退,胜绰被墨子调了回来。这表明,胜绰虽是项子牛的臣子,但项子牛无法决定胜绰的去与留,墨子在胜绰的去留问题上有决定权,墨子可以辞退本来表现让项子牛满意的胜绰。可以说,胜绰从墨子那里学成后外出工作,其性质相当于墨家的外派弟子,但他的工作完全在墨子的控制中。

墨子凭借老师的权力可以将弟子的工作辞退,这在儒家孔子那里是做不到的。《左传·哀公》十一年和十二年记载,鲁国季康子准备采用新田赋制度来增加赋税,让冉求征求孔子的意见,孔子明确反对田赋制度,主张向人民收取赋税要轻薄。最后冉求仍然协助季氏推行了田赋制度,帮助季氏聚敛财富,孔子气愤地说:"非吾徒也。小子鸣鼓而攻之,可也。"①孔子生气地说冉求不再是自己的学生,号召其他学生去打冉求,但他没有辞退冉求,这表明孔子对弟子约束力不及墨子。《吕氏春秋·上德》记载孟胜殉城的故事中提到"墨者以为不听钜子不察,严罚厚赏不足以致此"②。故事中的徐弱领会孟胜的思想而殉死,两位弟子在极其危急的情况下冒死出城向田襄子传递信息,传达信息后坚决返回为孟胜殉死,以及一百八十弟子为孟胜殉死,都体现了墨家弟子对巨子的忠诚。这种严格听从巨子指示的程度,是严刑厚赏达不到的,与儒家相比,墨家的师生关系带有明显的宗教属性。

墨家要求弟子有道义精神,但是现实的利益也一直困扰着墨家弟子。《贵义》记载了一则故事:墨子推荐弟子到卫国去做官,但是弟子到卫国不久就回来了。墨子问弟子为什么会辞职,弟子说是因为卫国国君说话不守信用,本来国君说给他一千盆粮食做报酬,实际只给他五百盆,所以辞职回来了。墨子反问弟子说,如果卫国国君给你的俸禄超过一千盆,你还会辞职吗?弟子说不辞职,墨子据此认为弟子辞职的原因不是因为卫国国君说话不守信用,而是因为卫国国君给他的俸禄太少。由这则故事可以看出,墨子的弟子中有功利主义者,是为了做官和获得丰厚的俸禄

---

① 杨伯峻.论语译注[M].北京:中华书局,1980:115.
② 许维遹.吕氏春秋集释[M].梁运华,整理.北京:中华书局,2009:522.

而学习。这则故事也体现了墨家并不掩饰弟子中有人希望通过学习而获得利禄的情况,这种追求在当时社会是人们的普通愿望。只是墨家以道义精神来要求弟子,对弟子的道德人格提出了更高的要求。

儒家学者中也有求学追求利禄的倾向,孟子在坚守儒家之道的前提下,就不排斥利禄。《论语·为政》提到"子张学干禄"①,即子张向孔子学习做官和获得俸禄的方法,孔子从言语和行动两方面减少错误的角度说明了获得官职俸禄的方法——"多闻阙疑,慎言其余,则寡尤。多见阙殆,慎行其余,则寡悔。言寡尤,行寡悔,禄在其中矣",孔子的回答将问题转向个人道德品质的提升。孟子并不认为士人就应该像颜回一样居陋巷,箪食瓢饮,他的行为就证明了这一点。《孟子·滕文公下》记载:彭更问曰:"后车数十乘,从者数百人,以传食于诸侯,不以泰乎?"孟子曰:"非其道,则一箪食不可受于人;如其道则舜受尧之天下,不以为泰——子以为泰乎?"②这段文字有两层明显的信息:一为孟子游历时随从规模很大,"后车数十乘,从者数百人";二为孟子认为自己享受这样的待遇是合理的。孟子认为自己对国家有很大功劳,孟子及其弟子在家孝顺父母,外出尊敬长辈,用古代圣王的礼法道义来教育学生成为仁义之士,功劳肯定在木匠、车工之上,因此他可以获得较高的俸禄,享受比较优裕的生活。

墨子则明确反对出仕仅为利禄,提倡为了道义的担当精神。墨子自己可以为宣传道义而不接受越国方圆五百里土地的封赏,禽滑厘可以三年不问欲,但是更多的普通弟子很难做到这一点。上文故事中被派到卫国做官的弟子就因为卫国国君说给他一千盆粮食做俸禄,最后只给了五百盆而辞职。墨子认为,只要"听吾言,用我道",那么工作待遇是无所谓的,只要"量腹而食,度身而衣,自比于群臣"就可以。墨子劝学的目的是引导学生不断地提升个人修养,修养是终生之事。《鲁问》记载了一则故事:有一个鲁国人让他儿子师从墨子,儿子作战死了,他便责怪墨子。墨子说:"你想让你儿子向我学习,现在学习成功了,因为作战而死,你却恼怒。这正像想卖谷物,别人买了谷物却恼怒,这真是荒唐!"通常看来,如果鲁人为鲁国而战死,则没有被责怪的理由;如果鲁人因墨子的指挥,如为宋国防御楚国的进攻而牺牲,则受责备应在情理之中。然而,墨子不但没有承认对弟子战死负有责任,相反认为弟子战死是学习成功的表现,战死是弟子的义务,父亲的责备在他看来是很荒

---

① 杨伯峻.论语译注[M].北京:中华书局,1980:19.
② 杨伯峻.孟子译注[M].北京:中华书局,2005:145-146.

唐的事情。孔子提出了杀身成仁的观点,其曾说:"志士仁人,无求生以害仁,有杀身以成仁。"①志士仁人不会因为贪恋生命而损害仁德,只会勇于牺牲生命而成全仁德。墨子把弟子战死视为学习成功的表现,可谓践行了孔子杀身成仁的道德要求,杀身成仁是墨家实现修养目标的表现。

墨子不接受越王招赏的"地方五百里",高石子抛弃卫国的卿相之位、高官厚禄,二者都怀有推行墨家政治理想的坚定信念,不为现实利益所左右。然而,后世墨者由于信仰目标的淡化而转向现实利益的争夺,现实利益腐蚀了墨者的行为,这导致墨家团体缺乏精神纽带而走向分化。《吕氏春秋·去宥》载:"东方之墨者谢子,将西见秦惠王。惠王问秦之墨者唐姑果,唐姑果恐王之亲谢子贤于己也,对曰:'谢子,东方之辩士也,其为人也甚险,将奋于说,以取少主也。'王因藏怒以待之。谢子至,说王,王弗听。谢子不说,遂辞而行。"②秦国的墨者唐姑果担心东方墨者谢子获得秦惠王的信任,于是向秦惠王进谗言诋毁谢子。唐姑果的行为完全丧失了墨家的道义精神与团结协作意识,为了争宠进行倾轧斗争,其不再关心国家利益、社会利益或墨家团体的利益,而是关心其个人或小团体的利益,私利取代了公义成为其行为的准则。后代墨者不再把推行墨学作为自己的使命,这可能是墨学走向衰亡的原因之一。

第三节　节用之法与官员廉洁

墨家成为与儒家并行的显学,必有其理论上的吸引力和现实的感召力。这种力量来自于何处呢?这一问题也困扰了庄子。《庄子·天下》:"今墨子独生不歌,死不服,桐棺三寸而无椁,以为法式。以此教人,恐不爱人;以此自行,固不爱己;未败墨子道。虽然,歌而非歌,哭而非哭,乐而非乐,是果类乎?其生也勤,其死也薄,其道大觳;使人忧,使人悲,其行难为也,恐其不可以为圣人之道,反天下之心,天下

---

① 杨伯峻.论语译注[M].北京:中华书局,1980:163.
② 许维遹.吕氏春秋集释[M].梁运华,整理.北京:中华书局,2009:424.

不堪。墨子虽独能任,奈天下何！离于天下,其去王也远矣！"[①]墨家主张节葬、节用、非乐,对人对己都不够关爱,庄子认为墨家理论实在不合乎人之常情,对人太冷酷,使人们感到忧苦和悲伤,让人难以做到,这种理论恐怕不能成为圣人之道。然而,节用思想并没有影响墨家思想在社会上传播,反倒让墨家在先秦诸子中独树一帜,墨学仍旧成为先秦显学。墨家之所以强调节约用度,是因为墨家认为天下之乱产生于财用不足,收成好的时候百姓就仁厚贤良,收成不好的时候百姓就吝啬凶恶。为了提升人们的道德修养,墨家提出了加强生产和节约用度两类增加财富的方法。墨家节用、节葬在当时社会都具有非常重要的现实意义,因此墨家思想尽管苛刻,却无损于墨家成为显学。

一、去其无用与自苦为极

(一) 节用

墨子提出节用思想,其出发点是为了成倍地增加国家财富,从而保障人民的基本生活需要。他所讲的成倍增加财富的方法不是对外进行掠夺,而是"去其无用之费"(《节用上》),即省去一些没有实际作用的花费。墨子认为,古代圣王是施行节用的典型代表。古代圣王是从实用节约的角度发布政令,兴办事业,没有实际利益的事情就不做。他们之所以能够称王于天下,统领各诸侯国,因为他们"爱民谨忠,利民谨厚,忠信相连,又示之以利"(《节用中》)。战国时期诸侯国国力的竞争主要依靠土地、人口和财富。因此墨子提出的增加国家财富的方法,既符合诸侯国君的利益,也满足了广大人民的需要。墨子不仅把古代圣王说成是施行节用思想的典型,而且指出节用的思想和原则都是古代圣王制定的,这就为节用思想披上了神圣的外衣,从而在社会中更有说服力。

墨家的节用思想是以实用为原则,而不是完全不消费。《庄子·天下》提到墨者学习夏禹之道,"多以裘褐为衣,以跂蹻为服,日夜不休,以自苦为极"[②]。梁启超

---

① 郭庆藩.庄子集释[M].王孝鱼,点校.北京:中华书局,2004:1074-1075.
② 郭庆藩.庄子集释[M].王孝鱼,点校.北京:中华书局,2004:1077.

将"自苦"作为墨家的消费准则,郭沫若批判墨子"一味地以不费为原则,以合实用为标准,而因陋就简,那只是阻挠进化的契机"①。梁郭二者的观点偏于强调墨家自苦的一面,忽视了墨家的实用标准,即圣王节用的基本原则是:"'凡足以奉给民用,则止。'诸加费不加于民利者,圣王弗为。"(《节用中》)各种器具足够百姓使用就可以了,额外增加费用而不给百姓带来利益的事,圣王都不做。可见,自苦并不是墨家的消费准则,墨家的节用只是省去无益之用,并不是一味地吝啬节约,对于有益之用,墨家还是接受的。

墨子提出节用思想主要是针对王公大人的,他批判当时社会王公大人的奢侈浪费之风,希望王公大人能够节用。在"凡足以奉给民用,则止"原则的基础上,墨家提出了六方面的具体节用方法。

第一,饮食之法以充实饥肠、身体强健为原则。《节用中》指出了古代圣王制定的饮食之法:"足以充虚继气,强股肱,耳目聪明,则止。"饮食只求能够充实饥肠,补充血气,强健四肢,实现耳聪目明就可以了,不必过分追求五味调和与食品的芳香,不应搜罗远方珍贵奇异的食物。墨子举尧为例证明这一点:尧治理天下的范围很广,南边到交阯(今广西南部和越南北部),北边到幽都(今山西河北北部),东西边到太阳升起和落下的地方,人们都愿意臣服他。至于他自己的饮食水平,不同时吃黍和稷两种粮食,不同时吃肉块、喝肉汤,盛饭、喝水都用普通的瓦器,斟酒用木勺,完全不用繁琐的礼节。这正是古代圣王节约饮食的例子,尧也因此赢得了万民的爱戴。墨家批评了当时的君王奢侈浪费的行为,指出当时的诸侯国君通过加重对百姓的税收,从而过上奢侈的饮食生活,君王的奢侈生活是建立在对百姓的剥削之上的。君主穷奢极欲,而普通百姓却忍冻挨饿,这样必然导致天下混乱。墨家因此向君主提出了节用的主张。

第二,衣服之法以冬天保暖、夏天凉爽为原则。《节用上》指出,古时称夏天穿的为衣,冬天穿的为裘。古代的圣王制作衣服,冬天的衣服重视其御寒的作用,夏天的衣服重视其预防暑热的作用,这是古代圣王做衣服的原则。《节用中》指出了古代圣王制定的衣服之法:"冬服绀緅之衣,轻且暖;夏服絺绤之衣,轻且清,则止。"据谭家健、孙中原的译注,绀即帛染成深青透红的颜色,緅即帛染成近似雀头的颜色,絺即葛布做成的精细衣服,绤即葛布做成的较粗衣服。② 冬天穿帛染成深颜色

---

① 郭沫若. 郭沫若全集·历史编:第一卷[M]. 北京:人民出版社,1982:469.
② 谭家健,孙中原. 墨子今注今译[M]. 北京:商务印书馆,2009:128.

做的衣服可以更加保暖,夏天穿葛布做成的衣服可以更加凉爽。可见,古代圣王的制衣方法皆以实用为原则。墨家批评了当时君王在制衣方面的奢侈浪费的行为:当时的君主缝制衣服,除了要求冬天的衣服轻暖,夏天的衣服薄且凉爽,他们还向百姓征收繁重的赋税,剥夺人民的衣食之财,拿来制作各种文采华丽的衣服。做华丽的衣服要消耗大量的人力和财物,最后做成的都是没有实际用途的衣服。国君如此奢侈浪费必然引来民怨而难以治理,天下混乱就不可避免了,因此缝制衣服必须节俭。

第三,甲兵之法以轻便锋利、坚韧而不易折断为原则。《节用上》指出:"其为甲盾五兵何?以为以圉寇乱盗贼,若有寇乱盗贼,有甲盾五兵者胜,无者不胜,是故圣人作为甲盾五兵。凡为甲盾五兵,加轻以利、坚而难折者,芊䰞不加者去之。"五兵指五种兵器,"戈、殳、戟、酋矛、夷矛"①。圣人教导人们制造铠甲、盾牌和各种兵器,是用来抵御外寇和盗贼。制作铠甲、盾牌和各种兵器的原则就是使之轻便锐利、坚韧而不易折断。《节用中》指出:古时候有凶猛的禽兽伤害人民,所以圣人教育人民带着兵器走路,平日带剑可以防身。用铠甲做防护装,轻巧又便利,行动时伸缩自如,这就是铠甲的制作原则。

第四,舟车之法,以船能够行驶,车以乘坐安全、拉动轻便为原则。墨子指出,圣王教导人们制作舟车,车用来行于丘陵陆地,船用来行于水道、河谷,车船可以实现沟通四方水陆的便利,这就是车船的好处。《节用中》指出:"车为服重致远,乘之则安,引之则利,安以不伤人,利以速至,此车之利也。古者圣王为大川广谷之不可济,于是利为舟楫,足以将之则止。虽上者三公诸侯至,舟楫不易,津人不饰,此舟之利也。"车是用来负载重物到很远的地方的,应该以乘坐安稳、拉动轻巧、方便到达目的地为原则。制造船只是为了渡过大河宽谷,船只需用来渡过大河宽谷就可以了,制造船只应该以平稳、安全行驶为原则,即使是王公诸侯来乘船,也不需要换船和桨,不用打扮船工,不增加实际效用的事情都不用做。

第五,节葬之法以寿衣三件、棺木三寸、不久丧为原则。儒家主张厚葬久丧,墨子明确反对儒家的丧葬之法,提出了节葬的思想。墨子的《节葬》篇专门阐述节葬问题,《节葬》是对节用原则的引申。墨子假借古代圣王提出了简化丧葬的方法:埋葬死者只穿三套衣服,这样肉体易于腐烂。棺木的厚度三寸,这样尸骨易于腐烂。

---

① 孙诒让.墨子间诂[M].孙启治,点校.北京:中华书局,2001:160.

墓穴的深度以不挖到地下的泉水为宜,不让尸体腐烂的臭气散发出来就可以了。死者既然已经安葬,生者不需要长久地服丧悲痛,否则会影响生产生活。由于春秋战国时期流行厚葬久丧之风,造成了社会财富和人力的极大浪费,因此墨子从实用的角度提出了简化丧葬的方法,这对于保障普通百姓的基本生活具有重要的意义。

第六,宫室之法以冬御风寒、夏避暑热、分隔男女为原则。《节用上》指出,圣王教导人民建造房屋的原则是:房屋冬天能够防风御寒,夏天能够防雨避暑,并可以通过增加房屋的坚固性以预防盗贼。最早出现的人类不会建造房屋,只能依靠山陵挖洞穴居住。圣王认为,人们住洞穴虽然冬天可以躲避风寒,但夏季地面潮湿、暑热蒸人,担心有损百姓身体健康,于是教导百姓建造房屋。墨子指出,建造房屋的规则为:房屋的四面墙壁可以抵御风寒,屋顶可以防御雪、霜、雨、露,室内非常清洁,可以祭祀祖先,房屋的墙壁可以分隔男女,使男女有别就可以了。墨家以建造宫室的节约方法批评当时君王大兴土木的行为,当时的君王建造雕饰精美的宫室,下属都效仿君王建造同样华丽的宫室。建造这些华丽的宫室要消耗大量钱财,必然导致国库亏空,他们只能向百姓征收重税,剥夺百姓的衣食之财,最终导致国家贫穷,社会便陷入混乱之中,因此建造宫室应该节俭。

此外,墨家还提出在灾荒之年,要大大缩减官员俸禄及行政开支:"岁馑,则仕者大夫以下皆损禄五分之一。旱,则损五分之二。凶,则损五分之三。馈,则损五分之四。饥,则尽无禄,禀食而已矣。故凶饥存乎国,人君彻鼎食五分之五,大夫彻县,士不入学,君朝之衣不革制,诸侯之客,四邻之使,雍飧而不盛,彻骖騑,涂不芸,马不食粟,婢妾不衣帛,此告不足之至也。"(《七患》)这里提到,根据灾荒之年粮食歉收的程度减少行政人员的俸禄,直接完全不发俸禄,只给口粮。严重的灾荒涉及全国人民时,国君、大夫的饮食、娱乐、交往、车马、衣服等用度都要大大节省。若国君及各级官吏减少俸禄、节约开支,在百姓中必然会发挥良好的示范作用,从而在全民中发扬节约精神,安全渡过灾荒之年。

总之,制造东西都以实用为原则,反对浪费财物。凡是制造东西,应以保障百姓的利益为首要原则,百姓得到了利益就不会觉得劳苦,由此可以更进一步地兴天下之利。墨子指出:如果取消王公大人搜集珠玉、鸟兽、犬马的费用,将省下费用用来增加衣服、宫室、各种兵器、车船的数量,使这些东西成倍的增加便不困难。从这里可以看出,墨子的节用原则,主要是针对当时的王公大人而提出来的,因为他们的生活过于奢侈浪费,造成了百姓生活的贫困。对于普通百姓的生活,墨子没有明确地要求他们节用,而是想着不断改善百姓的生活,给百姓带来切实的利益,但从墨家弟子的艰苦生活看,墨家也同时提倡普通百姓节约用度。

直接对墨家节用思想提出批判的是荀子,荀子认为节用思想"不足非天下之公患",是墨家忧虑太多了。"今是土之生五谷也,人善治之,则亩数盆,一岁而再获之。然后瓜桃枣李,一本数以盆鼓;然后荤菜百疏以泽量;然后六畜禽兽一而剸车;鼋鼍鱼鳖鳅鳣以时别,一而成群;然后飞鸟凫雁若烟海;然后昆虫万物生其间,可以相食养者,不可胜数也。夫天地之生万物也,固有余足以食人矣;麻葛、茧丝、鸟兽之羽毛齿革也,固有余足以衣人矣。"①荀子认为只要百姓努力劳作,实现吃饱穿暖是非常容易的。荀子的观点显然偏离了当时平民百姓的生活实际情况,孔子在陈绝粮,墨子也要日夜劳作,孟子理想的百姓生活状态是"五亩之宅,树之以桑,五十者可以衣帛矣。鸡豚狗彘之畜,无失其时,七十者可以食肉矣。百亩之田,勿夺其时,数口之家可以无饥矣"②,这些所表现出的都不是十分富足的状态。因此相比较而言,墨家之言更贴合当时百姓的真实生活。

《汉书·艺文志》批评墨家之道有见于节俭的利益,但因此丧失了礼节。荀子批判墨子崇尚功用,太注重节约而忽视了等级尊卑之别,有见于节约的功能与利益而忽视了礼节之文。荀子指出:"墨子之'非乐'也,则使天下乱;墨子之'节用'也,则使天下贫;非将堕之也,说不免焉。墨子大有天下,小有一国,将蹙然衣粗食恶、忧戚而非乐,若是则瘠,瘠则不足欲,不足欲则赏不行。墨子大有天下,小有一国,将少人徒,省官职,上功劳苦,与百姓均事业、齐功劳,若是则不威,不威则罚不行。赏不行,则贤者不可得而进也;罚不行,则不肖者不可得而退也。"③荀子认为墨家让所有人都同样的节约,都穿粗衣吃恶食,忽视了尊卑之序。让贤者与百姓同样劳苦,同样节俭,贤者就失去了权威,赏罚都失去了效用。其实,墨家既主张节用、非乐,又主张对贤者"高予之爵,重予之禄,任之以事,断予之令"(《尚贤上》),他厚待贤者的出发点正是"爵位不高则民弗敬,蓄禄不厚则民不信,政令不断则民不畏"(《尚贤上》),因此荀子批评墨家节用思想,认为节用让贤者失去了威严,让赏罚失去了效用,这与墨家思想并不相符。

---

① 王天海.荀子校释[M].上海:上海古籍出版社,2005:439-440.
② 杨伯峻.孟子译注[M].北京:中华书局,2005:5.
③ 王天海.荀子校释[M].上海:上海古籍出版社,2005:440.

(二) 节葬

孔子试图恢复周代的礼乐制来挽救当时的社会危机。孔子最怀念的是周朝，提出："周监于二代，郁郁乎文哉！吾从周。"[①]墨子先学习儒学，接受的是孔子之术，后来觉得儒家的礼仪太烦琐，提倡厚葬浪费钱财，长时间守孝耽误正事，所以抛弃了周礼而学习夏礼，墨家节用、节葬思想就是对夏礼的继承。夏礼主张"节财、薄葬、闲服"[②]，墨家认为，实行夏礼节财、薄葬、三月服丧的习俗更有利于民生。

通常认为，墨子的节葬思想是节用原则的引申。墨子的节葬思想是从比较厚葬与薄葬的合理性角度提出的。他指出，三代圣王去世之后，天下失去了道义，于是出现了关于丧葬的两种截然相反的观点：一种观点认为厚葬久丧符合仁义之道，是孝子应该做的事情；另一种观点认为厚葬久丧不符合仁义之道，不是孝子该做的事情。这两种观点在言论和行动上都互相反对，持这两种观点的人都认为自己遵循了尧舜禹汤文武等先圣的道理。为此，墨子主张把厚葬与薄葬放到实践中去考察，即将两种观点用于国家治理，看其是否符合国家和百姓之利。这是墨家三表法的运用，即征之于国家人民之利。墨子试图将厚葬久丧运用于国家治理之中，看其对于国家富裕、人口增多、社会安定有没有积极作用，如果有积极作用，那么厚葬久丧就是合乎仁义的；如果没有积极作用，那么厚葬久丧就是不合乎仁义的。根据检验结果，墨子得出如下结论：

第一，厚葬不能使国家和百姓富裕。厚葬将很多财物埋掉，浪费大量财富："王公大人有丧者，曰棺椁必重，葬埋必厚，衣衾必多，文绣必繁，丘陇必巨。存乎匹夫贱人死者，殆竭家室。存乎诸侯死者，虚车府，然后金玉珠玑比乎身，纶组节约，车马藏乎圹，又必多为屋幕、鼎鼓、几梴、壶滥、戈剑、羽旄、齿革，寝而埋之，满意。若送从，曰：'天子杀殉，众者数百，寡者数十。将军大夫杀殉，众者数十，寡者数人。'"(《节葬下》)从贫贱之家至天子诸侯之家，厚葬之风都要求死者的陪葬品应准备很多，贫穷家庭办丧事几乎要用尽家里的钱财，诸侯之家则耗尽府库之财。古代还有殉葬的陋习，天子、将军和大夫都杀人殉葬。厚葬之风埋葬了大量的财物，殉葬之风损失了大量的人口。

[①] 杨伯峻. 论语译注[M]. 北京：中华书局，1980：28.
[②] 刘文典. 淮南鸿烈集解[M]. 冯逸，乔华，点校. 北京：中华书局，1989：709-710.

第二，久丧影响人们的身体健康，不利于人口增殖。《节葬下》说明了当时社会对服丧时间的规定："君死，丧之三年；父母死，丧之三年；妻与后子死者，五皆丧之三年；然后伯父叔父兄弟孽子其；族人五月；姑姊甥舅皆有月数。"墨家这里提出的服丧时间应来源于《仪礼·丧服》，其中由重至轻规定了斩衰、齐衰、大功、小功、缌麻五个服丧等级，称为五服，服丧时间根据与死者亲疏远近的不同规定为三个月至三年不等。墨家认为久丧伤害人的身体，如果严格服丧，节制饮食，人们的身体就会变得很虚弱，以至于"冬不仞寒，夏不仞暑，作疾病死者不可胜计也"(《节葬下》)，人们的身体健康会受到严重影响。服丧不仅使身体健康受到严重影响，而且妨碍了男女之间的正常交合而影响人口增殖，因此用久丧的方法无法实现人口增殖。

第三，久丧会使国家政治陷入混乱。墨子指出，如果上层统治者实行久丧，就不能管理好政务，政治就会陷入混乱；如果下位者实行久丧，就不能从事自己的本职工作，日常生活的资财就不充足。财用不足会影响人际关系的和谐，人们之间各种财物上的互相帮助都无法实现，哥哥无法接济弟弟，父亲无法接济儿子，国君无法给予臣子恩泽，这必然会影响兄弟、父子、君臣之间关系的和谐。财用不足会导致盗贼增多，影响社会安定。品质淫邪的人由于财用不足，出门没有衣服穿，回家没有饭吃，内心一定感到十分耻辱，他们就会发动暴乱或从事盗窃活动，使社会陷入混乱。久丧只能导致社会盗贼增多而陷入混乱，因此用久丧的方法来治理国家是无法实现的。

第四，厚葬久丧不能禁止大国攻打小国。墨子所处的时代是春秋战国时期，当时天下失去了道义，诸侯国之间互相以武力进行攻伐，南边的楚国和越国，北边的齐国和晋国，他们都加强训练军队，不断攻打兼并弱小国家，企图统领天下。如果让主张厚葬久丧的人来管理政务，国家将会变得易受大国攻击，因为厚葬久丧会使国家贫困，人口减少，刑政混乱，国家的军事防守自然不坚固，这样不但不能禁止大国攻打小国，可能还会遭到更大的攻打。因为大国喜欢攻打那种"无积委，城郭不修，上下不调和"(《节葬下》)的小国，即攻打那种没有粮食储备、城郭修筑不坚固、上下不团结的小国家。

第五，厚葬久丧不能用来祈求上帝鬼神赐福。墨子前面已论证了厚葬久丧会导致国家贫困、人口减少和刑政混乱，进而指出如果国家贫穷，祭祀神灵的酒食就难做到洁净；如果国家人口减少了，派去祭祀上帝鬼神的人就会减少；如果国家混乱，祭祀上帝鬼神的活动就不能如期举行。因此厚葬久丧将会严重影响人们祭祀上帝鬼神,最终导致上帝鬼神降下疾病和灾祸来惩罚他们,进而被上帝鬼神所抛弃。

驳厚葬久丧为"圣王之道"。持厚葬者言:"厚葬久丧虽使不可以富贫众寡、定危治乱,然此圣王之道也!"(《节葬下》)墨子举三则事例反驳这一观点。

第一则事例为尧的故事:从前尧去北方教化少数民族,在半路上去世了,被安葬在蛩山的北面,随葬的衣服和被子各只有三件,做棺材的木料很差,用普通的葛条捆束的棺材,下葬之后人们才举哀哭泣,墓坑用土填平不垒土堆,埋葬好以后牛马就可以在上面行走。

第二则事例为舜的故事:舜去西方教化少数民族,在半路上去世了,被安葬在南已的街市,随葬的衣服和被子各只有三件,做棺材的木料也很差,用普通的葛条来捆束棺材。埋葬好之后人们就可以在墓地上行走。

第三则事例为禹的故事:禹去东方教化少数民族,在半路上去世了,被安葬在会稽山上,随葬的衣服和被子各只有三件,桐木棺材只有三寸厚,用普通的葛条捆束棺材,棺材盖和板结合不严密,棺材下葬不修墓道,墓穴的深度以不挖到泉水、腐烂的臭气不冒出为宜,下葬的余土堆在上面,坟墓长宽各三尺。

墨子认为,尧、舜、禹贵为天子,富有天下,他们都遵循节葬的准则,只有夏桀、商纣王、周幽王、周厉王等古代暴王实行了厚葬。这些事实表明,古代圣王的丧事都极其节俭,他们都反对厚葬久丧。

墨家的节葬思想是针对当时王公大人厚葬之风提出来的。墨子指出,现在的王公大人办理丧事不同于尧舜禹等古代圣王的节葬之风,他们一定要外棺套内椁,并用皮革将棺材包裹很多层,随葬的美玉、兵器、衣服和日常生活用品非常多,衣服和被子甚至有上万件,墓道修建坚实,坟墓高得像山陵。墨子批判厚葬久丧的做法阻碍人民从事生产,浪费了人民的钱财,毫无实际用途。从现代考古发掘情况看,墨子对当时厚葬之风的批判是接近事实的。例如,1978 年,在湖北随县城关西北五里擂鼓墩,发现战国初曾国君主曾侯乙大墓,出土文物达七千多件,其中青铜器二百五十多件,编钟六十四件。孙中原对此指出:"曾国当时是一个小国,建都西阳(今河南光山县西南),占有今湖北随县到安陆一带。小国国君死了,丧葬尚且如此靡费,大国国君和其他统治者的侈靡情况,就可想而知了。"①

---

① 孙中原.墨子及其后学[M].北京:中国国际广播出版社,2011:59.

古代圣王制定了节葬之法和服丧的法规。节葬之法为"棺三寸,足以朽体;衣衾三领,足以覆恶。以及其葬也,下毋及泉,上毋通臭,垄若参耕之亩,则止矣"(《节葬下》)。这是从节约财物的角度对丧葬用品和坟墓规模做出的规定。圣王制定的服丧原则是:"死则既以葬矣,生者必无久哭,而疾而从事,人为其所能,以交相利也。"(《节葬下》)死者既然已经埋葬,活着的人不必长久地哀伤,而要尽快从事本职工作,发挥自己的才能,让大家都获得利益。

墨子参照古代圣王的规则,制定了丧葬的准则。墨子制定的埋葬法规说:"棺三寸,足以朽骨;衣三领,足以朽肉;掘地之深,下无菹漏,气无发泄于上,垄足以期其所,则止矣。"(《节葬下》)这与圣王的节葬之法相类似。墨子对服丧指出:"哭往哭来,反从事乎衣食之财,佴乎祭祀,以致孝于亲。"(《节葬下》)服丧时可以悲伤哭泣,丧事结束之后即从事本职工作,以后按时节祭祀就行了。墨子的丧葬规则,从个人角度看,兼顾了死者和生者两方面的利益,正所谓"不失死生之利者";从国家角度看,既符合圣王的原则,"中圣王之道",又符合天下人民的利益,"中国家百姓之利"。正是综合考虑这些因素,墨子提出了节葬的主张,这种观点在当时物质财富极其贫乏的社会环境下是有其合理性的。孔子认为孝行就是"生,事之以礼;死,葬之以礼,祭之以礼"(《论语·为政》),应重视丧葬之礼的执行。如果说孔子是为了恢复周礼而不遗余力,那么墨子则从百姓的现实生活出发,主张简化丧葬制度。孔子的思想体现了继承性的一面,墨子的思想则体现了革新性的一面。

儒家十分重视丧葬之礼,对墨家节葬思想进行了批判。《论语》载:子贡想要省掉鲁国每月初一告祭祖庙的活羊,孔子说:"赐也!尔爱其羊,我爱其礼。"[①]这表明了儒家重视丧礼的基本立场。荀子同样重视礼,并以此批判墨子的节葬论:"棺椁三寸,衣衾三领,不得饰棺,不得昼行,以昏殣,凡缘而往埋之,反无哭泣之节,无衰麻之服,无亲疏月数之等,各反其平,各复其始,已葬埋,若无丧者而止,夫是之谓至辱。"[②]荀子将墨家的节葬之法看成对死者的至辱,是完全违背了礼法的行为。庄子同样批评墨家的节葬思想:"古之丧礼,贵贱有仪,上下有等。天子棺椁七重,诸侯五重,大夫三重,士再重。今墨子独生不歌,死不服,桐棺三寸而无椁,以为法式。以此教人,恐不爱人;以此自行,固不爱己。"[③]庄子认为墨家的节葬之法虽重视平

---

① 杨伯峻. 论语译注[M]. 北京:中华书局,1980:29.
② 王天海. 荀子校释[M]. 上海:上海古籍出版社,2005:773.
③ 郭庆藩. 庄子集释[M]. 王孝鱼,点校. 北京:中华书局,2004:1074-1075.

等,但没有上下尊卑的差别,且过于节俭,以致被诸子各家视为对人对己都缺少关爱。在诸家的批判之下,节葬由此成为墨家的一家之言。

对墨家节葬思想批判最严厉的是孟子,孟子认为墨家节葬思想是无父,会让人沦为禽兽。《孟子·滕文公章句上》记载:墨家信徒夷子借他与孟子弟子徐辟的关系,要求见孟子。孟子先因生病没有让夷子来见他。过了一段时间,夷子又要求见孟子,孟子虽然说可以见夷子,但从文中始终借徐辟传话来看,孟子并没有接见夷子,而是借徐辟在中间传话的方式,展开了一场儒墨之间的辩论。墨者夷子因徐辟而求见孟子。孟子曰:"吾固愿见,今吾尚病,病愈,我且往见,夷子不来!"他日,又求见孟子。孟子曰:"吾今则可以见矣。不直,则道不见;我且直之。吾闻夷子墨者,墨之治丧也,以薄为其道也;夷子思以易天下,岂以为非是而不贵也;然而夷子葬其亲厚,则是以所贱事亲也。"徐子以告夷子。夷子曰:"儒者之道,古之人若保赤子,此言何谓也? 之则以为爱无差等,施由亲始。"徐子以告孟子。孟子曰:"夫夷子信以为人之亲其兄之子为若亲其邻之赤子乎? 彼有取尔也。赤子匍匐将入井,非赤子之罪也。且天之生物也,使之一本,而夷子二本故也。盖上世尝有不葬其亲者,其亲死,则举而委之于壑。他日过之,狐狸食之,蝇蚋姑嘬之。其颡有泚,睨而不视。夫泚也,非为人泚,中心达于面目。盖归反虆梩而掩之。掩之诚是也,则孝子仁人之掩其亲,亦必有道矣。"徐子以告夷子。夷子怃然为间曰:"命之矣。"①

这场对话中,孟子主要批判了墨家的节葬思想。孟子的论据有三:第一,夷子厚葬其亲与墨家节葬思想不合。孟子批评夷子道:夷子是墨家的信徒,墨家办理丧事主张节俭,夷子准备用节葬来改革天下的厚葬之风。但是,夷子埋葬自己的父母很丰厚,这是用他所反对的厚葬之法对待自己的父母。在厚葬与节葬问题上,夷子没有对孟子进行有力的反驳。夷子把问题转向论证"爱无差等,施由亲始"的问题,认为人对人的爱没有亲疏厚薄之别,只是执行起来从父母亲开始而已,这显然是在转移话题,同时也给墨家的兼爱和儒家的亲亲思想找到了结合点;第二,兼爱是二本,最终导致无父。孟子对于夷子指出的儒家与墨家的结合点"爱无差等,施由亲始"并不认可,他揭示了墨家兼爱思想与儒家亲亲原则之间的区别在于一本与二本。兼爱是二本,忽视了父母是人的唯一根源,普遍地爱所有人就把自己父母降低到他人父母同样的地位,这其实是取消了对父母深厚的爱。儒家是一本,真正做到

---

① 杨伯峻.孟子译注[M].北京:中华书局,2005:134-135.

了亲亲;第三,埋葬亲人是孝子仁人爱亲的表现。孟子说,上古曾经有不埋葬父母的人,把死去的父母抛弃在山沟之中。过了一段时间,经过山里看到狐和苍蝇蚊虫吃父母的尸体而非常悔恨,都不敢正视这个场面,于是回家拿锄头畚箕把尸体重新埋葬了。

夷子的思想不能直接认定为墨家思想,杨俊光指出:"夷子的思想只是夷子的思想,不足以语墨子本人。墨子本人的'兼爱',并无对所有人爱的程度相同即'爱无差等'的意思。《兼爱》三篇,所着力反对的只是'不相爱',而不是什么'爱有差等';所着力宣传的也只是一个'爱'字,并无'爱无差等'的意思。"① 可以说,墨家只是希望整个社会能够相互仁爱,并未谈及爱的差别问题,没有提出差等之爱的观念。孟子厚葬与墨子节葬的区别在于:"孟子对于俭与孝与礼之权衡,谓'君子不以天下俭其亲'。俭为公德,孟子亦深知之,惟与孝之私德较,则不能不以私夺公,厚其亲而薄天下。墨家则不然,以为薄于天下,无异于自薄其亲。孝子之为亲度者,宜厚爱天下如爱其亲,其亲安而孝在其中矣。"② 孟子所讲的厚亲主要是从礼的角度而言,墨子所讲的厚亲主要是从天下百姓的现实利益角度而言,二者皆厚于亲,但孟子以遵从礼为厚,墨子以利天下为厚,由于二者思想观念的不同导致了丧葬之法的巨大差异。

(三) 非乐

墨子并不完全否定文化娱乐活动的审美价值,"非以大钟鸣鼓、琴瑟竽笙之声以为不乐也,非以刻镂华文章之色以为不美也,非以犓豢煎炙之味以为不甘也,非以高台厚榭邃野之居以为不安也"(《非乐上》),他并不否定大钟、鸣鼓、琴瑟、竽笙声音的悦耳动听,不否定雕刻华美图案的美丽,不否定烹调禽畜佳肴的味道鲜美,不否定高楼深院居住的舒适。墨家所非之"乐",主要针对王公大人的"撞巨钟,击鸣鼓,弹琴瑟,吹竽笙"的行为,反对放纵享受音乐,并未将一切享受美味、安居等都称为乐,未将一般的快乐纳入所非的范围。"墨子反对当时贵族奢侈腐化的享乐生活,指出他们的享受是建筑在广大劳动者的饥寒痛苦之上的"③,这反映了人民的

---

① 杨俊光.墨子新论[M].南京:江苏教育出版社,1992:111.
② 伍非百.墨子大义述[M].上海:上海书店,1992:169.
③ 任继愈.墨子与墨家[M].北京:商务印书馆,1998:48.

心声。

墨家所非之乐的内容,主要指声音之乐。《三辩》记载了程繁诘问墨子非乐的事件:程繁问于子墨子曰:"夫子曰:'圣王不为乐。'昔诸侯倦于听治,息于钟鼓之乐;士大夫倦于听治,息于竽瑟之乐;农夫春耕夏耘,秋敛冬藏,息于聆缶之乐。今夫子曰:'圣王不为乐',此譬之犹马驾而不税,弓张而不弛,无乃非有血气者之所不能至邪?"程繁是一位兼习儒墨两家思想的学者,他此处提到了三类人享受的乐,一是诸侯的钟鼓之乐,二是士大夫的竽瑟之乐,三是农夫的聆缶之乐。三类人都能在享受音乐中得到休息,他以音乐的功能来诘问墨子非乐论。

针对程繁的诘问,墨子提出了自己对于音乐的基本观点。墨家非乐,并不是完全否定音乐的价值,而是反对过度地享受音乐。一方面,墨家认为音乐不能用来治理天下,音乐越繁荣,国家就越难治理好。墨子以尧舜行礼乐,商汤作《护》《九招》,周武王作《象》,周成王作《驺虞》,这一代代君王的音乐越来越繁荣,然而"周成王之治天下也,不若武王,武王之治天下也,不若成汤,成汤之治天下也,不若尧舜。故其乐逾繁者,其治逾寡。自此观之,乐非所以治天下也"(《三辩》),音乐不能作为治理天下的手段。另一方面,墨家认为,圣王欣赏音乐的法则是不过度,古代圣王并不是完全没有音乐,而是能做到有节制地欣赏音乐。墨家所批判的乐也只是过度享受音乐的行为。可见,从享受而不放纵的角度来看,墨家与儒家其实是没有本质不同的,享受而不放纵几乎是中国传统思想的共同特征,差别在于各家所定的享受标准有所不同罢了。

墨家主要从国家治理和人民利益的角度提出了非乐思想,这种批判享乐的方法是墨家三表法的运用,即从实践角度看音乐是否符合国家百姓人民之利。《公孟》记载:子墨子曰:"问于儒者:'何故为乐?'曰:'乐以为乐也。'"子墨子曰:"子未我应也。今我问曰:'何故为室?'曰:'冬避寒焉,夏避暑焉,室以为男女之别也。'则子告我为室之故矣。今我问曰:'何故为乐?'曰:'乐以为乐也。'是犹曰:'何故为室?'曰:'室以为室也。'"这里墨子批判了儒家"为了享受而作乐"的纯粹享受的态度,希望音乐活动能够有实际的效用,若向上考察不符合古代圣王的事迹,往下度量不符合广大人民的利益,那么从事音乐活动就是不对的,就应该非乐。蔡尚思指出,"墨子在当时反对音乐,正是站在广大穷苦人民的立场上"[①],这是墨家思想的

---

① 蔡尚思.十家论墨[M].上海:上海人民出版社,2004:331.

基本立足点。

具体来说,墨子非乐提出了如下理由:

第一,王公大人的娱乐活动加重了百姓的赋税,不能解决百姓的衣食财用问题。墨子指出,古代圣王向人民征收赋税用来制造车船,车船造好了供人民使用,"舟用之水,车用之陆,君子息其足焉,小人休其肩背焉"(《非乐上》)。这些花费符合百姓的利益,因此百姓多交赋税没有怨恨。之后的王公大人为了国家的礼仪而制造乐器,加重对百姓的赋税,制作大钟、鸣鼓、琴瑟、竽笙不能像古代圣王制造舟车那样给百姓带来利益。墨子认为百姓有三种忧患:"饥者不得食,寒者不得衣,劳者不得息"(《非乐上》),而娱乐活动不能解决百姓的三种忧患问题。

第二,娱乐活动不能使社会由混乱变得稳定。春秋战国时期,天下最突出的问题就是混乱:当时大国经常攻打小国,大家族经常攻打小家族,以强凌弱,以众欺少的现象非常普遍,暴乱、盗贼遍地都是,无法禁止。在春秋乱世,王公大人倡导撞大钟、击大鼓、弹琴瑟、吹竽笙、挥舞盾牌斧钺跳舞,改变不了天下混乱的局面,这些享乐显然没有给人民带来利益。

第三,娱乐活动影响人们从事生产劳动。王公大人派人演奏音乐,不但影响这些人从事生产,而且还要耗费大量财用供养他们。撞钟必定要用年轻力壮、耳聪目明、手脚灵活的人,才能发出美妙和谐的声音,但是让男子去撞钟就耽误了耕田种植的时节,如果让女子去撞钟就会废弃纺纱织布的时间。墨子举齐康公养人跳舞的例子说明娱乐浪费人力和财物:从前齐康公喜欢《万》这种舞乐,跳《万》舞的人要吃精美的饭菜,要穿华丽的衣服,否则脸色会变得憔悴,身体举止就不好看。演奏音乐的人经常不从事生产,还要别人供养他们,显然浪费了人力和财物。孙中原指出:"墨子'非乐'的矛头,主要是针对恣意淫乐的统治者。据史书记载,大兴万人乐舞的齐康公,就是'淫于酒、妇人,不听政'的昏庸国君。"[①]

墨子认为,只有各行各业的人都努力从事本职工作,经济才能富足,社会才能和谐,而娱乐活动则影响了各行各业的人从事本职工作。如果王公大人喜欢听音乐,他就不能上朝决断刑狱治理政务,国家就会陷入混乱和危险之中。如果士君子喜欢听音乐,他就不能尽力对内治理官府,对外征收税收来充实国库,国库就会空虚。如果农夫喜欢听音乐,他就不能早出晚归耕稼种植多收粮食,国家的粮食就不

---

① 孙中原.墨子及其后学[M].北京:中国国际广播出版社,2011:60.

充足。如果妇女喜欢听音乐,她就不能早起晚睡纺纱织布,多生产麻丝葛衣布帛。可见,音乐娱乐活动耽误了王公大人治理政事,影响了百姓从事生产劳动,音乐活动使各行各业的人都不能各司其职,最终会导致国库亏空,生产停滞。

第四,墨子求证于典籍,以上帝之言来否定音乐。商汤制定的《官刑》规定说:常在家中跳舞叫做巫风,其刑罚为君子罚两捆丝,小人处罚两匹帛。周武王所作的《大誓》上说:上帝认为乐舞洋洋、声音响亮不好,九州沦亡就是由于沉迷于音乐。上帝对人间沉迷音乐不满就会降下灾殃,国家必定衰败沦丧。记述五观之事的逸书《武观》上说:夏王启的儿子五观荒唐淫逸,常常在野外进餐,饮酒作乐,万舞的阵容整齐壮观,笛子、磬等乐器一齐演奏,响亮的乐声传到天上,天帝认为这违反了常理。天帝鬼神不赞同这种行为,百姓也认为这种行为不利自己的生活。墨子通过引用商汤、周武王和天帝的言论,批判了沉迷舞乐的行为,沉迷舞乐不但会受到法律的制裁,甚至会遭到上天鬼神的惩罚。

墨家非乐论忽视了音乐的教育功能,没有看到音乐的精神价值,受到了研究者的批评。梁启超指出:"墨子非乐之精神,全起于生计问题。盖墨子以严格消极的论必要之欲望,知有物质上之实利,而不知有精神上之实利;知娱乐之事,足以废时旷业,而不知其能以间接力陶铸人之德性,增长人之智慧,舒宣人之筋力,而所得者足以偿所失而有余也。"①伍非百也指出:"今之论者,以墨家非乐,只知有物质上之利,而忘却精神上之益,为非乐论一大缺点。由今观之,墨子所谓利者,固不止物质的,而亦兼有精神的。不过利有缓急,有本末。先其急后其缓,培其本削其末,而后利乃可长久。"②可以说,儒家乐教重视的是音乐的教化作用,而墨家注意的是过度的作乐、享受音乐会影响人民生活。

如果从战国时期的混乱局面看,墨家从有利于百姓生活的角度倡导非乐是有其积极意义的,墨子非乐是为了节用,是为了天下百姓的利益考虑,墨家并非不爱人,非乐虽然少了些人情关怀,但更兼顾了百姓的利益。因此,墨家的爱人是从百姓的立场、从实用的角度出发的。余英时先生从轴心时代"哲学的突破"角度阐释了墨家批判礼乐文化的意义。他指出,中国的"哲学的突破"是针对古代诗、书、礼、乐所谓王官之学而来的。以孔子为代表的儒家述而不作,继承了诗、书、礼、乐的传统,并赋予诗、书、礼、乐以新的精神内涵,墨家则批判礼乐文化,"墨子的突破自然

---

① 张品兴.梁启超全集:第六册[M].北京:北京出版社,1999:3170.
② 伍非百.墨子大义述[M].上海:上海书店,1992:180.

远较孔子为激烈"①,墨子充满了"述而且作"②的革新精神和进取精神。墨家批判儒家厚葬之礼,反对儒家宗法等级之礼,但是并不因此而完全否定礼的作用,如对于古代圣王祭祀上天鬼神之礼则是肯定的,正如陆建华先生指出:"墨子肯定三代之礼在三代之时的政治价值和核心作用,重视礼的等级性,但反对礼的宗法性。……相对于三代之礼和儒家礼学来说,呈现显明的批判性和创造性。"③这一评价是非常中肯的,揭示了墨家求真务实的革新精神。

二、先质后文与适度消费

先秦诸子对于人的欲望追求问题进行了思考,如老子提出了"见素抱朴,少私寡欲"(《老子·十九章》)的观点,认为人们过度的追求欲望满足会产生贪欲,他把天下的祸患归因于人的不知足,因此主张减少对物质的追求,老子把俭作为三宝之一。如果说老子思俭的出发点是防止普通个人的欲望膨胀,追求个人生活境界的提升,从而实现社会的和谐,那墨家对于人们欲望的思考则是着眼于广大人民生活的满足。墨家希望王公大人限制过度的欲望,节约社会资源,从而更好地满足广大百姓的基本生活需求。如果说老子关于消费的思想主要着眼于个人的自我管理,那么墨家则更多地着眼于统治者的行为与社会治理。

墨家主张满足正当的欲望,反对过分的欲望。《经上》曰:"欲舌权利,且恶舌权害。"据谭家健将"舌"训为"正"④,可以用合理的欲望来权衡利益,用合理的厌恶来权衡害处。《经说上》曰:"仗者,两而勿偏。"孙诒让认为"仗"当做"权"。权衡思考的时候要顾及事情的正反两面,遵守两而勿偏的原则,近似于儒家的中庸之道、执两用中思想。《经下》曰:"无欲恶之为益损也,说在宜。"墨家反对"所有的欲恶都是有益的"或者"所有的欲恶都是有损的",而主张人的欲望和厌恶都要适宜。《经说下》曰:"无欲恶,伤生损寿,说以少连,是谁爱也?尝多粟,或者欲不有能伤也。若酒之于人也。且恕人利人,爱也,则唯恕弗治也。""欲恶会伤害身体,减损寿命。"这

---

① 余英时. 士与中国文化[M]. 上海:上海人民出版社,1987:30.
② 陈转青. 墨家管理思想研究[M]. 北京:中国农业科学技术出版社,2006:28.
③ 陆建华. 墨子之礼学[J]. 安徽大学学报(哲学社会科学版),2007(6):39-44.
④ 谭家健,孙中原. 墨子今注今译[M]. 北京:商务印书馆,2009:274.

是少连提倡的学说。有营养的东西吃多了会伤身体,并非"所有的欲恶都是有益的";吃适量无益的东西也可能有益,并非"所有的欲恶都是有损的"。因此任何事情都要辩证看待,对待消费欲望更应如此。

墨子虽然要求学生节俭,但并非完全不关心学生的生活。《备梯》记载:禽滑厘师从墨子三年了,手脚长了茧,脸色很黑,做事听使唤,不敢问自己想知道的事。墨子很可怜他,于用带了酒和肉干来到泰山,坐在茅草地上向禽滑厘敬酒。这则故事一方面体现了禽滑厘是墨家节俭的典型,另一方面也体现了墨子对弟子生活的关心,亲自带着酒肉到泰山慰问弟子,这在以节俭闻名的墨家是非常著名的事迹。

墨家希望王公大人节制情欲,而行仁义。《贵义》曰:"必去六辟。……必去喜,去怒,去乐,去悲,去爱,而用仁义。手足口鼻耳从事于义,必为圣人。""辟"通"僻",是偏激、过度的意思。墨家认为,人的过度欢喜、愤怒、欢乐、悲痛、关爱都是阻碍行仁义的因素,因此一定要去掉这些情感,以仁义作为一切言行的准则。墨子不是要去除一切情感,"墨子所欲除去的,只是喜、怒、乐、悲、爱、恶六种感情的偏颇,而不是除去六种感情的本身"[①]。墨家以实用的原则来审视人们的各种用度,主张节用、节葬,不完全否认人的自然欲求,甚至对上世圣人有节制的"蓄私"(蓄养姬妾)[②]的行为都能够容忍,只要不影响天下男女关系的正常发展就行了。墨家认为,如果手、脚、口、鼻、耳、目都不受制于情欲,都用来从事仁义之事,一定能够成为圣人,这就是节制欲望的最高境界。墨家主张以"以自苦为极",希望人的欲望保持在维持生命必需的最低限度。

墨家是小生产者的代表,这是理解墨家关于物质欲望看法的关键。正如李泽厚所说,墨家"主张节用、节葬、非乐,是因为从小生产劳动者立场看,任何财富的创造和积累均大不易,必须力加节省爱护;他之主张非命、主强、重力也如此"[③]。墨家节俭要求的重点是王公大人们,而对于普通百姓来说,墨家重点讲的是改善其生活,强调"国家百姓人民之利"的一面。对于饱受战争之苦和各种赋税之剥削的普通百姓来说,基本生活尚且难以解决,因此他们根本没有达到节约要求的生活水平,"在物质财富还远不充裕,广大劳动者经常处于饥寒交迫的古代,墨子这种思想是完全可以理解的。它在揭露、抨击贵族统治者们的各种骄奢生活,也是有其进步

[①] 杨俊光.墨子新论[M].南京:江苏教育出版社,1992:104.
[②] 孙诒让.墨间诂[M].孙启治,点校.北京:中华书局,2001:37.
[③] 李泽厚.中国古代思想史论[M].天津:天津社会科学院出版社,2003:2.

意义的"①。

　　墨家强调保障基本生活,并不反对随着物质生活水平的提高而享受生活。《说苑》记载:墨子曰:"恶在事夫奢也？长无用,好末淫,非圣人之所急也。故食必常饱,然后求美;衣必常暖,然后求丽;居必常安,然后求乐。为可长,行可久,先质而后文,此圣人之务。"②墨子反对追求奢侈,饮食必须保证吃饱,然后再去追求美味;衣服必须保证穿暖,然后再去追求华丽;居住必须保证住安定,然后再去追求享乐;做事要考虑长久,然后再去追求文饰。这里墨子没有否定人的物质追求,只是强调享受一定是基本欲求满足之后的事情,不能奢侈浪费。伍非百指出,"墨子非禁欲主义者。其提倡节用,乃为满足欲望之一种方法,非谓此为究竟目的也。若其欲望进步,而物力足以供给之,则墨子固未尝禁人享受也"③,而是主张"先生产,后消费"④,先质而后文,逐步过上与生产水平相应的物质生活。有学者指出,墨家"要用同一种节俭禁欲的方式来要求各个社会阶层,不仅既得利益者的统治阶级难接受,就连小生产劳动者本身也感到自然人性受到压抑。历史表明,社会的发展不是以禁欲的方式来实现的,而是以生活消费要求的提高,以此促进物质生产发展的方式实现的"⑤。诚然,消费促进社会发展,是市场经济社会的要求,尤其在现代市场经济中,拉动内需是促进国民经济发展的重要手段。然而,墨家所处的是自给自足的小农经济社会,这种社会的发展需要不断地积累,人们物质生活水平还不高,节约自然是一种重要的美德,墨子的节用观在当时无疑有着重要意义。

---

① 李泽厚. 中国古代思想史论[M]. 天津:天津社会科学院出版社,2003:50.
② 刘向. 说苑译注[M]. 程翔,译注. 北京:北京大学出版社,2009:538.
③ 伍非百. 墨子大义述[M]. 上海:上海书店,1992:163.
④ 熊礼汇,熊江华. 墨子与现代管理[M]. 上海:学林出版社,1999:40.
⑤ 邢兆良. 墨子评传[M]. 南京:南京大学出版社,1993:222.

第六章 | 墨家管理思想的现代价值

墨学一度与儒学并称世之显学,然而西汉以后墨学成为了绝学。王充认为:"儒道传而墨法废者,儒之道义可为,而墨之法议难从也。何以验之?墨家薄葬右鬼,道乖相反违其实,宜以难从也。"① 不过,消亡的只是作为一个学派的墨家,而墨家精神仍流传不息而从未消亡。王夫之曰:"一圣人死,其气化为数十贤人;孰谓墨子、禽滑厘诸人之学,一朝而斩焉以尽,澌焉以亡也耶!"② 这种说法充满感情色彩,梁启超的分析则更近理性——"墨学精神,深入人心,至今不坠",融入了中华民族的精神之中。墨家的根本义理是自我牺牲精神,这种精神在秦汉以后仍存在于普通百姓的行为之中,他们虽未读《墨子》书,甚至不知道墨子其人,但他们在"不知不识之中,其精神乃与墨子深相悬契"。两千多年来的中国厌恶"开边黩武",尊崇"守土捍难","皆出于墨子之非攻"。③ 自清代中叶以来,墨学开始复苏,到 20 世纪初又成为学术界关注的热点。

墨学作为先秦显学,主要讨论的是治国问题,针对当时诸侯纷争的社会问题提出了具体的对策建议。墨家的治国方略对于当代社会治理、国家治理、企业管理具有重要的借鉴意义。墨家治国理论在价值观上以天下人为对象,始终考虑的是天下百姓的利益,这一点与现今重视人民群众的利益有相通之处。墨家重视治国方略,提出了尚贤、尚同、节用、节葬、非乐、非命、尊天、事鬼、兼爱、非攻十事,治国理论形成了较完整的系统,为当代中国的社会治理和国家治理理论的丰富与完善提供了理论资源。

墨家管理思想还与现代企业管理有很多相通之处。墨家是先秦诸子中大谈天下之利的一个派别,墨家从强力从事与节用两方面探索了增加社会财富的方法,这与现代企业一方面努力创造更多的社会财富,另一方面厉行节约成本,提高资本的利用效率,从而实现财富的积累的做法有一定的相似性。韦伯揭示了新教伦理与资本主义精神之间的关联,而墨家的宗教意识与团队精神,正可为现代中国民族企业管理注入传统的精神资源。墨家管理思想的社会意识正可以引导现代企业突破集团利益的狭隘性,注重企业发展的社会效益与资源分配。总之,墨家管理思想可为现代中国特色管理学的建构提供丰富的理论资源。

---

① 王充. 论衡[M]. 上海:上海人民出版社,1974:437.
② 方授楚. 墨学源流[M]. 上海:中华书局,上海书店联合出版,1989:210.
③ 张品兴. 梁启超全集:第六册[M]. 北京:北京出版社,1999:3260.

第一节 墨家管理思想与社会治理

创新社会治理体制是当代中国国家管理的重要方向。党的十八届三中全会将"推进国家治理体系和治理能力现代化"作为全面深化改革的总目标,传统的治国问题演变为现代社会治理、政府治理和国家治理的问题,也就是通常讲的治国理政问题。社会治理问题是近年来我国学术研究的热点。近年来,国家在探索改进社会治理方式,激发社会组织活力,创新有效预防和化解社会矛盾体制,健全公共安全体系等方面开始了全面探索。社会治理创新的目的是不断改善人民生活、维护社会公平正义、激发社会发展活力、保障社会和谐安定。这些问题当然需要在当前的社会建设实践中去探索,而借鉴传统社会治理理论是迅速适应中国国情,发挥中国传统国家管理思想价值的重要途径。墨家管理思想关注的重点正是治国,墨家管理理论对于当代中国社会治理有直接的借鉴价值。墨家反对征战而追求和谐,重视领导者的道德修养,强调社会治理的法治精神,重视宗教思想在社会治理中的作用,主张兴天下之利,尤其重视改善民生。以上观念,皆与当代社会治理有许多契合之处,可为当代中国社会治理理论的深化提供丰富的资源。

一、墨家的和谐思想与社会治理

一般来讲,和谐社会就是人与自然、人与社会、人与人之间和谐统一、协调发展的社会。和谐是人类追求的美好社会的共同特征,自古至今人类构想的各种理想社会,无论是大同社会、小国寡民、桃花源、理想国,还是共产主义社会,都有一个共同的特征,即这个社会一定是和谐的。但是历史事实表明,自古以来,人类社会的内部斗争是不断扩展的,直至演变为20世纪的两次世界大战,所以和平从来都是可贵的,人与人、人与社会之间的和谐是世界人民的共同渴望。从人与自然的关系看,近代工业化以来,自然界遭到了各种破坏,大气、水、土壤都受到了各种污染,人类承受着环境污染带来的恶果,因此人与自然之间的关系逐渐引起了人们的高度重视,不再持西方现代以来人类理性膨胀、不断征服自然的心态,善待自然,与自然和平相处逐渐成为人类的共识。

墨家和儒家一样,将天下美好的时代定位在过去,将夏商周三代圣王尧、舜、禹、商汤、周文王、周武王的治国理念称为圣王之道。与儒家不同的是,墨家没有特别重视周朝的礼乐制度,而是以继承和传播圣王之道为己任。战国时期的中国社会正是一个诸侯纷争的乱世,国与国、家与家、人与人之间都出现了空前的矛盾,社会基本的行为准则失去效用,全社会陷入了异常混乱的局面,墨家严厉批判当时社会的混乱局面,国家之间互相攻打,家族之间互相侵夺,人与人之间互相残害。墨家发源于春秋社会末期,诸侯纷争异常激烈,因此作为下层百姓的代表,墨家渴望通过传播夏商周三代的圣王之道而实现社会的和谐安定。

墨家关于人与自然、人与社会、人与人之间的和谐关系提出了很多观点,墨家的和谐观有以下几层内涵:① 天地之和。墨家提出:"夫妇节而天地和,风雨节而五谷孰,衣服节而肌肤和。"(《辞过》)墨家在此构建了天人相互感应的自然和谐观。② 阴阳之和。墨家提出:"天壤之情,阴阳之和,莫不有也。"(《辞过》)天地间阴阳调和的情况本是自然就有的。③ 天下之和。墨子追求的是"天下和,庶民阜"(《尚贤下》),即天下和乐、百姓富足的状态。墨子向往古代圣人一统天下的局面:"古之仁人有天下者,必反大国之说,一天下之和,总四海之内,焉率天下之百姓,以农臣事上帝山川鬼神。"(《非攻下》)不仅国与国之间没有争斗,上帝鬼神与百姓之间的关系也很和谐,这就是天下之和。④ 万民之和。万民之和即人民安居乐业、无忧无虑的富足生活状态。墨子认为顺从上天的意志,让国家管理工作和农业生产都有序进行,就能实现"刑政治,万民和,国家富,财用足,百姓皆得暖衣饱食,便宁无忧"(《天志中》)。⑤ 吏民之和。吏民之和即守城官吏和百姓关系和睦。守城将士之间"上下调和"(《节葬下》),则大国不改进攻,强调守城要"和心比力"(《迎敌祠》),即万众一心,团结合力守城。⑥ 父子兄弟之和。墨家针对当时社会的混乱局面指出"内者父子兄弟作怨恶,离散不能相和合"(《尚同上》),由于人们不能做到尚同,每个人都只认同自己的道理,因此父子兄弟之间就生出怨恨,不能和睦相处。此外,墨家还提出了饮食中的"五味之调、芬香之和"(《节用中》)、音乐中的"声之和调"(《非乐上》)等。

墨家关于人类社会和谐的内容层次比今天所讲的人与自然、人与人、人与社会之间的和谐要丰富很多，天地之和与阴阳之和相当于整个宇宙的和谐，天下之和近似于今天所讲的世界和平，它还突出强调了吏民之和，这正是今天提倡的军民一家。墨家关于和谐内涵的分析有助于我们进一步实现社会的全面和谐。墨家不仅向往社会和谐，而且提出了实现和谐的方法，墨家治理国家的十大主张，都可以看成墨家实现天下和谐的方法。例如，尚贤是墨家实现天下和乐的方法之一，《尚贤下》指出："昔者尧有舜，舜有禹，禹有皋陶，汤有小臣，武王有闳夭、泰颠、南宫括、散宜生，而天下和，庶民阜。是以近者安之，远者归之。"尧、舜、禹、商汤、周武王都是因为有自己的贤臣，这些贤才协助他们"近者安之，远者归之"，实现了天下一统的和乐局面。总之，墨家关于和谐层次的划分有利于当代社会治理进一步认清和谐的内涵，拓展和谐的空间。

二、墨家的道德思想与社会治理

墨家十分重视道德在社会治理中的作用，这主要体现为：一是墨家提出了义政。义政的实质是顺从天意的仁义政治，是一种道德化了的政治。义政要求为政者兼爱天下人，要求兴天下之利，为天下百姓的利益考虑，以民为本；二是强调执政者修身的重要性。墨家提出，士人虽然有学问，但更要以高尚的品行为根本，还提出了士君子道德修养的环境问题，只有主动靠近品德高尚的人，才能不断提升自己的品格。墨家提到的君子品格有仁义、兼爱、守信、恭谨、文雅、廉洁等，君子修养发展到极致就是圣人；三是主张选拔人才注重品德标准。墨家首先要求贤才是"有力者疾以助人，有财者勉以分人，有道者劝以教人"（《尚贤下》），贤才首先要有关爱天下百姓的道德品质，同时还要具有意志坚强、谦虚谨慎、坚守善道等品质。

墨家的道德思想不像儒家那样着重强调个人修身，而是注重将道德贯穿在政治实践之中。义政重视道德思想的政治效果，以实现兴天下之利为政治目标，因此墨家的道德思想具有明显的实践品格。墨家将执政者的修身问题与其政治效果联系起来，注重用上天和鬼神的意志、圣王的言论、天下百姓的满意度来考察执政者的道德思想是否转化为现实的社会效果。与儒家的仁政偏重道德的感染力不同，墨家的道德实践更重视上天鬼神和现实体制的监督，具有更强的约束性和可操作性。

当今社会治理重视道德的作用。虽然国家提倡依法治国,但"法"只是对人们行为要求的最低标准,法是行为发生之后的惩罚,是一种消极的止恶手段。而道德可以对人们言论和行为提出全方面的要求,尤其是个人与他人关系的处理方面,道德发挥了重要作用。然而,随着当前中国市场经济的发展,社会道德出现了滑坡现象,道德冷漠等问题比较突出。作为一个有着悠久的尊老爱幼传统的古老民族,今日中国人面对"看见老人摔倒了要不要扶"的问题却犹豫起来了,这一现象引起了国人的忧思。当代中国的道德建设既要与现代文明相衔接,又要传承中华民族丰富的道德传统资源。我们不仅要借鉴儒家的道德精神资源,同样要借鉴其他传统文化派别的道德资源。其中借鉴墨家道德思想的实践品格,是改变当代社会道德无力的重要途径之一。

墨家道德思想的实践品格给当代中国道德建设的借鉴意义主要体现在三点:一是努力将道德法则融入社会治理体系中,不仅以法来约束各级官员,更要以德来约束各级官员;二是重视道德的监督,不仅有舆论监督,更有各种约束机制考察道德的实践效果,让各种道德言论不至于流于虚伪;三是重视官员的道德影响与社会效果的考察,政绩考察中的道德内容要落实在社会效果与百姓的反响等方面。

三、墨家的法律思想与社会治理

当今社会治理最鲜明的特征就是强调法律维系社会秩序的作用,依法治国已成为世界各国主要的社会治理方式。这主要因为现代社会逐渐走向一个人与人之间相对独立的公共社会,不同于中国古代以血缘关系为纽带构成的宗法社会。古代中国人主要是在熟人之间交往,因此道德伦理的作用尤为重要。而现代社会交往则多是在陌生人之间展开,因此法律等公共规则的作用凸显出来了。如果说古代中国由于以德治天下、以孝治天下,因此法律的作用未得到彰显,那么当代中国情与法之间的天平则逐渐偏向了法的一边。

墨家法律给当今社会治理的启示主要有如下方面:一是墨家虽然是平民思想的代表,却十分强调法的公正性。墨家主张刑罚要具有对人们行为的威慑作用,必须惩罚的一定是为非作歹的人,不放过有罪的人,又不能伤害无辜的人。只有国家惩罚的都是有罪的人,才能树立起法律在人们心中的权威;二是墨家在亲情与法律之间发生矛盾时,强调法的权威。这一点在墨家臣子腹䵍处理自己儿子事件中有典型体现,腹䵍不听秦惠王的赦免之令,而仍按墨者之法将杀人的儿子处死,维护了社会正义;三是墨家不仅强调法律本身的合理性,更强调法的执行,要求选拔贤才谨慎地执法,法要发挥维护社会秩序的作用,而不能扰乱人民的生活,这与当代社会治理重视依法治国有相通之处。

中国社会治理从来都将道德与法律看成两种必不可少的手段,犹如车之双轮、鸟之两翼,缺一不可。如何让道德在社会中发挥示范作用而不流于虚伪,让法律在社会中发挥约束作用而又不失于徇私舞弊,既维护道德的崇高性,又维护法律的公正性,是当代社会治理要探索的课题。儒家明显的偏向于德治,主张为政以德;法家则明显的偏向于法治,主张无论亲疏贵贱,都用法来决断是非。墨家则在法律与道德之间寻找了某种平衡,既强调义政,主张兼爱天下百姓,又强调法律止恶的威慑作用,对犯罪者决不讲私情,决不容忍。这对当代社会治理处理以德治国和依法治国之间的关系有一定的启示意义。

四、墨家的天下思想与社会治理

当代中国社会治理的目标指向广大人民,而不是某些特殊利益者,这与我国社会制度弘扬的集体主义精神是一致的,与为人民服务的目标是一致的,与人民群众是历史的主体这一观念是一致的。然而,随着市场经济的发展,私的观念却在人们的思想世界中越来越占有重要地位,以至于强力挤压了为公意识。如何让人们树立公共意识,如何让促进社会公平正义的观念进入人们的思想之中,是当前社会治理中的突出问题。墨家始终关注天下之利,而没有私的观念或者小集团观念,墨家的道义精神和自我牺牲精神,对于当前社会公平正义理念的形成,有重要的借鉴意义。

墨家始终关注的是天下之利,而不是私人之利或集团之利。墨子的时代已经出现了私的观念,而墨家却大力提倡"天之行广而无私"(《法仪》)、"日月兼照天下之无有私"(《兼爱下》)的精神。墨家要求贤才能够"举公义,辟私怨"(《尚贤上》),关注的是天下的公义。这种高尚的行为正是墨家获得社会信任的原因,墨家弟子深知墨家的社会形象源于这种道义精神,墨者甚至甘愿以自己的生命去护卫墨家的道义,孟胜及其弟子殉城便是为道义而牺牲生命的典型事件。

墨家的天下思想对当代社会治理有直接的借鉴意义。

一是墨家强调社会的公平正义,要求国家各种决策都以天下百姓的利益为最根本取舍标准,值得今日社会治理借鉴。墨家反对在人才录用过程中任人唯亲的行为,主张尚贤使能,为平民百姓争取了更多的机会。墨家非攻思想直接维护了天下百姓的利益,尤其是小国百姓的利益。墨家节用、节葬、非乐等思想,立足于保障百姓的基本生活,反对王公大人在衣服、宫室、兵车、娱乐、丧葬中的各种铺张浪费行为。墨家的其他治理决策也都从百姓利益考虑,以天下之利作为取舍的标准,这与当代国家政策的制定与执行过程中的人民立场、群众路线是相统一的。

二是墨家的奉献精神和牺牲精神值得当代社会治理借鉴。当代中国社会治理中之所以会出现各种服务不到位、政府公信力下降的问题,根本原因在于各级官员的服务意识不够。一些官员关注的是个人的私利,而不是人民群众的公义,因此出现了各种假公济私的行为,大大影响了政府在百姓心中的公信力。官员的私的观念膨胀,既与他们放弃了人民群众的立场有关,也与他们没有深刻认清政府的权力来自于人民群众的信任有关,还与其不能自觉维护政府形象,不为国家的长治久安着想有关。墨家的兴天下之利的精神和道义精神有助于遏制当代社会治理中的私观念泛滥,帮助树立为公意识。

第二节　墨家管理思想与国家治理

习近平总书记指出:"一个国家选择什么样的治理体系,是由这个国家的历史传承、文化传统、经济社会发展水平决定的,是由这个国家的人民决定的。"① 因此,建立现代化的国家治理体系,必须要不断吸取中国历史的文化传统、治理经验。先

---

① 习近平.完善和发展中国特色社会主义制度 推进国家治理体系和治理能力现代化[N].人民日报,2014-02-18(1).

秦诸子多谈论治国问题,司马谈在《论六家要旨》中指出:"夫阴阳、儒、墨、名、法、道德,此务为治者也。"①儒道墨法等中国传统思想派流都提出了各自不同的国家治理方案,这些方案皆可为现代国家治理提供有益借鉴,因为现代的国家治理体系,正是历史传承、文化传统和经济发展"渐进改进、内生性演化的结果"②。在众多传统国家治理方案中,墨家的治理方略相对更系统、更完备,提出了以"十论"为主要内容的治理方略,形成了"比较全面和系统的管理理论体系"③。

一、墨家义政与国家治理的价值定位

国家治理现代化首先要解决治理的价值定位问题。价值定位是国家治理的顶层设计,关系到国家治理由谁来治、为谁而治、成果由谁分享等核心问题,决定着国家治理的出发点和归宿,也是国家治理得以开展的内在精神动力。在先秦诸派中,墨家以宣扬道义著称,墨家代表人物如墨子、孟胜等皆以热心救世的侠义形象而扬名天下。墨家提出"义者,善政也"(《天志中》)的观点,即以"义"作为良好的国家治理的内核,主张国家治理为天下百姓谋利益。

墨家主张,道义精神应当是从国家至个人普遍追求的一种价值理念。从个人而言,要求人们以一种无私而利人利社会,甚至"损己而益所为"的道义精神,去保护他人和社会的利益。从国家而言,要求国家以道义精神作为选拔贤才的要求,要求贤才能够"举公义,辟私怨"(《尚贤上》)。墨家认为,若以道义为基础,就可以实现优良的政治秩序:第一,国家层面实现"国家富""国家治""社稷安";第二,人民层面实现"人民众""安百姓",做到"爱利百姓",让百姓"皆得暖衣饱食,便宁无忧"(《天志中》);第三,政府层面实现"刑政治",实现"赏当贤,罚当暴"(《尚同中》)。墨子总结说:"今用义为政于国家,人民必众,刑政必治,社稷必安。"(《耕柱》)可见,墨家以道义作为国家治理的信仰价值,确信它能够从精神信仰层面实现政府与民众价值追求的统一,并为这种追求提供内在的精神保障。

---

① 司马迁.史记:第十册[M].北京:中华书局,1959:3288-3289.
② 习近平.完善和发展中国特色社会主义制度 推进国家治理体系和治理能力现代化[N].人民日报,2014-02-18(1).
③ 黎红雷.中国管理智慧教程[M].北京:人民出版社,2006:149.

墨家的兼相爱,能够突破自我与他人的藩篱,为国家治理提供一种交互价值范式,可以引导民众在社会交往过程中树立尊敬与互爱的交往原则。所谓兼相爱,是指人与人之间普遍的交互之爱。墨子说:"夫爱人者,人必从而爱之。"(《兼爱中》)这里的爱人,即是指对他人的无条件的、无私的爱。孙中山认为:"墨翟兼爱,有近似博爱也者。"① 墨家的兼相爱强调无差之爱,与儒家以亲亲为原则的差等之爱有很大不同,强调普遍的关爱他人是墨家兼相爱的特点。墨子提出"兼相爱,交相利"的观点,将爱与利相提并论,墨家的兼爱虽然具有理想化的倾向,但在执行过程中强调爱与利的统一,以爱导利,以利辅爱,兼相爱的理想结果是由相爱而互利,在爱中获得各种利益的满足。

"兴天下之利"既是墨家治国理念的价值目标,也是墨家发展经济的目标,更是墨家用以检验治理能力的标准。墨家认为,国家治理的最终效果,要以天下之利作为衡量标准。墨家兴天下之利蕴含了深刻的民本思想,它以利国利民作为国家治理能力的考核依据,体现了鲜明的以人为本的治国理念,无论什么样的治理策略、方案和结果,最终都要从人民的利益方面进行考量。墨家的这一理论具有非常现实的意义,它与我们党一贯执行的群众路线是一致的。

墨家义政为国家治理提供了丰富的价值理念,既有内在的信仰价值,也有外在的社会交往价值。墨家以道义精神为内在信仰,以交互相爱为外在表现,以共同利益的满足为目标,呈现了一个由内而外的立体价值体系,共同彰显了墨家治国理念的价值特色。墨家治理的价值定位既有与马克思主义价值理念相统一的人类共同价值追求,如公平、正义、和谐、互利等社会价值,又有中国特色的民本、道义、兼爱等道德价值。当代国家治理,要确立有中国特色的国家治理的价值目标,既需要与时俱进的马克思主义价值观的充实,又需要民本、道义、义政、兼爱等传统价值观的滋养。墨家的价值观有助于推进社会主义核心价值观与传统文化的融合,有助于国家治理现代化确定明确的价值定位,为国家治理体系和治理能力的现代化提供价值保障。

---

① 孙中山. 孙中山全集:第二卷[M]. 北京:中华书局,1982:510.

二、墨家的组织思想与国家治理

国家治理重视提升行政组织的办事效率,"席卷发达国家和发展中国家的公共部门改革的主要原因和目标,就是为了克服公共部门的无效率、减少垄断、缩减公共支出、降低补贴、增加收入、提高服务质量、增强客户满意度"①。由于各国具体国情不同,因此具体的体制机制设置有很大差异。当代中国国家治理十分重视各种体制机制的创新,墨家尚同一义的政府组织观有重要的借鉴价值。

墨家尚同是为了终止混乱的政治局面而提出的。墨子认为,天下混乱,每个人都各持己见,各自为义,这种状态的根本原因在于"无政长",即没有能够统一视听的行政机构。如若人民的思想能统一于里长,里长统一于乡长,乡长统一于国君,国君统一于天子,则可以建立起上下统一的行政机构,实现国治、天下治。墨子认为,只有天子能够最终"一同天下之义",故而要"尚同乎天子"(《尚同中》)。可见墨家尚同的目标是以类似于民主集中式的方式确立层级完善的国家行政机构,能够使下情上达,上令下行,上下贯通,无有杂议,这可谓是美国学者约翰·奈斯比特所讲的中国式"纵向民主"②远源。

墨家的社会组织思想主要体现在两方面:一是体现在墨家学团组织中。墨家是先秦诸子中最具凝聚力的一个派别,信仰是墨家凝聚力的基础,巨子的人格魅力是墨家凝聚力的源泉,墨家学团的组织形象增强了墨徒的认同感,墨者之法强化了墨家的向心力。可以说,墨家因其信仰坚定、领导有力、组织严密、法纪森严而形成了强大的凝聚力;二是体现在墨家尚同一义的国家组织观中。墨家认为当时社会混乱的重要原因是人们的思想言论不统一,因此提出了尚同一义的思想,提出了自家君、里长、乡长、国君、天子的尚同机制,要求人们向上级汇报所见所闻,服从上级的观点,规谏上级的过失,举荐社会上的善行,最终实现天子能够全面及时了解社会状况,做到视听如神。墨家还探讨了尚同过程中的赏罚问题,既提出了社会制度本身中规定的赏罚,又有上天对天子的赏罚,从而保证了尚同机制的有效实施。

---

① 孙晓莉.西方国家政府社会治理的理念及其启示[J].社会科学研究,2005(2):7-11.
② 约翰·奈斯比特,多丽丝·奈斯比特.中国大趋势:新社会的八大支柱[M].魏平,译.北京:中华工商联合出版社,2011:39.

现代国家治理可以借鉴墨家尚同一义的组织思想之处有：一是学习墨家全面准确了解民情的精神。尚同一义的实质不是想办法约束人民，而是想办法了解民情，从而更好地为人民谋利；二是学习墨家尚同思想中信息向上传递的机制。上级领导人要有效地了解真实的民情，必须建立畅通的民情传递机制，要对传递虚假信息进行严惩；三是学习墨家将天志、天子的施政内容与天下百姓的愿望有机结合的理念。墨家在尚同一义思想中，虽然强调了天子的核心作用，强调了上天的最高权威，但最终都落实在实现天下百姓的利益上，因此上天、天子以尚同一义来治理天下，是为了更好的服务人民；四是学习墨家学团的组织凝聚力，为增强国家凝聚力寻找更多的凝聚力来源。墨家在加强组织的凝聚力的过程中，综合利用了思想信仰与宗教信仰的力量、领导者的人格魅力、组织机制的约束和法律规则的约束等多种措施，在当代国家治理中，增强国家与政府的凝聚力也可以探索多种途径与方法。

总之，尚同一义的组织观有助于"形成组织的共有价值观"，有助于"增加成员对于组织的认同感"，"增强组织系统的凝聚力和稳定性"[①]，通过共同价值观的建构，可以实现对组织成员的教育，对其思想的塑造与行为的提升都有直接的影响，从而最大限度的实现组织团结，发挥组织潜能。习近平总书记指出，现代国家治理体系要"立治有体，施治有序"[②]，能够将民意贯穿于决策、执行、监督各环节，构成一个立体的政治秩序。墨家尚同思想正是着眼于打造这样一个立体的政治秩序，剔除其中的历史局限性成分，它的许多观念都可为现代国家治理体系的建构提供借鉴。

三、墨家的人才思想与国家治理

习近平总书记提出了评价一个国家政治制度民主性的标准，其中之一是"各方面人才能否通过公平竞争进入国家领导和管理体系"[③]。政府治理的难点虽然是制度设计，但更关键的是依靠人才。如何公平公正地选拔优秀人才从事政府治理

---

① 黎红雷.中国管理智慧教程[M].北京：人民出版社，2006：160.
② 中共中央文献研究室编.习近平关于全面深化改革论述摘编[M].北京：中央文献出版社，2014：26.
③ 习近平.在庆祝全国人民代表大会成立60周年大会上的讲话[N].人民日报，2014-09-06(2).

工作是自古至今的难题。中国传统思想重视举贤才,儒家讲人存政举,人亡政息,一项好的政治主张能够落实下来,关键在于优秀的人才。墨家提出了尚贤的主张,论证了贤才对于国家治理的极端重要性,在人才选拔、任用、赏罚等方面都提出独到见解。墨家尚贤选贤,不辨远近亲疏,主张任人唯贤,反对任人唯亲,这种人才理论突破了当时的宗法等级制度,体现了鲜明的民主特色。墨家认为,唯有从百姓中选出人才代表,让他们参与政治,才能真正了解民情、体现民意,因此尚贤是"政事之本也"(《尚贤下》)。墨家尚贤思想与现代国家治理理论有着直接的相通性。

墨家的人才思想主要内容有如下方面:一是墨家提出人才选拔主要从品德与才能来考量,以道德为贤才最根本的素质。贤才虽然有学问,但要以高尚的品德为根本。墨家指出的贤才品德主要有兼爱、意志坚强、谦虚谨慎、仗义疏财、坚守善道等。墨家所讲的贤才的技能主要是博乎道术而辩乎言谈(墨家教育的内容分为谈辩、说书、从事三科,涉及政治、经济、军事、逻辑学、物理学、数学等内容);二是墨家人才选拔的方法。墨家重视人才的品格与才能,而不以贫富贵贱、亲疏远近为选拔人才的依据,不以人才的出身局限人才的选拔。墨家还主张从动机与效果结合的角度来考量人才,从言语考察人才的动机,从效果考察官员的行为,然后才谨慎地授予官职;三是墨家的人才任用机制。墨家主张量才授官,根据才能的不同分别让他们治理国家、主持官府和管理都邑,墨家提出让人们从事他们擅长的工作,还根据人们的品格习性进行分工。四是墨家关于人才的待遇与考核机制。墨家重视人才待遇,主张按人才的功劳进行赏赐,根据功绩的大小给予俸禄和官职,主张给贤才丰富的俸禄、很高的爵位和决策的权力,以此树立官员的威信。尤其是,墨家提出了人才任用可上、可下的制度,主张官无常贵而民无终贱。

墨家作为社会下层百姓的代表,其人才思想更多地反映了百姓的心声。墨家人才思想对当代政府治理的借鉴价值有:一是将贤才放在政治的根本地位。高度重视人才的作用,形成全社会尊重人才、尊重创造的风气。国家政治的稳定、经济的富裕、社会的和谐,都要依靠贤才来实现,这一道理古今通用;二是贤才标准中将道德放在优先地位,对于当今社会官员素质的提升具有重要的借鉴意义。当代社会之所以出现腐败现象,根源上都是官员的道德品质出现了问题,因此要完善官员道德品质的考核机制;三是官员的选拔和任用机制。现代政府管理工作面临的新问题、新情况越来越多,很多社会管理者的才能与新时代的要求不相适应,这就需要加强官员的选拔。同时,有的官员能力不再适应管理岗位则应进行岗位调整乃至调离管理岗位,建立官员能上能下的流动机制。

四、墨家的经济思想与国家治理

国家治理中很多官员出现腐败问题,绝大部分都与金钱相关。墨家管理思想中的节约观是对管理者行为的要求,是对当时王公大人奢侈浪费生活行为的批判,要求限制上层统治者的浪费行为,鲜明地体现了墨家作为小生产者代表的阶级特征,在中国传统管理思想中独树一帜。墨家提出的节用、节葬、非乐都是主要针对官员行为而提出的经济思想,墨家经济管理思想突出强调节约,要求王公大人节约各种开支,从而增加社会财富。这种做法无论是对于社会财富并不丰富的战国时期,还是对于当前国家治理中节约各种公共开支都是非常有必要的。墨家的节用思想对于当代社会建立节约型社会、节约型政府具有重要的借鉴意义。

墨家经济思想主要表现如下:一是节约各种用度。墨家认为,只要王公大人在衣裳、宫室、甲盾、五兵、舟车的开销方面厉行节约,就能使国家的财富加倍。节葬是节用的引申,因为厚葬浪费了财富,久丧影响了人们从事本职工作。非乐同样是因为娱乐活动浪费了财富,影响人们从事生产劳动。当然,墨家的节约开支的要求并不是仅仅针对王公大人而提出的,墨子自己活着的时候生活便非常艰苦,死后埋葬也非常简单。墨家弟子的典型代表禽滑厘师从墨子三年,手脚因劳作生了老茧,不敢有任何享受。因此墨家节约用度的思想应是针对天下所有人而提出的,只是王公大人尤为有必要加强节约;二是提出强力非命思想,要求王公大人至农夫农妇都努力从事本职工作。王公大人努力治理官府则财用充足,农夫农妇努力耕种织布则生活富足;三是墨家提出了对于贤才"高予之爵,重予之禄"(《尚贤上》)的思想,这涉及高薪养廉的问题。墨家认为给贤才很高的爵位和丰厚的俸禄,有利于在社会中形成人们争相成为贤才的风气,有利于让贤才更好地获得百姓的信任与尊重。

墨家经济思想中,最有特色的是节用思想。墨子将节用视为国家经济发展的重要举措,并系统提出了节用的内涵、原则和方法。墨家所谓节用即"去其无用之费"(《节用上》),即去除额外的浪费,节约用度。墨家提出节用的原则是"凡足以奉给民用,则止"(《节用中》),即国家各项开销以"适度"为准则,凡是不能给百姓增加实际利益的开支,皆应禁止。墨家的节用思想对当代政府治理有直接的借鉴意义,启示我们在当代治理中应以实用的标准来审视各种开销,有实际效用的就开支,没有实际效用的就减支。

五、墨家的文化思想与国家治理

通常认为孔子"删诗书、定礼乐、修春秋、序易传",在中国文化传承方面做出了巨大贡献。孔子努力恢复周代礼乐文化,为恢复古代社会秩序做出了巨大贡献,儒学成为中国古代社会文化的主干。墨家在文化传承方面的贡献虽不及儒家张显,但是墨家提出的非乐、天志、明鬼等思想都是社会文化建设方面富有创造性的思想,也为中国文化的传承与发展做出了贡献,而这些思想在当代社会仍有一定的借鉴意义。

从传承的一面看,墨家继承了上古时代尊天事鬼的传统,天志与明鬼思想是墨家管理思想的基础,也是墨家整个文化体系的基础。中国古代社会一直存在着对上天的敬畏之感,这种敬畏感有利于培养人们的道德情感,中国古代很多家庭中的堂屋里供放着"天地君亲师"的牌位,这种习俗一直延续到近代,这种敬天地的传统是社会道德教育的重要方式。人们可以在敬天祭天的过程中,加强对天地的情感联系,提升内在的道德感。从本质上看,墨家对于天地鬼神的敬畏思想是中国先民的朴素宗教信仰,是对世界本质的虚幻认识,当今时代不可能借用墨家天志明鬼说来进行人间的赏罚。然而,墨家对于天地鬼神的敬畏感,对大自然的敬畏之情,能够在一定程度上激起人们的道德感,能够激发人们的向善之心。

从发展的一面看,墨家提出了非乐论,反对享乐,树立实用文化。非乐论是墨家文化思想中最有特色的内容。墨子以乐作为所有享乐文化的代表,认为王公大人鼓瑟吹笙的行为是一种奢侈腐化的享乐行为,是以牺牲百姓利益为代价的,因此应当非乐,并在全民中尤其是统治阶层中提倡适度而清廉的文化生活。人有追求物质与精神享乐的本性,但是人的各种欲望追求又具有无限性的特征,这种无限的享乐追求又使人受制于物,用马克思主义的理论来说便是"异化"。墨家的非乐思想,有利于警醒人们,勿沉迷于享受。

当代社会是一个消费社会,是一个文化娱乐生活越来越丰富的社会。文化产业的快速发展丰富了人们的精神生活,具有积极性的一面。但是,社会上很多人沉迷于享受,各种歌厅舞厅、电影院消磨了很多人的时光,浪费了很多金钱,很多人过着纸醉金迷的生活。但是,看似丰富多彩的物质文化娱乐生活,掩盖的是现代人内在精神生活的贫乏。因此在现代社会重提墨家的非乐思想,具有重要的意义。墨家的非乐思想,冲击了周代以前重视礼节的形式主义之风,有利于引导人们转向以实用为导向的理性主义。另外,从当今世界可持续发展的角度看,应当建立起人与自然的良性互动的可持续发展模式,建立起低碳、环保、适度的消费原则,反对任何形式的奢侈浪费行为。因此,墨家的非乐思想回应了现代节约型社会建构的基本问题,从这一点看,墨家的非乐思想具有超越时代的意义。

六、墨家以行为本与国家治理能力现代化

国家治理能力是国家运用治理体系治理国家的能力,是一项综合能力,体现在国家管理社会事务的方方面面。在国家治理能力的锻炼与提升方面,传统治理思想中有许多有益成分。墨家提出"士虽有学,而行为本焉"(《修身》)的观点,认为治国理论需要士人的高尚品格与能力去践行,强调治理能力的重要性。

墨家以十论为中心搭建了国家治理体系,而国家治理能力即对这一国家治理体系的应用,体现为对十论的"择务而从事"。《鲁问》载,墨子在阐明其治国理论时提出:"凡入国,必择务而从事焉。"所谓择务而从事,即国家昏乱,则治之以尚贤、尚同;国家贫弱,则治之以节用、节葬;国家奢靡,则治之以非乐、非命;国家无礼乱节,则治之以尊天、事鬼;国家恃强凌弱,则治之以兼爱、非攻。可见,择务而治的关键在于强调国家的专项治理能力。以当时的情况看,国家昏乱、贫困、沉迷享乐、无礼无节、攻伐争战是非常普遍的国家治理难题,墨子提出择务而治,即是强调有针对性地逐一解决。如果国家昏乱失序,就用尚贤尚同,统一国家的思想意志,建立上下贯通的行政机构和政令;如果国家贫困,则用节用节葬积累国家财富;如果沉迷享乐,则从思想上肃清享乐之风,重塑清明的社会风气;如果出现社会失礼无节、国民做事无原则无忌惮的情况,则用天志明鬼即利用宗教的力量进行治理;如果国家陷入攻伐战争,则倡导兼爱非攻,回归国家的和平有序。墨家对于国家治理体系的构建,正是着眼于国家治理的统筹考虑。因此,墨家对于国家治理能力的强化,是

对国家从整体到局部、从宏观到微观的统筹治理能力的强化。

墨家认为国家治理能力最终要落实到干部人才队伍的执政能力上,因此对干部队伍自身的能力建设提出了具体要求。首先,修身是人才执政能力的基础。墨子认为,为政者应当具有真诚的廉洁之心、道义之心、爱心和同情心,并且需要经常反省自身以修德行。墨家的修身则以道义为基础。如果为政者不能从道义出发,就不能公正处事,各种偏袒徇私、暴力政治就可能发生。其次,量才是对人才能力的考核。墨家主张从人的言语和行为考察其才能,根据人才的能力授予官职,能力高则授予高职,能力低则授予低职。量才除了考察人才的能力之外,还要考察人才的品德、特长和习性,并据此进行人才分工,授予相应的职务。为了保障人才的质量,墨家还提出了严明赏罚政策,要求做到"以劳殿赏,量功而分禄",直至"有能则举之,无能则下之"(《尚贤上》)。可见,墨家对人才能力的考核是全面而严格的,只有从根源上提升人才队伍的执政能力,才能提升整个国家的治理能力。墨家治国十论正是国家统筹治理能力的集中论述,而尚贤思想是人才队伍建设和能力提升重要理论。墨家的国家治理能力理论具有超越时代的特征,把握了国家治理的核心命题,能够为推进国家治理能力的现代化提供借鉴。

第三节　墨家管理思想与企业管理

现代中国管理思想的建构,不仅要面对现代社会治理问题,还要面对现代企业管理问题。现代企业管理是伴随着现代企业的诞生而产生的,是西方资本主义企业发展过程中的重要管理学内容。西方管理思想虽然由来已久,但西方管理理论走向系统化、现代化则是19世纪末到20世纪初的事情,现代企业管理正是西方现代管理理论的分支内容之一,"企业管理是管理实践的主要领域和主要形式,……企业管理是管理学理论的发源地"①。中国传统管理思想长于社会治理,无论儒

---

① 姜杰.西方管理思想史·前言[M].北京:北京大学出版社,2007:1.

家、道家、墨家、法家,重点都是在谈论治国理政问题。墨家以改变当时社会的混乱局面为己任,其治理思想围绕尚贤、尚同、节用、节葬、非乐、非命、天志、明鬼、兼爱、非攻十种治国方略展开,其他各家各派的管理思想也都围绕着国家治理展开。可以说,中国传统管理思想中,并没有涉及企业管理的内容。但这并不意味着,中国传统管理思想与现代企业管理无关,现代企业管理中涉及的对人性的管理、对企业价值目标的定位、对企业凝聚力的管理等,都与中国传统管理思想相通。因此,建立现代企业管理制度必须推进传统管理思想的现代转型,推进传统管理理论与现代企业管理理论相融合。西方现代企业管理重视专业知识和技术、组织与推销能力、功利性的企业目标,这种管理体系"充分发挥了人的工具理性,并使理性演化为控制人性以获得利益的机制"①,但这种机械化的管理制度缺乏对人性化、社会化价值的考量,"专业知识和技术不能保证实用性和适用性;组织与推销能力不能保证通变性与变通性;功利目标往往表现为企业的短视和短利以致缺乏韧性和革新精神"②。墨家管理思想则高度重视对人性的关怀,将实用理性运用于经济管理之中,重视经济发展的社会价值。此外,墨家的团结意识、尚贤使能、德法并用都可给现代企业管理提供一定的借鉴。

一、墨家的凝聚力与企业管理

一般说来,"企业凝聚力,就是企业对其全体成员的吸引力,以及全体成员相互之间的吸引力的总和,也就是全体成员对企业的向心力"③。由于现代企业竞争越来越激烈,企业人才的竞争成为企业竞争的焦点,这大大加剧了企业人才的流动性。企业的凝聚力的大小直接影响企业人才团队建设,强大的凝聚力是企业发展的根本推动力。凝聚力的大小影响企业的各项人力资源成本、企业的长远发展、企业员工的成长与发展。探索增强企业凝聚力的途径是现代企业管理的必修课题。

墨家具有极强的组织凝聚力,虽然墨家学团并非现代企业,但墨家超强的组织凝聚力及其提升组织凝聚力的基本策略,仍然可以为现代企业凝聚力的提升提供

---

① 成中英.儒家管理哲学·序[M].广州:广东高等教育出版社,2010:11.
② 成中英.儒家管理哲学·序[M].广州:广东高等教育出版社,2010:11.
③ 黄运喜,刘汉平,刘健.企业凝聚力:搞活企业的内在动力[M].北京:中国商业出版社,1992:1-2.

若干有益的启示。墨家凝聚力表现为一百八十位弟子完全服从墨子的调遣、三百弟子随禽滑厘守宋城和一百八十余位弟子随孟胜殉阳城三个典型事件。墨家之所以能够紧密团结弟子,弟子甚至愿意为墨家的工作而献出生命,正是源于墨家组织强大的凝聚力,这种凝聚力至少有四方面来源:一是墨子及巨子的人格魅力。墨子及巨子以他们的博学、仁义、守法、笃行等品格,在墨家树立了强大的威信,成为墨家凝聚力的焦点;二是墨家的道义信仰。只有信仰或愿景的力量才能紧密凝聚人心,才能激发人们为集体事业而奋斗的热情,墨家弟子正因为信仰墨家的道义精神而奋不顾身,同时墨家对天志鬼神的信仰也增强了墨家弟子对道义精神的认同;三是墨家的社会形象强化了墨家弟子的认同感。墨家能够传授弟子知识与技能,能够推荐弟子入仕,墨家学团成为弟子社会地位和心理的依靠,弟子以归属于墨家为荣;四是墨家严格的内部法律强化了墨家的向心力。墨者之法极其严格,甚至超越了帝王的权威和血缘亲情,这对墨家弟子的行为形成了有力的约束。

墨家组织凝聚力的多种来源至少可以在如下一些方面对现代企业凝聚力的提升提供有益的借鉴:一是企业要树立良好的社会形象,成为员工生活的家园。企业要让员工愿意为其全力工作,就必须满足员工的需要,企业凝聚力是建立在不断满足员工物质、文化生活需要基础上的,尤其是在解决员工不断发展的需要上。这是不断增加企业凝聚力的关键;二是企业要有杰出的领导人成为凝聚力的核心。一个企业的发展与其领导人的形象直接相关,企业领导人的品德、才能、作风等是影响企业凝聚力的重要因素。企业领导人的能力直接影响企业发展的前景,领导人的品德影响其对员工的态度,并都直接影响员工的工作热情;三是企业要塑造良好的企业文化,形成共同的价值观,塑造员工的精神家园。企业文化的主要内容是企业在长期发展过程中形成的企业价值观和企业精神,企业文化是培养员工企业意识的重要内容,能够引导员工为企业的目标而努力,让员工对企业产生归属感;四是企业要建立健全的规章制度,约束员工的日常行为。科学合理的规章制度能够有效规范员工的行为,透明公开的制度让员工行为有章可循,从而强化企业的凝聚力。总之,企业既要成为员工生活的保障,也要成为员工精神的乐园和员工奋斗的方向。企业必须重视自身凝聚力的建设问题,必须想方设法从多个方面增强企业的凝聚力,否则,企业将人心涣散,最终会被市场淘汰。霍桑试验[①]证明,工人不仅

---

① 李晓霞.新编现代企业管理[M].北京:科学出版社,2009:50.

仅是经济人,更是社会的人,因此企业管理不仅要关注工人物质方面的需要,还要关注工人社会方面和心理方面的要求。

二、墨家的实用精神与企业管理

德国思想家马克斯·韦伯认为,基督教新教伦理的禁欲主义与资本主义经济发展有密切关系。① 它将企业发展放到了企业存在的文化背景中进行研究,揭示了宗教信仰作为精神动力在推动企业发展中的作用。为了获得上帝的恩宠,新教中的加尔文派、循道派、虔信派和浸礼派都主张禁欲主义,抵制社会上的各种诱惑,反对各种奢侈浪费的行为,从而形成了理性消费的心理。

墨家的实用精神有似于此。它反对"无用之功"(《七患》),反对把人民的力量消耗在无用的事情,主张各种用度适合民用就适可而止。例如,饮食可以"充虚继气",吃饱饭有力气就行了;穿衣冬天保暖夏天凉爽就可以了;兵器锋利不易折断就可以了;舟车可以行驶和乘人就行了;丧葬易于尸体腐烂不散臭气就可以了;宫室能防风雨、区分男女就可以了。这都是从实用的角度提出的节约各种用度的方法。墨家甚至用实用的眼光来批判音乐,认为欣赏音乐浪费了钱财,不能给百姓带来利益。墨家的节用思想虽然重点是针对当时的王公大人提出的,但节用作为一种合理的经济主张,也同时成为天下百姓应该共同遵守的消费原则。

墨家的实用精神对于现代企业管理有直接的借鉴意义:一是企业经营开支应以实用为标准,尽量节约成本。西方经济学认为,企业目标是追求利润的最大化,控制成本成为企业竞争的关键,降低成本可以提升企业的竞争力,提高利润空间;二是企业领导者与员工自身生活要节约用度。现代企业控制成本关键靠技术,但是在技术水平相近的情况下,企业管理者和员工在原料和企业运营中节约开支,就成为降低成本的重要途径;三是企业生产出来的产品要以百姓需求为导向,尽量满足百姓的实用。产品设计有其自身的规律,科学研究有其自身的特点,但总的来看,产品开发必须适应市场需求,以百姓的需求为导向,设计更加人性化的产品。然而,现代工业产品开发的速度在不断加快,百姓潜在的、甚至无妄的需求和欲望

---

① 韦伯.新教伦理与资本主义精神[M].彭强,黄晓京,译.西安:陕西师范大学出版社,2002:11.

都被各种消费型产品大大地激发出来,过度消费、滥于消费的情况满目皆是,这又走向了学者们所批判的人受制于物的状态,例如手机的过度消费产生了各种现代病,同时也产生了大量电子垃圾;四是现代企业应限制奢侈品的生产。奢侈品在当今世界的消费一直呈上升趋势,中国历来都是奢侈品的消费大国。奢侈品对于资源的浪费是非常严重的,而世界上的资源很多是不可再生资源,过度的消费必然影响子孙后代的应用。因此即使有足够的消费能力,富甲一方,同样要节约用度,以实用为原则,不能倡导奢侈消费。企业的目标不仅仅是追逐高额利润,还应有社会责任,在追求利润的同时不能丧失社会责任感。

三、墨家的尚贤使能与企业管理

企业管理的实质就是对人、财、物的管理,其中人是最活跃、最关键的因素。企业的人力资源管理的基本任务就是"组织好人力这种最重要的生产力,正确处理好组织内人与人之间、人与工作之间的关系,充分发挥组织内员工的积极性和创造性"[①],具体包括人力资源规划、招聘与配置、培训与开发、绩效管理、薪酬福利管理、劳动关系管理等内容。在具体的人力资源管理体制机制方面,现代企业管理比墨家思想完备很多,但是在人才管理的人文内涵与价值观念方面,墨家管理思想仍有重要的借鉴意义。

墨家高度重视人才在管理中的作用,将贤才看成管理工作的根本。墨家在人才培养、选拔、任用、考核等方面都提出了自己的见解。墨家主张人才选拔不论出身,有能则举之,尤其是人才任用关键是看施政的效果,根据其能力、品德、习惯而授予相应的职位,而且人才的工作职位应是能上能下的,不是终身制的。墨家对人才待遇问题的看法是:反对人们为了俸禄而违背道义;主张给予贤才丰厚的俸禄和很高的爵位,以及相应的权力,从而让他在群众中树立威信。

墨家尚贤使能的人才思想给现代企业管理有如下启示:一是公平公正的录用贤才,而不论出身与家世。企业录用人才不过分重视学历、出身,而主要从才能与品格方面进行考察;二是按才能分工。根据人才的不同特长、品格、习惯分配不同

---

① 孙义敏.现代企业管理导论[M].北京:机械工业出版社,2009:288.

的工作,工人岗位设置能上能下,形成完善的竞争上岗机制;三是以待遇留人。企业任用人才最基本的因素是待遇,给予人才与其才能相应的丰厚待遇,给予工人生活更可靠的保障;四是以情感留人。人都是有情感的,要给予企业职工个人生活乃至家庭生活周到的关怀,培养工人对企业的情感,从而让他们以更饱满的热情投入工作。企业丰富的文化生活,也是培养职工对企业归属感的重要途径。总之,企业要努力做到让最优秀的人才走到最重要的岗位上,激励人才全身心地投入工作。

四、墨家的德法并用与企业管理

墨家管理方法主要表现为德法并用。一方面,墨家管理依靠严格的法律法规,如腹䵍严格执行墨者之法处理自己儿子,树立了严格执行墨者之法的典范。墨者之法的具体内容今日不得而知,但《号令》对墨家军事法律思想进行了详细介绍,验证了墨者之法几乎严苛到不近人情的事实。墨家主张上至天子下至家君施政不当都会受到惩罚,从而树立了法治思想在管理中的权威。另一方面,墨家管理同时依靠道德教化。墨家维系学团组织,并不仅仅是靠严格的法律,《淮南子》提及跟从墨子的一百八十人都可以"赴火蹈刃,死不还踵"[①],这不是仅依靠严苛的法律能够实现的,而是墨家教化的结果。墨家的这种教化的主要内容就是仁义道德。墨家谈及管理始终是在仁义之人以兴天之利为目标的前提下进行的,这是墨家义政思想的表现。

墨家对于弟子行为的引导,最有力量的并不是墨者之法,而是墨家的道义精神,是道德。墨家对弟子的道德和心理激励的方式有:一是墨子及巨子道德人格的引领。例如墨家巨子孟胜首先自杀殉城,这也激励身边的弟子为捍卫墨家道义而献身;墨子家弟子禽滑厘自苦勤劳,连墨子都十分感动,禽滑厘作为墨子的著名弟子,其行为自然能够激励后来的弟子效仿;二是墨家对优秀弟子行为进行道德褒奖。例如墨子表扬弟子管黔溦为了坚守墨家的道义而放弃卫国国君给予的高官厚禄;三是墨家对弟子的心理关怀。墨子亲提着酒和肉到泰山看望禽滑厘,这体现了墨子对弟子生活的关心。

---

① 刘文典.淮南鸿烈集解[M].冯逸、乔华,点校.北京:中华书局,1989:681.

墨家德法并用的管理方式对现代企业管理的启示有：第一，以法规止恶。企业管理要制订严格的管理规则，上至领导下至工人，都遵守规则，违者给予处罚。法规可以约束工人的错误行为，其作用在于止恶。例如，法约尔的管理过程理论总结的14项管理原则之一便是纪律，他认为"纪律是绝对必要的，没有纪律，任何一个企业都不能兴旺繁荣"①，企业要对无纪律行为进行惩罚，领导和员工都要接受法律的约束；第二，弘扬善德。企业管理并不是一味地依靠法规，例如，20世纪二三十年代美国工厂在泰罗制的科学管理理论下，虽然一度提高了生产率，但集权强制管理激起了工人极大的不满，工人怠工离职来抗议，工效由之下降。西方管理界由此认识到不能一味地采取外在的控制和惩罚方式，还要引导工人进行自我指导和自我控制，道德的激励、心理的激励对于工人工作积极性的提高十分重要，这促使了人际关系学说、人的需求层次理论等科学理论的产生。总之，企业中的道德与心理激励，关键在于领导人率先垂范，领导人的行为能引导企业道德风气的成长，对优秀员工道德行为给予精神与物质表彰，也能激发员工行为向正确方向发展。

五、墨家的社会关怀与企业管理

墨家之所以能成为先秦时期与儒家并立的显学，一个重要的原因是墨家的道义精神，墨家有强烈的社会责任感。墨者为了天下的和平而不断奔走，乃至献身，这种社会关怀的精神使墨家获得了社会的认可。墨家道义精神表现在：一是重视弟子道义精神的培养，反对为了俸禄而违背道义的人，将弟子都培养成为仁义之人；二是主张兼爱天下，兴天下之利，希望弟子用道义精神来改变天下局面，希望国家的执政者都是仁义之人。这就将道义精神由墨家之道的领域贯穿到了社会治理之中；三是墨家组织弟子帮助弱小国家或城邑从事防守工作。例如，墨子止楚攻宋，同时派弟子禽滑厘带领三百弟子守宋城，孟胜带领弟子帮阳城君守城，他们守城都是出于道义精神，而不是为了获得物质利益。墨家的道义精神、奉献精神赢得了社会的认同，因此墨家成为显学。

一个优秀的企业，不仅是本身能够获得高额利润，而是能够为社会的发展进步

---

① H·法约尔.工业管理与一般管理[M].周安华等,译.北京:中国社会科学出版社,1982:25.

做出自己的贡献,能够承担更多的社会责任。企业的社会贡献可以体现为解决大量工人的就业问题,可以创造高质量的产品提升百姓生活品质,还可以体现为企业将利润投入社会公益事业,造福社会大众。企业的社会责任是企业发展的终极追求。首先,企业要将社会责任感贯穿到用人过程中。企业录用人才要重视人才的品格与才能,公平公正地录用优秀人才。录用人才不仅要考察其专业技能,还要考察其社会责任感,尽量录用有社会责任感和奉献精神的员工。企业针对员工的培训,不仅要进行技能培训,还要进行企业文化培训,将企业奉献社会的精神传播给员工。其次,树立企业主动承担社会责任的形象。要用道义精神引导员工不仅为个人和企业而工作,更为社会而工作,这有利于企业承担更多的社会责任,从而引导企业为国家乃至世界人民生活的改善多做贡献。一个优秀的企业,一个知名的品牌,不仅体现在不断提升产品质量,提供更人性化的产品,还体现在始终如一的诚信经营,积极投入社会公益事业等方面。

　　墨家管理思想对现代企业管理的启示集中体现在建设企业文化、凝练企业精神和塑造企业社会形象方面。日本在20世纪70年代创造了经济增长的奇迹,研究发现"日本企业高生产率产生于独特的体制和文化"[①]。一般说来,企业文化是指"企业在长期发展过程中所形成的并且为企业成员普遍认可和遵循的具有本企业特色的价值观念、信仰追求、群体意识、行为规范、经营特色、思维方式以及传统和习惯的总和"[②]。企业文化在关注情感因素、激励因素和人的需求因素基础上,更加强调人的理想价值追求。企业文化不能仅是一种宣传的口号,更不能是一种借以获得更高利润的工具。企业文化要落实在企业和员工的行为中,这就需要强烈的社会责任意识和奉献精神为支撑。墨家管理思想高度强调奉献精神、自我牺牲精神、兼爱精神和兴天下之利的精神,在这方面有丰富的理论资源,可以为现代企业文化建设提供借鉴。

[①] 孙义敏.现代企业管理导论[M].北京:机械工业出版社,2009:37.
[②] 孙义敏.现代企业管理导论[M].北京:机械工业出版社,2009:38.

后　　记

一本书的出版,背后总有很多故事,我的这本小书也是如此。

自 2004 年进入南京大学学习之后,我研究和学习的领域一直在儒释道三家,以儒为主,当时并没有想到后来我会研究墨家。我研究墨家,始于 2011 年,一晃有十年了。在这本小书出版之际,往事历历又浮上心头。

缘起是同学刘聪参与了一套"中华管理文化丛书"的写作,这套丛书计划涵盖儒、道、佛、墨、法、兵、名等各家管理思想,他邀请我参加。听闻丛书的发起人和写作者都是我们南大同学,我便很感兴趣,觉得同学之间做事比较好沟通。于是,我参加了 2011 年 12 月在南京大学中华文化研究院举行的"中华管理文化丛书"第二次编纂工作座谈会。第一次编纂工作座谈会时已有同学承担了儒家、道家、佛教等选题的写作任务,我可以在墨家、法家、兵家之间进行选择,考虑到墨家资料相对集中一些,于是选择了墨家,从此便与墨家结下了缘。此时,我对墨家的了解并不深入,直接承担《墨家管理思想研究》一书的写作任务,心中甚是忐忑。不过,我也有些依靠,因为丛书编委会邀请了南京大学、中山大学、华南师范大学、南京农业大学从事管理学研究的专家指导丛书写作,从写作提纲到定稿都会有专家把关。

书稿的写作过程虽不像曹雪芹著《红楼梦》那样"批阅十载,增删五次",确也几易其稿。首先是确定提纲,写出样章。书稿最初设计的是九章,我于 2013 年写出了四章内容。2013 年 11 月,丛书编委会邀请中山大学哲学系黎红雷教授、华南师范大学公共管理学院副院长戴黍教授审阅了本书的写作提纲,并提出了修改意见。在两位教授意见的基础上,我对书稿的章节进行了较大调整,于 2015 年 7 月写出了书稿初稿。2016 年 3 月,丛书编委会在南京召开了《墨家管理思想研究》和《法家管理思想研究》二书的审稿会。南京大学商学院郑称德教授和贵州大学黄诚教授负责书稿的审稿工作,对书稿提出了翔实的修改意见。同时,书稿于2016年9月提交给安徽省哲学社会科学规划办公室作为安徽省社科规划后期资助项目"墨家管理思想研究"的结项材料,项目评审专家对书搞提出了很多宝贵的修改意见。在以上两方面专家意见的基础上,我对书稿结构再次调整,将全书构架从九章调整为五章,内容进行了较大修改,于2017年9月最终定稿。原计划书稿由丛书编委会组织出版,但由于一些原因,出版被搁置了。岁月如梭,书稿一放快三年了,2020年暑假又将书稿全面修改润色了一遍。

在书稿的写作过程中,我于2013年11月参加了南京大学哲学系、江苏宏德文化出版基金会举办的首届"中国传统智慧与现代管理"国际论坛,提交会议论文《墨家组织凝聚力探源》。2015年11月参加了南京大学举办、江苏天楹集团和江苏宏德文化出版基金会承办的"第二届中国传统智慧与现代管理国际论坛",提交会议论文《墨家律法思想及其现代价值》。2017年8月参加了南京大学、江苏宏德文化出版基金会、昆明学院举办的第三届"中国传统智慧与现代管理"国际学术论坛,提交会议论文《墨家道义精神与当代道德冷漠现象的哲学思考》。通过参加三次管理学会议,我了解了中国传统管理思想研究的最新进展,结识了这一领域的研究专家,尤其是2013年在首届"中国传统智慧与现代管理"国际论坛上结识了现代新儒家第三代代表人物成中英先生。

在书稿的写作过程中,我选择书稿中较有心得的内容发表了6篇论文。分别是《墨家律法思想及其现代价值》发表于《中国文化与管理》2019年第2期;《墨家尚贤思想的理论体系及当代价值》发表于《中华文化与传播研究》2018年第1期;《墨家义政思想的内涵、特质及其现代价值》发表于《河南社会科学》2018年第5期;《墨家的组织凝聚力探源》发表于《合肥学院学报(综合版)》2016年第5期;《墨家管理思想的现代价值》发表于《佳木斯大学社会科学学报》2016年第3期;《墨家治国理念与当代国家治理现代化》发表于《河南社会科学》2016年第6期。

我于2015年用书稿的初稿申请了安徽省哲学社会科学规划后期资助项目"墨家管理思想研究",项目批准号为AHSKHQ2015D06。此次书稿出版,正是此项目的直接成果。书稿的出版还得到了安徽省高校思想政治工作专项经费资助

(sztsjh2019-8-33)，河南省哲学社会科学规划年度一般项目"中国传统辩证思维研究"（2020BZX005）和郑州市哲学社会科学研究基地中国传统文化与公民道德建设研究中心的资助，在此一并感谢！

在书稿的写作过程中，得到了很多老师和同学的指导和帮助，这里特别感谢江苏中盐金坛盐化有限责任公司总经理管国兴师兄、副总经理钟海连师兄、孙鹏兄及郑明阳、张玲玉、荀罗强等，感谢南京大学商学院郑称德教授、贵州大学历史与民族文化学院黄诚教授、中山大学中外管理研究中心黎红雷教授、华南师范大学公共管理学院戴黍教授、南京农业大学公共管理学院孙怀平副教授、安徽工程大学刘聪兄、安徽师范大学张勇兄、淮阴工学院耿加进兄。

金小方

2020年11月于合肥